B
C
F
G

C・G・ユング

哲学の木

老松克博…監訳

工藤昌孝…訳

創元社

本文中には、現代では差別語とされてあまり使用されない用語もあるが、翻訳ではユングが用いた用語をそのまま反映した。

——訳者註

木、錬金術、アクティヴ・イマジネーション——監訳者による序

老松克博

〔1〕 ユングにおける錬金術研究の意味

カール・グスタフ・ユング（一八七五～一九六一年）の『哲学の木』は、彼の一連の深層心理学的錬金術研究の一部をなしている。ユングは多くの描画を紹介しながら木の象徴的意味を論じているわけだが、読者の多くは、それが錬金術研究であることにはじめは違和感を抱くのではなかろうか。そもそも「哲学の木」という概念自体、錬金術の世界のものである。中世のヨーロッパで言う「哲学」とは深遠な学問のことであり、この場合、具体的には錬金術を意味している。木のイメージが錬金術的なものでなければならないのは、はたしていかなる理由からだったろうか。そこには何か必然性があったのだろうか。本書を精読することでどれほどのものを得られるかは、その点をいかに理解しているかにかかっている。

ところで、木と錬金術のつながりの必然性を考える前に押さえておかないといけない基本的問題がある。錬金術と心理臨床との関係についてである。ユングの錬金術研究といえば、いずれも単行本として出版された『心理学と錬金術』(1)（一九四四年）と『結合の神秘』(2)（一九五五／五六年）がとりわけ重要だが、その先駆けとなった論文やその間の時期に公刊された論文にも、「精神現象としてのパラケルスス」(3)（一九四二年）、「転移の心理学」(4)（一九四六年）をはじめ、「精霊メルクリウス」(5)（一九四八年）、「ゾシモスのヴィジョン」(6)（一九五四年）、本書「哲学の木」(7)（一九五四年）など、深い学術的意義を持つものが多い。こうした重要な諸論文がわが国ではこれまであまり積極的に紹介されないまま残っていたのは、その錬金術的な内容を翻訳することの難しさもさることながら、心理臨床の実践におけるその意義がベールに包まれたままだったことが大きいと思う。

ユングがこうして人生の後半ないし晩年を主として錬金術研究に費やしたのは、ほかでもない、錬金術における物質の化学的変容のなかに錬金術師の心の心理学的変容が投影されている、という事実を見出したからだった。[8] そこに見られる精緻な、しかしパラドックスに満ちた現象の記録は、ユングが日々アナリザンドや自身のなかに経験していた個性化のプロセスと一致していたのである。これはユングにとって、否、深層心理学にとって決定的な発見だったが、画期的な発見はじつはもう一つあった。それは、錬金術師の行なっていた作業がユングの用いていたアクティヴ・イマジネーションにきわめて類似したものだった[9]ということである。

もちろん実際に蒸留器を加熱したりして実験を重ねている者もいたが、この術の本質が瞑想 meditatio に、すなわち真正にして空想にあらざる想像 imaginatio vera et non phantastica にあることを認識している錬金術師はけっして少なくなかった。『心理学と錬金術』のなかでユングは、この瞑想が不可視の何かとの心の内での対話であるという一六世紀の文献学者ルランドゥスの言葉を引用し、「この『内的対話』は心理学者にはおなじみである。それは無意識と折り合っていくための技術の本質的部分をなしている」と述べて、それがアクティヴ・イマジネーションだったことを示唆している。[10]

したがって、心理臨床の実践における錬金術研究の意義は、真正にして空想にあらざる想像を、すなわちアクティヴ・イマジネーションを用いたことがなければわかりにくい。アクティヴ・イマジネーションがいかなるものであるかは次の項で説明するが、そこでの説明は臨床的に洗練がなされた方法に関するものである。それだけを見ると何か非常に特殊なやり方のように思われるかもしれないが、実際にはそうではない。

内的なイメージと真剣かつ直接に関わることで真理や心の成長を探求しようとする者であれば、古代および中世の詩人、錬金術師、宗教家、神秘家、参入者《イニシエート》から現代の作家、芸術家、心理臨床家、一部の科学者に至るまで、たいていは特別な呼称もなしに行なってきた想像行為なのである。ユングはそれを再発見して命名したにすぎない。(11)

ただし、それは「対話」でなければならないし、あくまでも「直接に関わる」ものでなければならない。つまり、「私」と「不可視の何か」(私ならざるもの、「私」の偏りや一面性を補償するもの、したがって「私」からすれば多くは対立的なもの)との、その場でのリアルタイムの出会いと交流である必要がある。自分自身を振り返ってみれば、それに類する心のなかでの対話を、じつは誰もがふだん行なっていることに気づく。しかしながら、そうした営みのなかで「私」や「私」の立場をずっと意識し続けながら、かつ柔軟に変わっていくのは、思いのほか難しい。ふつうは、いつのまにか曖昧なかたちで途切れてしまう。

〔2〕アクティヴ・イマジネーションの錬金術的側面

アクティヴ・イマジネーションという技法の実際については、わが国でも近年ようやく本格的に紹介がなされるようになった。詳細については成書(12)を参照されたいが、要は、無意識由来のイメージに対して自我(主人公である「私」)が意識的にしっかりと関わって、そのイメージの世界のあれこれと具体的なやりとりをし、一つの物語を紡ぎ出す、という共同作業である。このさまざまな「やりとり」(文字どおりの、あるいは象徴的な意味での「対話」)のなかで、意識の側の要求と無意識の側の要求との葛藤やせめぎ合いが生じ、どこを両者の和解できる落としどころにするかという一種の折衝 Auseinandersetzung, confrontation が重ねられていく。その結果、意識と無意識との間の乖離が多少とも埋められ、個性化のプロセスの目標である心の全体性の実現に近づくことになる。

アクティヴ・イマジネーションは心の全体性を成就するためのユング派最強のツールと言われている。[13] だとすれば、ユングが錬金術研究に心魂を傾けたことには納得がいく。ただし、ここでユングが深く惹きつけられたのは、単に錬金術とアクティヴ・イマジネーションが方法の上で似通っていたためだけではあるまい。それよりもむしろ、古代ないし中世の錬金術で記述されていたイメージが、分析においてユングの遭遇したアクティヴ・イマジネーションの内容（ヴィジョン）と一致することが多かったからではなかろうか。

これはただの推測ではない。私自身の経験からしてもまちがいないところだと思う。アクティヴ・イマジネーションを分析で用いてみると、驚くべきことに、現代のわが国のアナリザンドにおいても錬金術的としか言いようのないイメージがほんとうによく出てくるのである。それでも、ただイメージが似ているだけなら、臨床的価値はそれほど高くない。重要なのは、錬金術の知見を援用した拡充の作業を通してはじめてそのイメージの意味が理解できることが稀でない、という点だ。

もちろん、夢を扱う際にもときどきそういうことはある。けれども、アクティヴ・イマジネーションではその頻度が格段に高い。イマジネーションや夢で出会った荒唐無稽で難解きわまりないイメージにじつはよく似た前例があり、しかもそういう状況への対処の仕方まで記されているとしたら、どうだろう。孤独に個性化のプロセスを歩もうとする者、あるいはその旅に寄り添おうとする者であれば、ユングならずとも大きな魅力を感じるはずである。少しでもその秘密に触れたいと思って不思議はない。ユングの錬金術関連の著作は、そのような動機に駆り立てられてなったものである。

アクティヴ・イマジネーションと錬金術の深いつながりを垣間見せてくれる具体的な事例がある。『ヴィジョン・セミナー』と呼ばれるユングのウィークリー・セミナーの記録[14]である。このセミナーは一九三〇年から一九三四年にかけて、ユングと弟子たちの間で行なわれたもので、ある女性のヴィジョンのシリーズを継続的に扱っている。本書『哲学の木』に掲載されている絵23（本書四五ページ）は、じつはこの女性イマジナーによるものである。したがって、この絵には、そのもとになっているイマジネーションの物語が存在する。後ほど紹介することにするが、それは黄金のイメージともつながりがある。

この事実から推測できることが二つある。一つは、『哲学の木』で提示されている木の絵の多くはおそらく日常的な心の態度のなかから生まれてきたのではない、ということである。それらに見られる鮮烈で元型的なイメージは、まさにアクティヴ・イマジネーションで求められるようなアクティヴな態度が自我にある場合にしばしば経験されるものだ。「アクティヴな態度」とはユングの術語ではないのだが、できるかぎり内的なものごとに意識的であろう、そして意識化した内容に対しては責任を持とう、という自我の姿勢のことである。[15]一般に、アクティヴな態度をとっている自我には、無意識がより元型的で錬金術的なイメージで応えてくるようになる。私たちのふだんの自我の態度がいかにアクティヴでないかは、この一時間に「なんとなく」明確な意識的決断なしにやったことを真摯に数え上げてみるだけですぐわかる。

「推測できること」の二つ目は、錬金術とアクティヴ・イマジネーションのみならず、ある種の木の象徴もそれらとの密接なつながりがあるらしいことである。絵23を見れば明らかなように、そこではイマジナー自身が一本の木になっている。アクティヴ・イマジネーションで歩んでいる錬金術的な個性化のプロセスの決定的な場面で擬人的な木が登場しているのである。これは、ロイスナー編『パンドラ』（一六世紀）のよく知られた挿画にもあるとおり、そうした条件が揃った場合に内的に経験される共通の現象を代表している可能性がある。

『パンドラ』の挿画
（C. G. Jung, *Mysterium Coniunctionis*, 1955/1956より）
両手に燃える松明を持つ女性像。彼女の頭から生い出た木には鷲がとまっており、周囲を鳥たちが飛び回っている。揮発性の精ないし霊の象徴である。女性は炉の上に立っていて、そこにはレトルトとアレンビックも載せられている。

〔3〕 あるヴィジョンのなかの木

では、絵23のもとになったヴィジョン(16)を、ユングによる解釈を参照しながら紹介しよう。これは何年分にもなる長いヴィジョンのシリーズのごく一部である。イマジナーであるキリスト教徒の女性（「私」）は、インディアンたちが羊の供儀を執り行なっている場面を遠くから眺めていたが、取り出されて首にかけられた内臓が赤い宝石の数々に変わるのを見てそこに姿を現す。そんな場面である。なお、イマジナーはこの直前に太陽と同一化しており、インフレーションに陥っている。

彼らは私から逃げ去り、私はひとり残された。それから、ひとりのインディアンが現れ、こちらに近づいてきた。「彼らはなぜ逃げたの」と私は尋ねた。彼は答えた。「おまえが血を冒瀆したからだ」。そのとき、たくさんの動物たちが現れて、インディアンの背後に立った。

イマジナーの意識の観点は天空的なところにあって、大地的なリアリティを欠いており、生命に満ちた血の生々しさを排除していた。そこでインディアンたちは、アニムスとしての典型的役割をはたす。つまり、彼女のすべきことをして見せているのである。彼女はインフレーションに陥ったみずからに対する供犠を執り行なって、大地と自然が持つ血の掟を冒瀆したことを贖《あがな》い、血にまみれたものに隠されている宝石のような価値を知らなければならない。

続いて登場したひとりのインディアンは、彼女の頭に血を注いでイニシエーションを受けさせる。それによって彼女のローブは緋色に変わった。彼女の自我は、アクティヴな態度でもって、大地的な血の観点を受け入れたのである。そこからヴィジョンは次のように展開していく。

すると、大きな血の渦が、奇妙で恐ろしい鼓動で振動しながら私を取り巻いた。その渦に身をまかせると、それは私を螺旋状に上方へと運んでいった。私は神の青ざめた顔の前を通りすぎた。太陽を見た。そして、黄金の池を見た。それから、大きな暗い森のなかにいた。燃えるような赤の渦が森を取り巻いていた。木々の間からそのことがわかった。私のローブは緑色に変わり、両足が柔らかな土のなかに沈んだ。両手を持ち上げると、そこから葉が繁った。そのとき私は自分が一本の木になったのを知り、太陽に向かって顔を上げた。

これが絵23の背景をなすヴィジョンである。イニシエーションによって、彼女の経験はリアルなものになった。イマジナーは大地や血に近づくことによって意識や自我が底知れぬ奈落へと流れ去ってしまう恐れを抱いていたが、実際にそのなかに入ってみると、不思議なことにかえって上方に向かっているのに気づく。しかも螺旋状に。螺旋状の成長は植物に特有な現象で、そこにはすでにイマジナーがすぐ後で木に変容する暗示がある。そして螺旋は、対立し合う二つの側面の間を行き来しながら両者をより高次に統合していく動きでもある。

その統合のプロセスが、ここでは神、太陽、黄金によって表現されている。彼女の信仰していた神は血の気がない。血のなかを運ばれていく彼女はそこを通りすぎた。太陽は直前に彼女自身が同一化していた対象だが、それは、血の気のない抽象的な神が多少とも具体性を持った姿である。彼女はそこも通りすぎる。一方、黄金は大地的な、地中の太陽とも言うべきものであり、さらなる具体性とマナを備えている。精神的、抽象的、観念的なものと具体的、物質的、身体的なものとのこうした葛藤およびその意識化による統合は、「卑俗ならざる黄金 aurum non vulgi」の製造を目指す錬金術の主題にほかならない。たしかに血は必要だが、血のなかにいるかぎり精神的な成長には限界がある。だからこそ彼女は、今度は地中の太陽から生い出た木となって、再び天空の太陽に顔を向けることになる。

こうして植物が、人間における非動物的なもの、人間的な精神性、霊性の象徴となることは、その理由も含めてこの「哲学の木」のなかで論じられているので、ここでは繰り返さない。しかし、一つ述べておかないといけないのは、ユングが、燃えるような血の帯にぐるりと周囲を取り巻かれた森の中央に繋る一本の木という構図をマンダラとして理解していることである。しかも、木の横断面そのものが一つのマンダラなのであって、一本の木はそうした無数の横断面が重なってできている。そもそも螺旋状の成長とは、徐々に上昇する円運動なのだから、これら積み重なった無数のマンダラも同様に少しずつ完成に近づいていく。

イマジナーは、血という動物的な生命原理のただ中に、そこに内在していた植物的な生命原理を見つけた。それは太陽に向かってはいるがインフレーションのなかで経験した精神性とはちがう、大地に根づいた精神性、しかも独立栄養の精神性であって、彼女自身の中心に存在していた。そのようにして個は発見される。ユングはこれを次のように説明している。(17)「彼女は中心におり、ヴィジョンのなかで、中心にいるのがどんな感じか述べています。それは木に似ているのです。……このヴィジョンから、中心にいることは植物の状態に等しいのだとわかります。自己のみを中心として無意識のうちに成長する、植物の心的な生がここにはあります。そしてこの中心から、人は何か別のものに成長したり、何か別のものを生み出したりするかもしれません。それはこうしなければ得られないものなのです」。

〔4〕 哲学の木

絵23に描かれているたった一本の木を見ただけでも、いま述べてきたような複雑きわまりない人間の心の様相が凝縮されて畳み込まれているのがわかる。これはまさに中世的な意味での「哲学」にほかならない。哲学の木、ヨーガの木[18]といった言葉で表現されているのは、ユングの術語で言うなら個性化のプロセスのこと、あるいはそうしたプロセスの総体としての人間のことである。そして、とりわけ、みずからの中心をはずさない木の能力が重視されている。

絵23のヴィジョン自体は、一見、それほど錬金術的でもない。たしかに黄金というイメージは出てくるが、あえて錬金術を持ち出してこなくてもそれなりに説明はつくだろう。ユングの解説もしかりである。一方、金属や化学的操作がしきりに登場してきさえすればそのイメージが錬金術的と呼べるかと言えば、必ずしもそうではない。本稿の冒頭にも述べておいたように、そこにアクティヴ・イマジネーションとしての特性が加わっていてこそ錬金術的と言えるのだ。極論するなら、そうした特性があれば、たとえ金属や化学的操作のことなど一言も出てこないとしても錬金術的であることはありうる。

その典型の一つとなるのが、ここで紹介したような、木のある種の側面にまつわるヴィジョンである。その側面とは、独立栄養生物としてのそれである。木をはじめとする植物は、一部に例外はあるものの、諸元素、無機物から有機物を生化学的に合成することができる。自身の成長に必要なものをすべて自前で合成できるのだ。これは動物にはなすことのできない奇跡であり、植物は一つの個としての完結した全体性を体現していると言える。そこには、卑金属から貴金属を生み出すという不可能を可能にすることに挑み続けた錬金術師たちの試みが重なって見えないだろうか。

錬金術師たちが製造するのを夢見た「卑俗ならざる黄金」「哲学者の石 lapis philosophorum」「最終質料 ultima materia」は、ただの物質ではなかった。それは、生きている物質であり、受肉した精神性〔霊性〕spirituality であり、全体性としてのセルフだった。彼らが数々の操作を行なった装置、レトルトやアレンビックは、おもに蒸留を繰り返して原料（第一質料 prima materia）のなかから生きている揮発性の精 spirit を抽出し純化するためのものだった。先ほどのロイスナーの挿画（九ページ）で、女性像の両足の下に置かれているのがそれである。こうした錬金術的装置は、いわば一本の木が行なっている営みを人為的に再現していたのだ。この挿画にはそのことが非常に端的に表現されていると思う。

こう言ってもよいかもしれない。人間そのものに錬金術を施すと、その者は木に、もしくは擬人的な木になるのだ、と。そのことが、このロイスナーの挿画や本書の絵23から見て取れる。木はありふれた象徴でありながら、ともすれば金属の概念に縛られてしまいがちな錬金術的営為をより一般的なアクティヴ・イマジネーションの世界に、あるいは個性化のプロセスに広くつなぎ、解放してくれるのである。

文献

（1）C. G. Jung, *Psychologie und Alchemie*, *GW* 12, Walter-Verlag (1972), 1944.（池田紘一・鎌田道生訳『心理学と錬金術Ⅰ／Ⅱ』人文書院、一九七六）
（2）C. G. Jung, *Mysterium Coniunctionis: Untersuchungen über die Trennung und Zusammensetzung der seelischen Gegensätze in Alchemie*, *GW* 14, Walter-Verlag (1968), 1955/1956.（池田紘一訳『結合の神秘Ⅰ／Ⅱ』人文書院、一九九五／二〇〇〇）
（3）C. G. Jung, Paracelsus als geistige Erscheinung, *GW* 13, Walter-Verlag (1978), 1942.（松田誠思訳『錬金術と無意識の心理学』講談社、二〇〇二）
（4）C. G. Jung, Die Psychologie der Übertragung, *GW* 16, Walter-Verlag (1958), 1946.（林道義・磯上恵子訳『転移の心理学』み

すず書房、一九九四）
（5）C. G. Jung, Der Geist Mercurius, *GW* 13, Walter-Verlag (1978), 1948.
（6）C. G. Jung, Die Visionen des Zosimos, *GW* 13, Walter-Verlag (1978), 1954.
（7）C. G. Jung, Der philosophische Baum, *GW* 13, Walter-Verlag (1978), 1954.
（8）文献1
（9）同書。
（10）同書。
（11）M.-L. von Franz, Introduction, in B. Hannah, *Encounters with the soul. Active imagination as developed by C. G. Jung*, Sigo Press, 1981.（老松克博・角野善宏訳『アクティヴ・イマジネーションの世界——内なるたましいとの出逢い』創元社、一九九九）
（12）老松克博、『アクティヴ・イマジネーション——ユング派最強の技法の誕生と展開』誠信書房、二〇〇〇、『サトル・ボディのユング心理学』トランスビュー、二〇〇一、『無意識と出会う——アクティヴ・イマジネーションの理論と実践①』トランスビュー、二〇〇四、『成長する心——アクティヴ・イマジネーションの理論と実践②』トランスビュー、二〇〇四、『元型的イメージとの対話——アクティヴ・イマジネーションの理論と実践③』トランスビュー、二〇〇四、J.M. Spiegelman・河合隼雄、町沢静夫・森文彦訳『能動的想像法——内なる魂との対話』創元社、一九九四
（13）文献11
（14）C. G. Jung, *Visions: Notes of the seminar given in 1930-1934* (2vols.), Princeton University Press, 1997.（氏原寛・老松克博監訳、角野善宏・川戸圓・宮野素子・山下雅也訳『ヴィジョン・セミナー』創元社、近刊）
（15）老松克博『無意識と出会う——アクティヴ・イマジネーションの理論と実践①』トランスビュー、二〇〇四
（16）文献14
（17）同書。
（18）同書、およびC. G. Jung, *The psychology of Kundalini yoga: Notes of the seminar given in 1932*, Routledge, 1996.（老松克博訳『クンダリニー・ヨーガの心理学』創元社、二〇〇四）

哲学の木　もくじ

装丁　濱崎実幸

哲学の木 1

1

原註1　もともとこの論文は、私の友人でバーゼル大学の植物学教授だったグスタフ・ゼン Gustav Senn の七〇歳記念論文集に寄稿することになっていたが、祝賀を受けるはずだった彼の急逝により、それは『バーゼル自然研究会論考』Verhandlungen der Naturforschenden Gesellschaft Basel（Bd. LVI, 2.T., 1945, p. 411ff.）に掲載された。本稿は、その論文に改訂と加筆を施したものである。

Carl Gustav Jung: Der philosophische Baum

in *Von den Wurzeln des Bewusstseins: Studien über Archetypus*

(Psychologische Abhandlungen IX),

Rascher, Zürich, 1954

親愛なる友よ、およそ理論なるものは灰色で、
緑色なのは、黄金に輝ける生命の木のほうなのだ。

『ファウスト』[2]

2　**ゲーテ『ファウスト』**　一八～一九世紀ドイツの詩人、ゲーテによる長編戯曲。一五～一六世紀頃のドイツに実在したと言われる魔術師「ドクトル・ファウストゥス」の伝説をもとに、生涯を費やして書かれた。『ファウスト』は二部構成で、第一部は一八〇八年、第二部はゲーテの死の翌年、一八三三年に発表された。

絵1

この木は芽と白い花をつけている。島の上に立っていて、背景には海がある。（→p.57）

絵2

この木は地球の上に立っており、
サンテグジュペリSaint-Exupéryの『星の王子様』*Petit Prince*に出てくる、
その根で小さな星を破裂させるバオバブ[3]を思い出させる。
ペレキュデスPherekydesの世界樹[4]、シャーマニズムの木[5]、世界軸の表象の類例である。(→p.58)

＊　＊　＊

3 **バオバブ**　中央アフリカのサバンナ原産。セネガル語で「千年の木」を意味する。太い幹に水をためて、乾燥した気候にも耐える。大きな白い花が吊り下がるように咲き、実は食用になる。
4 **ペレキュデスの世界樹**　ペレキュデスは前六世紀の神学者、哲学者。フェニキア人の秘密の書から知識を得たとされる。ピタゴラスの師で、魂の輪廻転生説を最初に導入し彼に授けたと伝えられる。彼の世界樹は、「翼のはえた樫の木」(翼をつけた大地の帆柱)である。その木には外衣が帆のようにかけられており、彼が神々を語る際に比喩的に用いたとされる。
5 **シャーマニズムの木**　シャーマンは世界の中心とされる宇宙樹に登ることによって、神々の世界への儀礼的上昇を行なう。

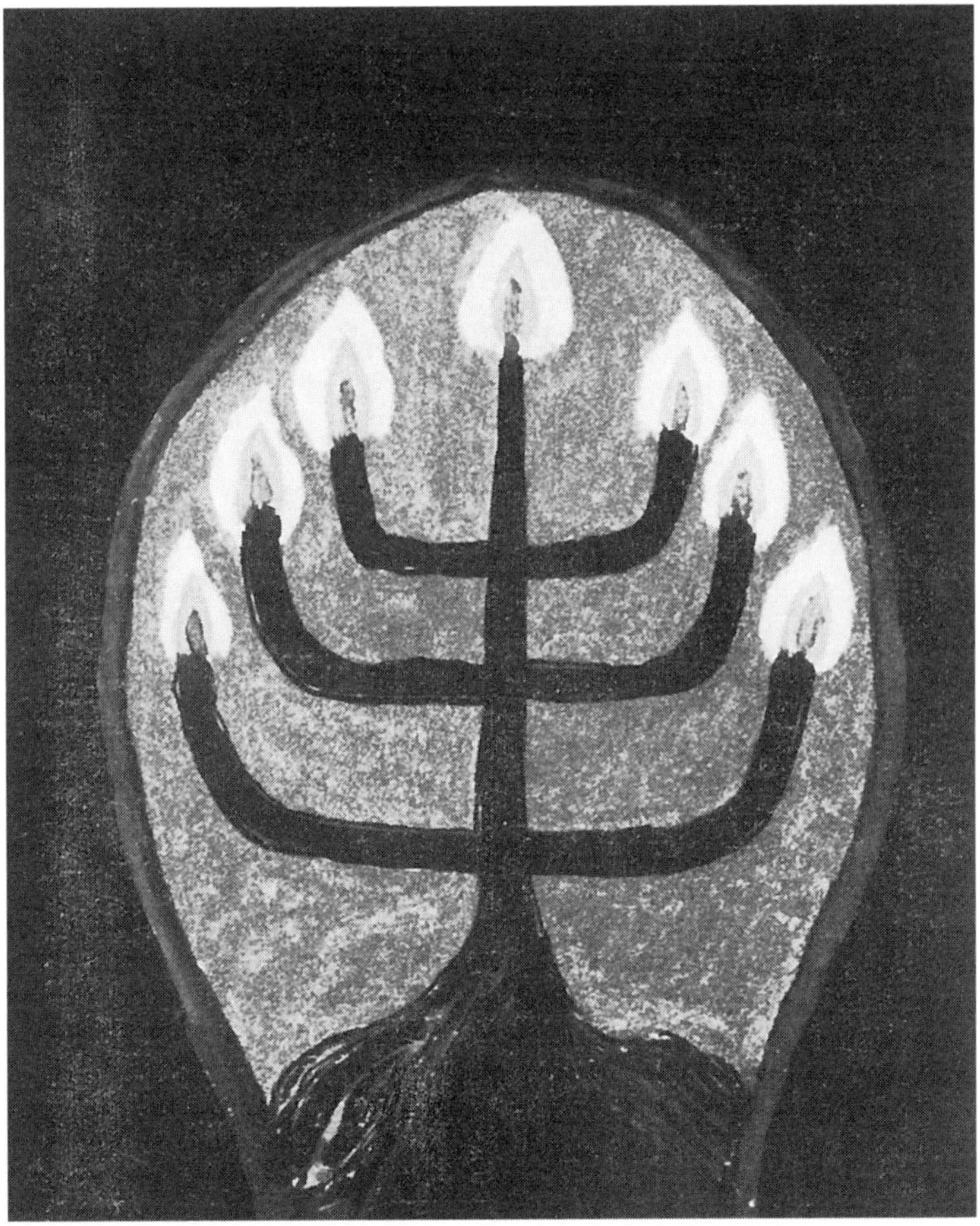

絵3

七本の腕のある燭台かクリスマス・ツリーのような抽象化された木。

この灯りは、木の成長から生じる意識の闡明と拡大を具体的に示している。（→p.59）

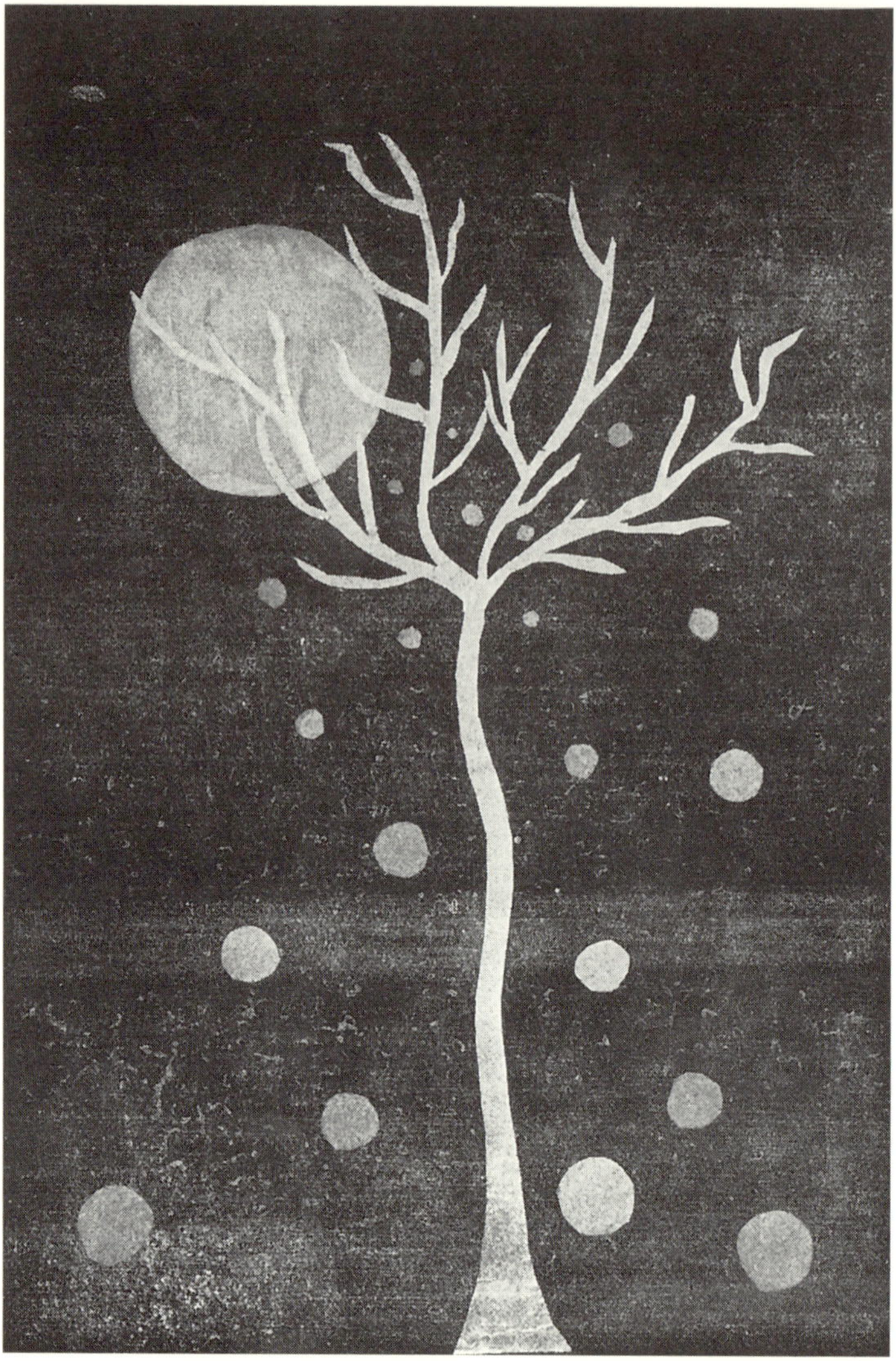

絵 4

この絵には金箔が貼ってある。錬金術の黄金の木arbor aureaおよび世界樹の類例。

樹冠から太陽が昇っている。数々の黄金の球は天体である。(→p.59)

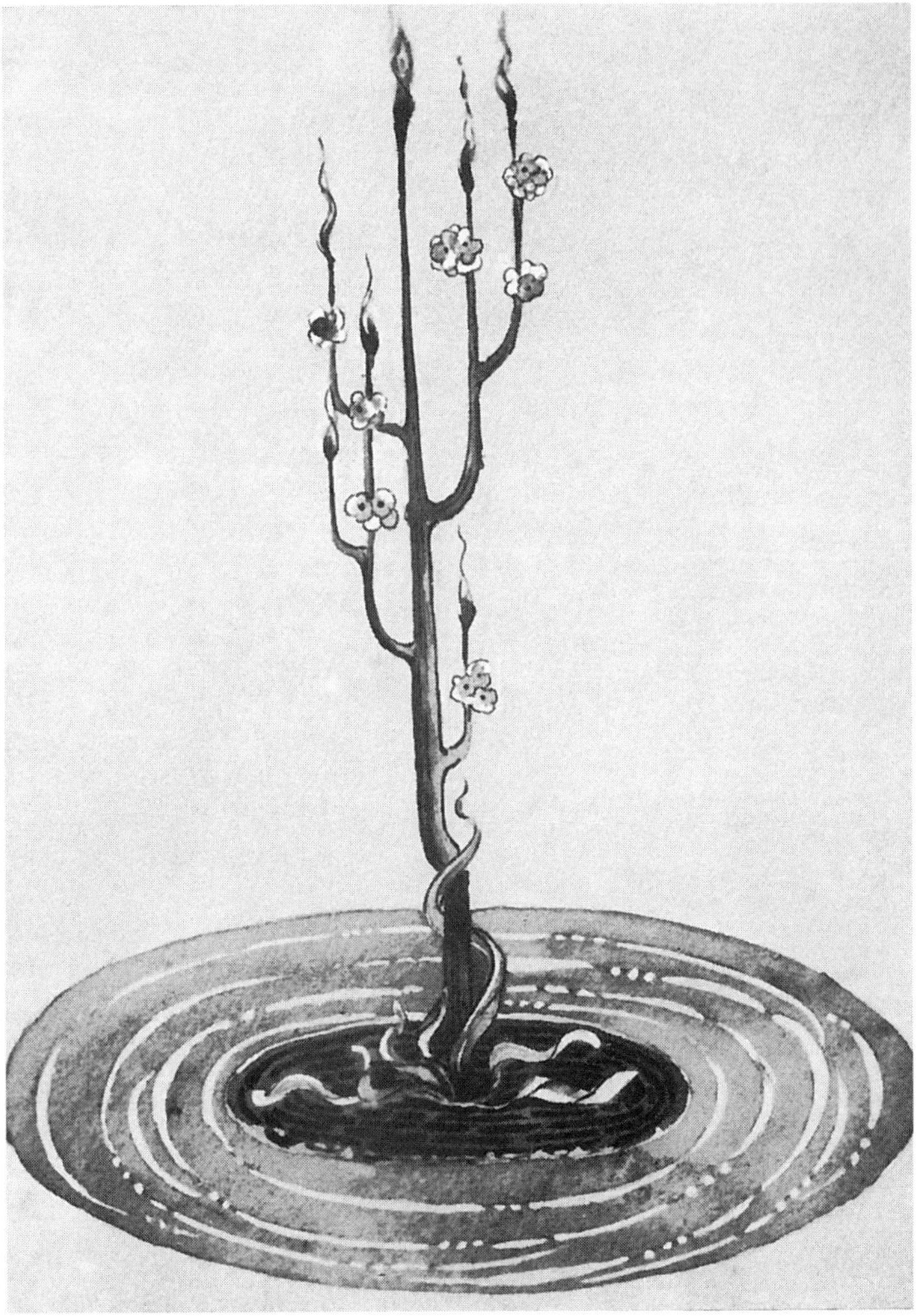

絵5

この木は水のなかで成長している。
それは赤味を帯びた花をつけているが、下方では水から、
そして上方では枝から上がる炎からできている。(→p.60)

絵 6

この木は、彩色された原画では深紅をしており、
水から同時に上方と下方に向かって育っている。(→p.60)

絵 7

この木は深部から光あるところへと押し進み、そこで地殻を破って出てくる。（→p.60）

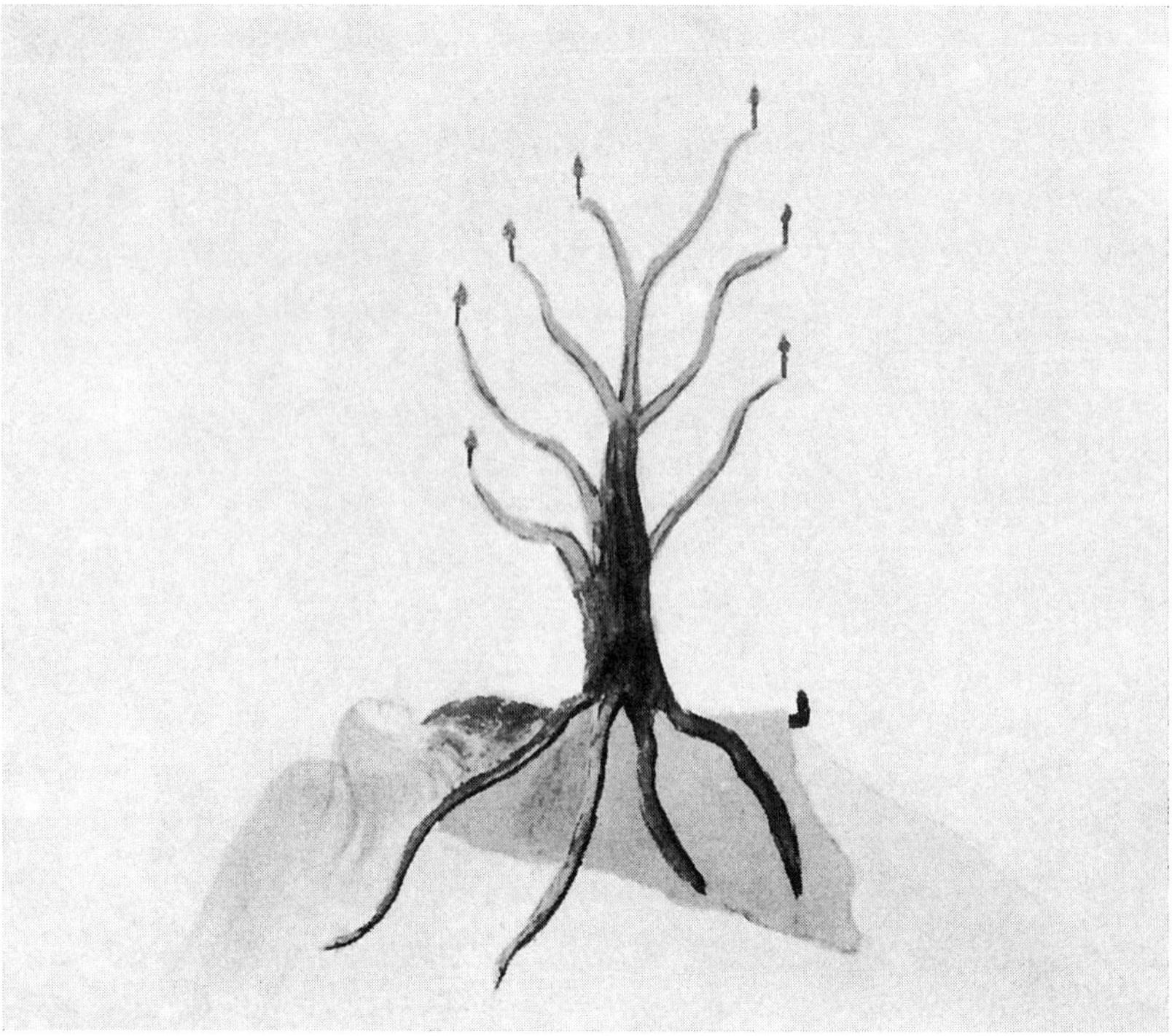

絵8

枝先に火を灯したこの木は、ひとりの女の体から生えている。
彼女は土や水（海）と同義の役割を演じており、
木が無意識に由来するプロセスであるという観念を体現する。
このことについては、大地の女神の体内にあるメキシコの世界樹のはじまりを参照されたい
（Lewis Spence, *The Gods of Mexico*, 1923, p.58）。（→p.61）

絵 9

二頭の竜がひとりの人間を脅かしており、その人は木の上に避難場所を求めている。
根のもつれ合いが非常に強調されていて、
そのことが無意識のなかの落ち着かなさを暗示する。（→p.61）

絵10

ここでは、対立し合うものの合一が、互いのなかへと伸びる二本の木で表されている。
その木は水に根を下ろしており、輪によって一つに結びつけられている。
鰐《わに》たちは分離されていて、それゆえに脅威的な対立し合うものである。(→p.62)

絵11

木の垂直の成長と蛇の水平の移動は対立的である。

蛇は木に這い上がるだろう。そうなれば、これは楽園の知恵の木となる。（→p.62）

絵12

木が樹冠のなかに太陽を抱えているように、蛇も根のなかで光輪を持っている。
これは木と蛇との成功裡の合一を示す。（→p.63）

絵13

この木には四 ＋《プラス》 一本の大枝がある。

中央の枝は太陽を、他の四本の枝は星を頂いている。

木の内側は空洞（なんと、扉つき）。鳥は「鍵を忘れてきた」ため、涙を流している。（→p.63）

絵14

この絵と次の絵15は、「英雄神話」を描いた連作からのもの。

英雄には、使い魔familiarisが、すなわち小さくて緑色で冠をつけた竜がついている。

木は秘密の宝物から生えているか、宝物の上に生えているかである。

英雄はこの宝物をわがものにしたいと思っている。(→p.64)

絵15

木は宝物をしっかりと抱え込んでおり、英雄が触れると葉から炎が立ち上がる。（→p.64）

絵16

この絵は、絵14と15を描いた女性がもっと早い段階で描いたもの。
木の根にサファイアが隠されている。（→p.64）

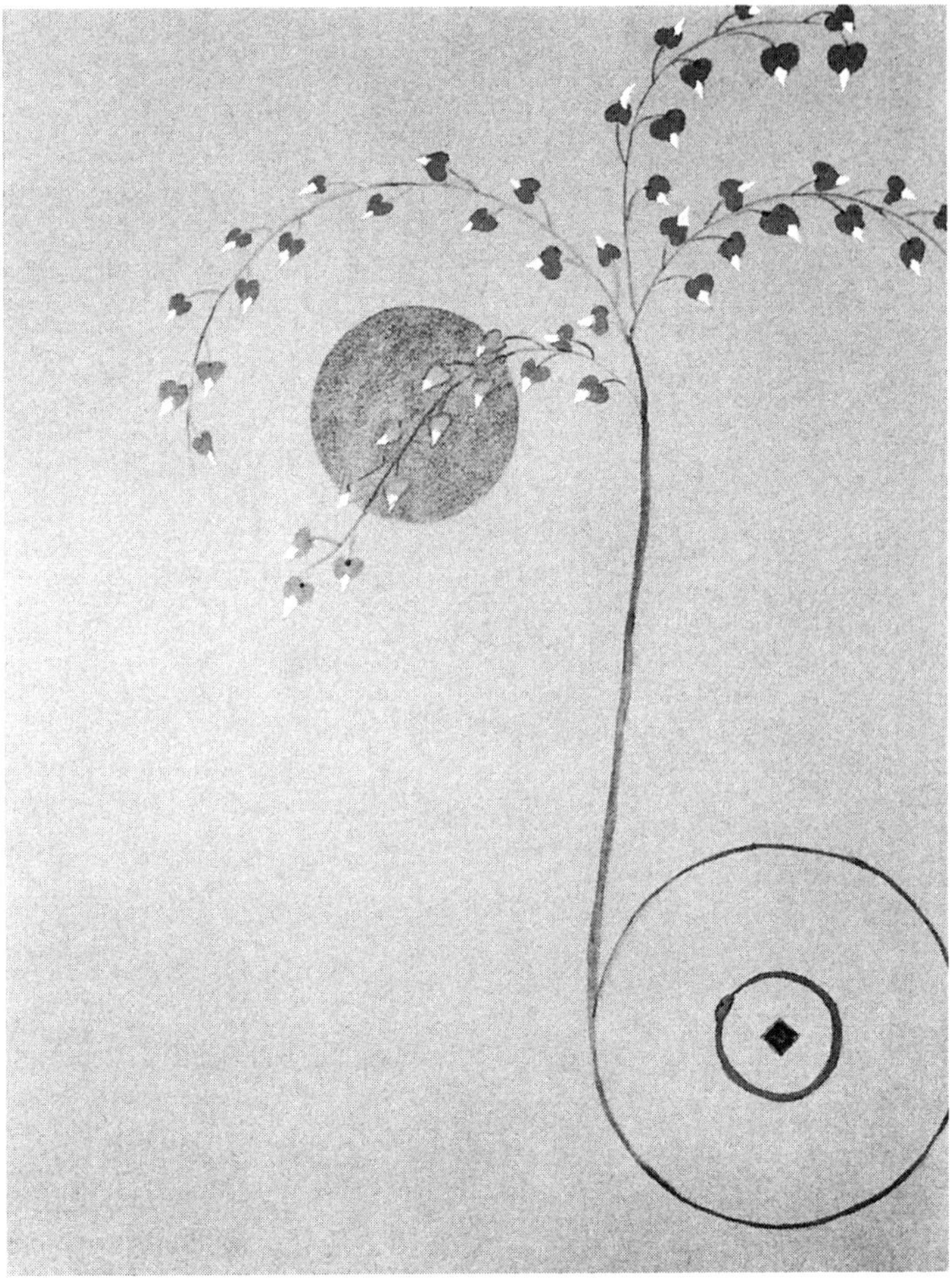

絵17

日輪とともにある花盛りの木が、魔法円から生えている。

その魔法円は、サファイアを抱えたウロボロスを取り囲んでいる。[6] (→p.65)

* * *

6 英訳版によると、絵13 ～ 16と同じ患者が後に描いたもの。

絵18

宇宙空間にあるこの木は、高く伸びることができない。
再び大地によって引き寄せられ、そのなかへと伸びていく。（→p.66）

絵19

これも同様の退行状態ではあるが、いっそうの意識性を伴っている。
（この絵の描き手は、絵18と同じではない。）（→p.67）

絵20

この木は、多かれ少なかれ宇宙的な特質を持つ。
その幹には、極彩色の蛹《さなぎ》が隠されている。（→p.68）

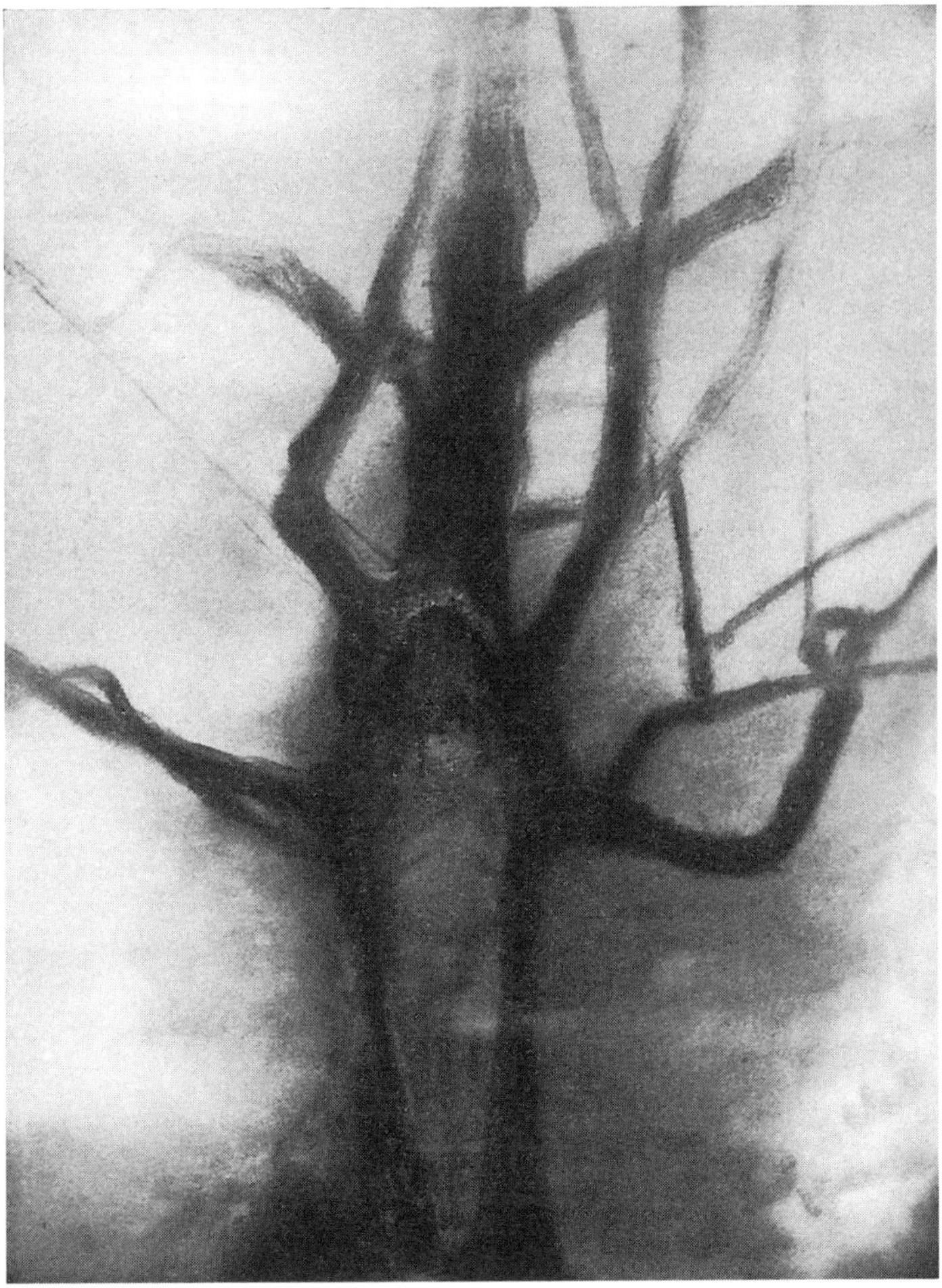

絵21
他の事例による、絵20と同様のモチーフ。休眠中の像が見える。（油彩）（→p.69）

絵22

木のなかに隠されていた人が目を覚まし、幹から半身生まれ出ている。
蛇が樹冠のなかにいて、目覚めた人の耳もとに近づく。
鳥、ライオン、子羊、豚が、この楽園の光景を完全なものにしている。(→p.69)

絵23

木みずからが人間の姿をとり、太陽を支えている。

背景には、この変容の島をリズミカルにめぐっている血液の波が見える。（→p.70）

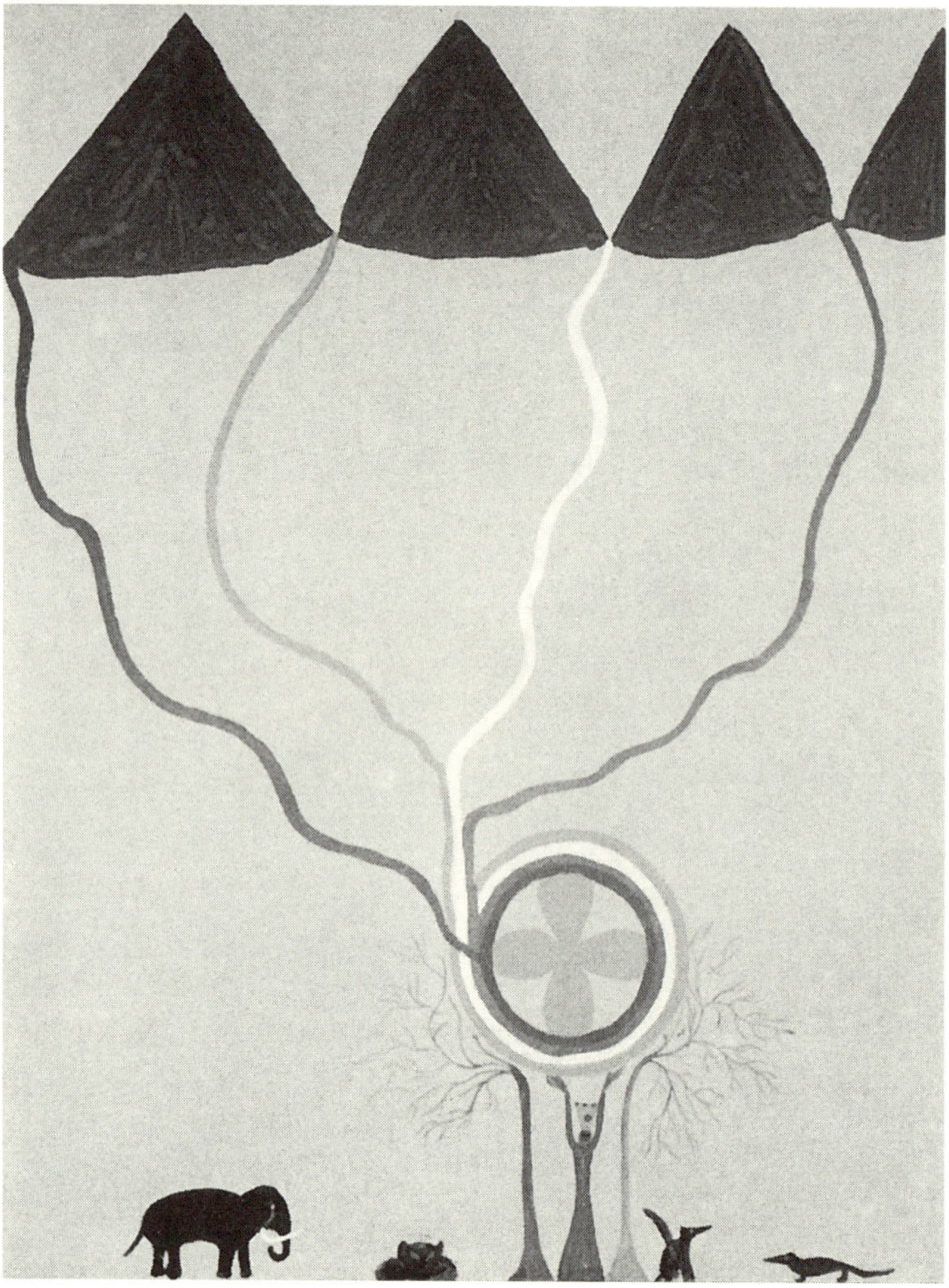

絵24

絵16、17の描き手における同様のモチーフ。

木は女性像に取ってかわられている。動物たちは楽園の光景にふさわしい。

日輪はここでは個性化の象徴、すなわち四位一体である。

それは、上方の四つの山々に発する四本の色ちがいの川から水を供給されている。(→p.70)

絵25

この木は、蛇に巻きつかれた女の姿をしている。
彼女は二つの光の球を支え持つ。基本方位［東西南北］が、玉蜀黍《とうもろこし》と四匹の動物、
すなわち鳥、亀、ライオン、昆虫で表現されている。（→p.71）

絵26

この木は、根の部分が十字架のかたちをした女性像にほぼ取ってかわられている。
下方には大地、上方には虹がある。(→p.73)

絵27

太古的な木賊《とくさ》の森は原初の時を暗示する。
この木は、人間の頭のついた四つの総苞から、
花の果芽のごとくに生え出ている（六段になって）。
（光る）花のなかには、女性の上半身が姿を見せている。（→p.76）

絵28

この木はほとんど女性像に取ってかわられている。
その頭部から生い繁る樹冠のまわりを、鳥たちが舞う。（→p.77）

Awake my Soul
stretch every nerve."
"I am the Game of the gambler."

絵29

絵28と同じ女性が描いたもの。ここでは木が男性像に取ってかわられている。
その像は、虹の上に聳え立っている。(→p.77)

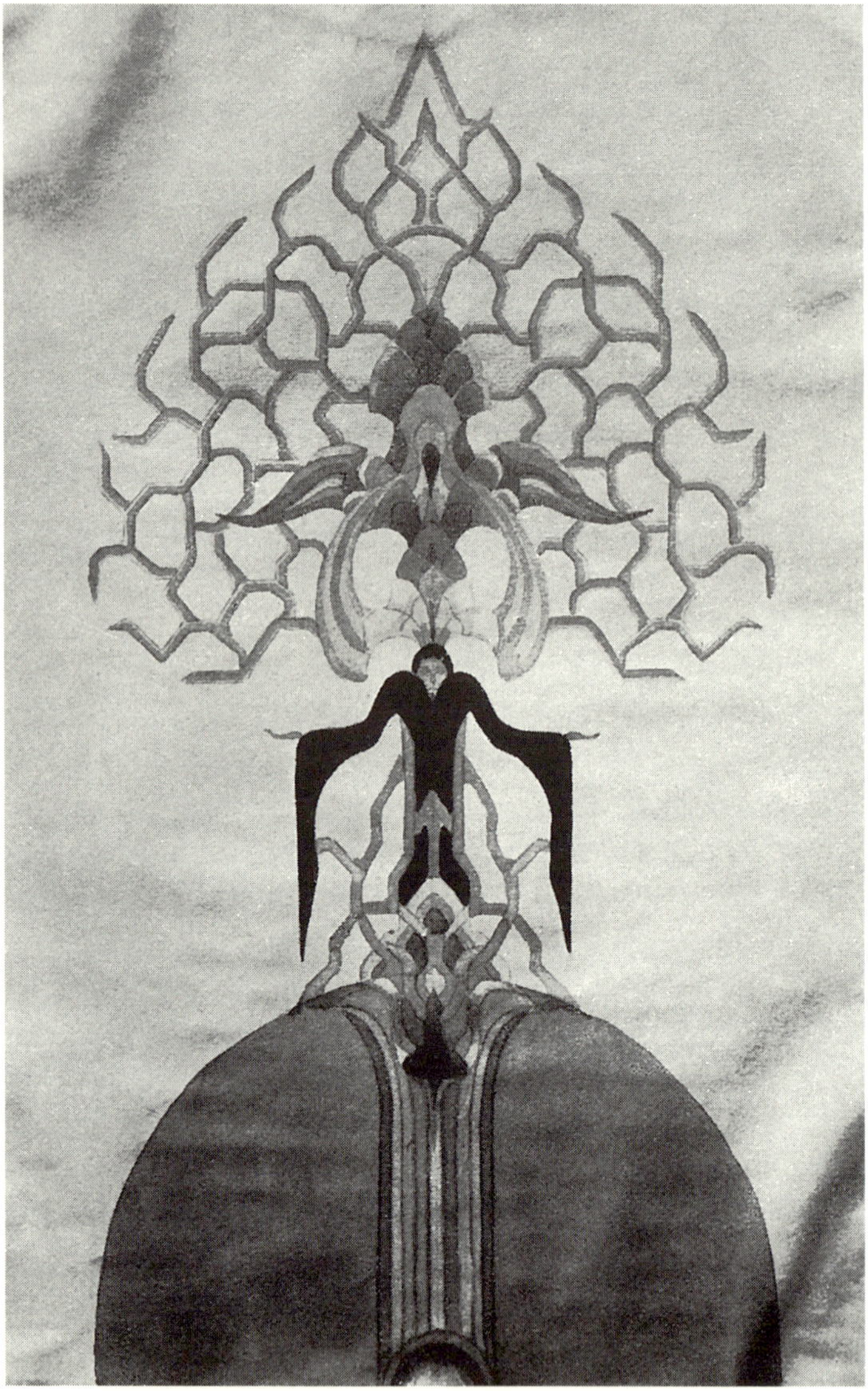

絵30

絵２と同じ女性が描いたもの。地球の上に立つ様式化された世界樹で、
その地球には多色で分割された一本の帯が走っている。
幹は悪魔的な男性像で構成されており、
その上に鳥(？)が樹冠から舞い降りてきている。
下方にはファルス的な象徴が示されている。(→p.79)

絵31

この木は同時に一輪の花でもあり、グノメ[7]のような男性像を含む。
樹冠は花環（コロナ ［花冠、光環］）に取り囲まれていて、
花のごとき中心のあるマンダラとなっている[8]。（→p.80）

＊　＊　＊

7 **グノメ**　地の霊。地下に棲み、宝石や貴金属を所有する背の低い精霊。
8 英訳版によると、絵30と同じ患者が描いたもの。

絵32

この木は花と解すことができ、一連の対立し合うものの合一を表している。
下方には白鳥と猫のような動物、
次いで恥ずかしがって顔を隠している「エヴァ」と「アダム」、
次いで魚をくわえた鳥（翡翠《かわせみ》）とそれに向き合う三頭の蛇、
次いで日月とともにあるエゼキエル書の四人のケルビム[9]、
さらには冠をつけた少年のいる光の花、そして最後にいちばん上に、
輝く卵を持つ鳥と冠を戴いた蛇、その隣に壺から水を注ぐ二つの手がある。（→p.81）

＊　＊　＊

9 **ケルビム**　智天使。四つの顔と羽根、腕を持つ。足下には車輪がある。正面は人間の顔のようであり、右は獅子、左は牛、後ろは鷲の顔をしている。

第一部　木の象徴の個別的表現

無意識の元型的[10]な表出のなかで頻繁に現れてくる一つのイメージは、木のそれ、あるいは奇跡をもたらす植物のそれである。そのようなファンタジーの表象が描かれる場合には、その横断面であるマンダラ[11]の形態をした対称的な姿をとることが多い。後者「マンダラ」が一般に自己[12]象徴[13]の横断面像を表しているとすれば、木はそれの側面像として理解できる。それを成長の過程として表現しているわけである。このような表現が成立する条件をここであらためてとりあげるつもりはない。それに関して必要なことは、拙著『無意識の造型』[14]のなかにことごとく述べてある。以下に引用する実例はすべて、私の患者数名がみずからの内的経験を描いて表現した一連の絵からとったものである。

この象徴は雑多な様相を示すけれども、特徴的な基本的性質が明らかになっている。以下、まずは個々の絵を転載して説明し、それからこの研究の第二部で、錬金術[15]の「哲学の木」[16]と、歴史上それにつながりのあるものについて述べていく。この点に関して、私の事例のマテリアルは先入観とは縁がない。なにしろ、どの事例もあらかじめ錬金術の知識やシャーマニ

10 **元型**　集合的無意識の働きとして見られる、基本的で普遍的な心の動きのパターン。意識には元型的なイメージとして経験される

11 **マンダラ**　インドやチベットの密教などで、瞑想の補助手段として用いられた法具。円と正方形を基本とする幾何学的構図であり、宇宙の秩序、本質を表すとされる。マンダラは、サンスクリット語で「心髄」「本質」を意味する「マンダ」と、所有を表す接尾語「ラ」の合成語で、本質を所有し表現するものを意味する。ユングは、夢や描画においてマンダラのようなイメージが現れることに注目し、心の中心や全体性を表す自己のイメージとして捉えた。

12 **自己**　全体性と中心の元型。意識と無意識を含む心全体でもあり、その中心でもある。心のすべてを背後で統御しており、自我を超えた超越者として経験される。

13 **象徴**　未知の部分を含む多義的な心的内容を、その時点で最もよく示している表現形態。それに対して、既知の一義的な内容を別の内容で表したものは記号と呼ばれ、区別される。

14 ［*Zur Empirie des Individuation-sprozesses; Über Mandalasymbolik; Mandalas. Gesammelte Werke*（*GW*）9/I］

ズム[17]の知識は持っていなかったのだから。これらの絵は自由な創造的ファンタジーによる自発的な産物なのであって、そこに付随していた意識的な動機はといえば、意識が圧倒されることもなく無意識がねじ曲げられることもなしに無意識的諸内容が意識に取り入れられる際の経験を表現したいという意図だけである。ほとんどの絵は治療を受けていた患者によるものだが、治療の影響を受けていない人や、もう影響を受けることのなかった人のものもいくらかある。このような場合、私は、暗示的に働くかもしれないことをあらかじめ言うのを注意深く避けている。そのことを明言しておきたい。くわえて、三一枚の絵のうちの一九枚は、私自身がまだ錬金術について知らなかった頃のものであり、残りの一二枚も、錬金術に関する拙著を出版する以前のものである。

絵1

この木は、海に浮かぶ島に一本だけで立っている。上部が画面の縁で断たれていることによって、その大きさが際立つ。芽と小さな白い花は春をほのめかす。その齢が人間の寿命をはるかに凌ぐこの大木は、そのとき新たな生命に目覚めるのだ。この木が一本だけで立っていることやその軸が絵の中央にあることは、世界樹[18]や世界軸[19]を、つまり木の象徴にいわば普遍的に帰せられている諸特性を暗示しているように思われる。描き手を動

15　**錬金術**　卑金属を貴金属に変容させたり不老不死を実現したりする秘薬を製造する術。近代化学の前段階とみなされるが、術師の瞑想と内的変容が必要であるとされる。アラビア語の al-kimia から来た語で、ギリシア語の chemeia（変容）に由来する。一方、この chemeia はエジプトを意味する Khem から来たもので、それがギリシア語の chumeia（煎じること）と混じたと言われている。

16　**哲学の木**　錬金術のプロセスは、木によって表されたり喩えられたりする。同様に、ヨーガのプロセスも木で表現されることがあり、このような木は個性化のプロセスのイメージと考えられる。

17　**シャーマニズム**　トランス的な意識状態（脱魂、憑依）において、精霊や神霊などの超自然的存在と直接に交渉をし、その過程で卜占、預言、治病、祭儀などを行なう宗教的職能者、シャーマンを中心とした宗教現象。

18　**世界樹**　宇宙の中心にあって、さまざまなものを内包しながら世界を支えているとされる巨大な木。

19　**世界軸**　世界の中心を貫く柱。

かしている内的な過程がそういうふうに姿を見せているわけであり、このことから、その過程の本質が根底において個人的な心理とは関係ないのだとわかる。反対にこの木は、一般的で個人的な意識にはなじみのないものとして対立する、一つの象徴を表している。描き手が、自分の内的状態について図解するために意識的にクリスマス・ツリーを利用したりしていなければ、であるが。

絵2

この抽象的な様式化と地球の上という木の位置づけは、一つの精神的存在における孤立感を表している。樹冠[20]の完全な対称性は、対立し合うものの合一[21]を指し示す。それは個性化のプロセス[22]の動機にして目的である。このような絵の創り手は、その木に同一化したり同化されたりしなければ[23]、自体愛的孤立という危険に陥ることなくもっぱらこう強く意識するようになるだろう。すなわち、自分の自我人格は、折衝を行なう必要のある、象徴的にしか把握しえない過程に直面しており、それは自我と同じくらい現実性があって否定できないものなのだ、と。人はいろいろなやり方でこの直面しているものを無視したり消し去ったりできるが、そういうことをすれば、その象徴が表している価値はことごとく失われる。単純で好奇心の強い人はもちろん合理的な説明を求めるだろうが、そういう説明がすぐに見出せなければ、つまらない上に不充分な仮説でこと足れりとするか、失望して顔を背けるか、のどちらかである。不可解なものを抱えて生きたり不可解なものを生かしておいたりすることは、人にはよほど難しいらしい。存在の根本

20 **樹冠**　木の構造は根、幹、樹冠に分けられ、樹冠は枝葉が繁り幹を覆う部分を指す。

21 **対立し合うものの合一**　あるものごとにおける、お互いに相反し対立し合う属性が一つになること。ユングの言う個性化のプロセスのキーワードである。

22 **個性化のプロセス**　自己実現のプロセスとも言われ、意識が無意識と関わることによって心の全体性が実現されていくプロセスのこと。つまり、生涯続く心の成長と発達を指し、また意識化のプロセスであるとも言える。

23 **原註2**　これに関しては、以下を参照せよ。*Aion*, 1951, p. 45f. [*GW* 9/II, paragr. 45]

的な不可解さのもとでは答えられないことがわずかに増えようが減ろうがべつにたいした変わりはない、と思っているのにである。しかし、確実で明確だという幻想に浸っている意識を、存在の不可解さを突きつけて落ち着かなくさせる不合理なものが自身の魂のうちにあるということ、たぶんそれこそがほんとうに耐え難いことなのだろう。

絵3

ここには光の木が描かれていて、同時に燭台にもなっている。そのためにこれは抽象化された形態をしており、それによってみずからの精神的［霊的］な特質を明かしている。枝々の先端には火のついた蝋燭があり、その光が閉ざされた空間の暗闇を、つまり洞穴もしくは円天井の地下室の暗闇を照らす。それによって、一方ではそのプロセスの密かな隠された本質が、他方ではそのプロセスの意識的闡明《せんめい》の機能が、表現されている。

絵4

この木は黄金色をしてはいるものの、写実的である。いまだ冬の、落葉した休眠状態にある。それは宇宙空間に立っており、言うなれば、大きな黄金色の光体を抱えている。おそらくは太陽だろう。この黄金は次のようなことを示している。なるほど描き手の女性は、この絵の内容になっているものとの生き生きとした関係を、つまり意識的なと言いうる関係をまだ培ってはいないが、その大きな価値についての情緒的な直観は得ているのである。

絵5

この木には葉がないが、小さな赤味を帯びた花をつけており、春であることがわかる。枝先は炎になっているし、木の生え出ている水からも火が立ち昇っている。そうなると、この木は泉の噴水のようでもある。こうした噴水の象徴、すなわちフォンティナ fontina は、錬金術に特有のものである。そこでは噴水の柱が木と一致し、よく中世の都市の噴水ふうの姿で表現されている。ここでの絵における火と水の合一は、個性化過程の本質をなす対立し合うものの合一という観念の表現である。この絵は、《aqua nostra ignis est[24]》という錬金術の命題に裏づけを与える。

絵6

この木は赤くて、珊瑚のように見える。それは水に映っているわけではない。上向きに成長するのと同じように、下向きにも成長しているのである。背景［下方］の四つの山も、やはり映っているわけではない。上側は五つの山で構成されている。ここから、下方の世界は上方の世界の単なる鏡像を示しているのではなく、それ自体で一つの世界であり、上方の世界についても同じであることがほのめかされている。この木は、対立し合う位置にある二つの岩壁の中央に立つ。四つの山は絵24にも出てくる。

絵7

これは、木の成長を成就させる抗い難い力により地中でこじ開けられた地殻を示す。

24　**原註3**　「われわれの水は火である」

描き手の男性は、これによって、類似したプロセスを持つ自身の内的経験を明らかにしている。それは必然性をもって経過しており、いかなる抵抗によっても抑えることができない。そこには土くれと同時に雪に覆われた山々も描かれているので、この木には、世界樹および世界軸であることを暗示するような宇宙的特性がある。

絵8

この木には葉がなく、枝先にはかわりに小さな炎をつけている。それゆえ、クリスマス・ツリーのモチーフに沿うものである。木は大地や海からではなく、ひとりの女の体から生えている。描き手の女性はプロテスタントであり、中世のマリア象徴（マリア＝テラ Terra[25]、海の星 Maris Stella[26]）については信仰していない。

絵9

この木は齢を重ねて巨大になり、もつれて一塊となった根の上に立っている。その根はとりわけ強調してある。左右から二頭の竜が近寄ってきている。木の上に人がひとりいるのがわかる。明らかに彼は、そこに竜からの避難所を求めている。これはとくに、ヘスペリデスの木[27]を見張っている竜や宝物を守っている蛇を想起させる。描き手の最新の獲得物、すなわち個の意識の確かな安全が、今にもまた無意識に呑み込まれそうになっている以上、彼の意識はなにがしか危険な状況にあるのだ。強調されている張りに張った根が、無意識のなかにある落ち着かなさを表しており、そのことはさらに、明らか

25　**テラ**　ローマ神話の大地の女神。ラテン語の「大地」が語源。ギリシア神話のガイアにあたる。

26　**ステラ・マリスあるいはマリス・ステラ**　イシス、イシュタル、アプロディーテ、ウェヌスなど、古代の大女神たちの添え名。それをマリアに与えたのは聖ヒエロニムス。この星は、金星、世界軸をしるす北極星、天狼星などと同一視された。

27　**ヘスペリデスの木**　ギリシア神話でガイアがヘラに贈った木。西のはてにあるアトラス山の麓のヘスペリデスの園にあり、黄金の林檎がなる。ヘスペリデスの園には、アトラスの娘たちであるヘスペリデス（ヘスペリスたち）が住んでいて、園の入り口は竜が護っている。

に巨大な竜と人間の矮小さにも見てとれる。この木は人間の意識からは独立して生えているので、脅かされはしない。木は自然の過程である。そして、竜が見張っているのだから、何にせよそれを妨げるのは危険を伴う。竜を恐れず木に登る勇気を示すならば、木は自然な常在のプロセスであるという事実によって頼もしい加護を与えてくれるだろう。

絵10

私たちはここで再び、鰐《わに》の姿で描かれた二頭の竜と出会う。木は抽象化されたもので、二重になっている。実がなっている。この木は二重であるにもかかわらず、一本の木という印象を与える。それには二つの木を結び合わせる輪が伴っており、対立し合うものの合一を意味する。そのことが、二頭の竜（もしくは鰐）によっても表されている。錬金術師たちのメルクリウス[28]が、木によっても竜によっても表されているのである。彼は名だたる「二重のもの duplex」、とりわけ男性的にして女性的なものであり、それゆえに化学の結婚における聖婚 Hierosgamos[29]で一つにされる。

絵11

木と蛇はともにメルクリウスの象徴ではあるが、にもかかわらず、メルクリウスに二重性があるゆえに二つの別々の側面を表している。木は静止している植物的な原理に相当し、一方、蛇は活動性を持つ動物的な原理に相当する。前者は土に縛りつけられた身

28 **メルクリウス**　錬金術では「両性具有の怪物」Monstrum hermaphroditus と呼ばれ、その本質は二重性にある。邪で卑しいと同時に、神聖で啓示を与える神であり、結合（コニウンクティオ）の象徴となる。

29 **聖婚**　錬金術では、精神的なものと物質的なものという相容れない要素（王と女王）の結合を象徴する。

30 **プレローマ**　ギリシア語で「充満」「満たされた状態」を意味する。ユングの言うプレローマは、グノーシス派における神々の根源的な世界のことで、無限にして不滅なるもの、無にして充満であるものを指す。

体的なものであり、後者は情動的なもの、魂を持つもの（まさに動物 animal［魂 anima を持つもの］）である。魂 anima がなければその身体は死んでおり、肉体 corpus がなければその魂は現実のものにならない。この絵のなかで明らかに差し迫っている両者の結合は、一方で身体の有魂化に照応し、他方で魂の現実化に照応することになろう。同様に、かの楽園の木も、無垢な精神状態にある（すなわち原初のプレローマ pleroma[30] 状態にある）人祖に差し迫った現実的な生を暗示するものである。メルクリウスの化合は、錬金術的プロセスの重要な部分をなしている。

絵12

この絵では、木と蛇が結合している。木は葉を繁らせており、太陽がそのなかを昇っている。根は蛇のようである。

絵13

この本質的に抽象化されている木には一つの空洞が隠れていて、それには錠のかかった扉がついている。太陽のような光体を支える幹の中央の若枝には、明らかに蛇のような性格がある。描き手の女性の悟性を表す愚かな鳥は泣いている。なぜなら、その木の扉を開ける鍵を忘れてきてしまったからである。明らかに鳥は、手に入れたい物（宝物）がその内側にあるのを感じとっている。

絵14

この同じ描き手は、宝物のモチーフをさまざまに変化させていて、ここでは英雄伝説の形式になっている。英雄は、秘密の地下室で封印された箱を見出す。その箱からは不思議な木が生えている。英雄に犬のようにつき従う緑の竜は、かの錬金術師の使い魔、すなわちメルクリウスの蛇 serpens mercurialis ないしは緑の竜 draco viridis に相当する。このような壮大な神話的織物は、稀にしか出会わないものではない。これらはおおむね、錬金術の「寓話」や説話と一致するものである。

絵15

木は宝物を渡そうとはせず、その箱をいっそうしっかりと握りしめている。英雄が木に近づいて触れようとすると、木から炎が噴き出す。これは火の木であり、錬金術師のそれやシモン・マグス Simon Magus[31] の世界樹に似ている。

絵16

葉を落とした木の枝にたくさんの鳥がとまっている。これは錬金術にも見られるモチーフである。一五八八年の『パンドラ *Pandora*』[32]では、知恵 Sapientia の木のまわりをたくさんの鳥が飛んでおり、また一五六六年の『化学について *De Chemia*』[33]には、鳥たちに囲まれているヘルメス・トリスメギストス Hermes Trismegistus[34] の姿がある。この木は宝物の守護者として描かれている。その根に隠されている宝石は、グリムのメルヘン

31 **シモン・マグス** キリスト教の立場からするとサマリアの「魔術師」(新約聖書「使徒言行録」八章)だが、娼婦ヘレナと行動をともにし、彼女を下界に降りたソフィアと見なしたことから、グノーシス主義の祖ともされる。

32 **『パンドラ』** 一五八八年、ヒエロニムス・ロイスナー Hieronymus Reusner によって著された有名な錬金術書。(「監訳者による序」の「パンドラの挿画」〔本書九ページ〕を参照せよ。)

33 **『化学について』** 一五六六年、セニオル Zadith Senior によって著された錬金術の古典。

34 **ヘルメス・トリスメギストス** 錬金術の伝説上の始祖。「三倍偉大なヘルメス」の意で、古代エジプトのトート神とも同一視される。『エメラルド板 *Tabla Smaragdina*』の著者。

35 **メルクリウスの霊が閉じこめられた瓶** 「瓶のなかの精霊」『グリム』KHM99。

36 **エゼキエルのサファイア石板** 「わたしが見ていると、ケルビムの頭上の大空の上に、サファイアの石のようで、形は王座のように

にある、メルクリウスの霊を閉じ込めて樫の木の根に隠してあった瓶[35]を思い起こさせる。この石は濃い藍色のサファイアである。教会の寓意のなかで大きな役割を担っているエゼキエルのサファイア石板[36]とそれとのつながりを、描き手は知らない。サファイアが持っている固有の力は、所有者を貞潔、敬虔、堅実にすることである。医学では心臓の薬だったので、この石は《Utimur et hodie Sapphiro in corde confortando》[37]《flos Saphyricus》[38]と呼ばれる。翼を持つ存在としての鳥は、昔から精神［霊］と思考の表象ないし象徴である。それゆえ、私たちの絵のたくさんの鳥は、描き手がこの木の秘密について、つまり根のなかに隠された宝物について考えをめぐらせていることを意味するのだ。この象徴表現の構成は、あの野の宝、高価な真珠、からし種の喩え話も下敷きとしている[39]。錬金術は神の国にだけではなく、《admirandum Maioris Mundi Mysterium》[40]にも、つまり「大宇宙の驚嘆すべき秘密」にも関わりがある。私たちの絵のサファイアも、それに類似した何かであるように思われる。

絵17

この絵は絵16と同一の女性によって描かれたものだが、ずっと後の段階のもので、同じ観念が別のかたちをとって繰り返されている。描写の表現能力も著しく上達した。その基本的な着想は同一であり、鳥たちが今や生気を帯びた木のハート型の花々と置き換わっているだけである。四本の枝はサファイアの四角形に相当するもので、ホラポロHorapollo の著作[41]では、永遠性を意味する神聖文字、ウロボロス[42]によってその「不変性」

見えるものがあるではないか。それはケルビムの上に見えた」（新共同訳）。「エゼキエル書」一〇章。

37　**原註4**　Rulandus, *Lexicon Alchemiae*, 1612, S.h.v.［今日でもわれわれはサファイアを心臓を強くするために用いる］

38　**原註5**　*Epistola ad Hermannum* in: *Theatrum Chemicum*, 1622, V, p. 899.［サファイアの花］

39　**聖書における、からし種の喩え話**　「イエスは、別のたとえを持ち出して、彼らに言われた。『天の国はからし種に似ている。人がこれを取って畑に蒔けば、どんな種よりも小さいのに、成長するとどの野菜よりも大きくなり、空の鳥が来て枝に巣を作るほどの木になる』」（新共同訳）。「マタイによる福音書」一三章三一、三二節。

40　［既述の箇所］

41　[*Selecta Hieroglyphica*, p. 7f.]

42　**ウロボロス**　自分の尾を咬む、もしくは呑み込む竜（蛇）。永遠回帰、連続性を表す。錬金術においては、液体の加熱、気化、冷却、再液化を繰り返す、純化のための循環プロセスを表す。

が強調されている。みずからを呑み込む竜は、みずから授精しかつ生み出すので、錬金術ではヘルマプロディトス Hermaphroditus[43] と見なされる。サファイアの花は、それゆえ「両性具有のサファイアの花 Hermaphroditi flos saphyricus」と呼ばれる。不変性と持続性は、樹齢にだけでなく、その果実の、すなわちかの石の性質にも現れている。それは実であると同時に種のようでもある。錬金術師は穀物の種が土のなかで死ぬことを再三強調するが、この石は、種という性質にもかかわらず「腐敗しない」(incorruptibilis)。それは、人間と同じように、永遠でありながら死すべき存在を表している。

絵18

これは、あるはじまりの状態を描いたものである。そこでは、木が、宇宙的な性質を持っているのに大地から立ち上がることができない。おそらく、次のようなことにもとづく退行的な発達に関係しているのだろう。すなわち、この木はなるほど大地から離れて天文学上、気象上の諸現象がある宇宙空間へ伸び出ていく自然の傾向を持っているのだが、それと同時に、なじみのないこの世ならぬ世界に達して、あの世のものとのつながりを作り出してしまうおそれもあるのだ。それは、大地に縛られた「この世的な」悟性しかない自然な人間には恐ろしいことなのである。木が高みへと成長していけば、信じていたこの世の安全が脅かされるのみならず、精神的‐道徳的に無関心かつ怠惰であり続けることにも差しさわりが生じてしまう。木が新しい時間や空間へと伸びていくと、人は新たに相当な適応をなさずにはやっていけなくなるからである。これは哀れな臆病

43 **ヘルマプロディトス** ヘルメスとアプロディーテの子で、最初の両性具有者。統合された対立し合うものの象徴。ただし、これを、対立し合うものが未分化なままで無意識的に結合している原初的全体性と考え、対立し合うものへといったん分化した後に再統合された「アンドロギュヌス」と区別することもある。

さと言うより、かなりの部分、当然の不安でもある。それは、未来が要求の多いものであることを警告しているのだ。人がそうした要求に気づいていないとしても、あるいはそれらが満たせない場合の危険性を知らずにいるとしても、要求は多いのである。この一見、根拠のない不安に満ちた抵抗や嫌悪は、だからこそ容易に合理化されるし、多少ともそうしようと思えばうるさい虫のように追い払われてしまう。そこで、そのことから、まさにこの絵の表現している心的状態が、つまりもとのところに向けての成長が生じてくる。それによって、増大する動揺を、安全と信じる大地で置き換えるのである。するると、素因に従って、性もしくは力への意志をめぐる、あるいはその両方をめぐる二次的ファンタジーが生じる。その結果、遅かれ早かれ神経症的諸症状が形成されるとともに、ほとんど不可避の落とし穴が現れてくる。すなわち、医師も患者も、何よりもまずこのファンタジーを原因として受け取り、それによって真の課題を見落としてしまうのである。

絵19

この作品は、絵18が特殊なものではないことを示す。もっともここでは、もはや無意識的な退行ではなく、意識化されたそれが描かれている。この木が人間の頭をしているのはそのためである。この魔女のような木のニンフが大地に手を伸ばしているのか、嫌々ながらもそこから起き上がろうとしているのか、この絵からははっきりしない。これは、意識が分裂した状態にあることとみごとに一致する。しかし、近辺のまっすぐ立っている木々は、木が本来いかに成長するべきかに関する内的もしくは外的な手本が存在していること、それに気づきうることを示している。描き手の女性は、この木が魔女であって、こうした退行的な成長こそが不適切な魔術的影響を被ってしまう原因なのだと理解した。

絵20

この木は他から離れて立ち、山上に君臨している。葉が繁り、幹には色とりどりの継ぎはぎでできた蛹《さなぎ》がついている。描き手の女性は、そこからアルルカン[44]のモチーフを思い起こした。この道化の衣装は、それが何か道化じみた不合理なものに関係があると描き手が感じていることを示す。彼女はその際、アルルカンの衣装からその様式が示唆されるピカソのことを思ったのを覚えていた。この連想には、表面的な観念連合という以上の深い意味がある。前の二例における退行的な発達を引き起こしていたのも、これと同じ［不合理なものに関する］印象である。つまり、じつは問題は、現代的な知性に少なからぬ難題を突きつけるようなあるできごとなのだ。私は、信ずべき心的諸内容がこうして自律的に成長していくことへの不安を打ち明ける患者をしばしば見てきた。まさにこのような場合、患者たちの類がなく同化もできないように見える経験の歴史性を立証してやれれば、最高の治療的価値がある。患者は、内的な発達が避け難いと感じはじめると、自分はもはや理解不能の狂気に絶望的に陥っていくのだというパニックに襲われやすくなる。そのようなとき、私が書棚に手を伸ばして昔のある錬金術師について語

44　**アルルカン**　一六世紀中頃イタリアで成立した即興喜劇の道化役。イタリア語ではアルレッキーノ。一七世紀はじめにはフランスに巡業。その折、アルルカンという名が与えられた。

り、患者に彼の恐ろしいファンタジーの像がすでに四〇〇年前にあったのと同じかたちであることを示したのは、一度や二度ではない。これには鎮静効果がある。なぜなら、誰にも理解できない見知らぬ世界にいるのがけっして自分ひとりではないとわかるばかりか、ただ自分の個人的で病理的な異常性と見ていたものが、すでに長きにわたって数えきれないほど経験されてきた人類史の大きな流れに属していることがわかるからである。この蛹は、眠れる人間の姿をしている。それは幼虫のように新しい姿に変わっていく人間である。

絵21

幹に潜んでいる人物像は、この木と人間との同一性を表す。他方、この像と木の関係は、子どもと母親のそれに等しい。このことは、木が昔から持っている女性的－母親的な意味合いと一致する。

絵22

ここには、さらに先の段階が描かれている。眠っていた人物像は目を覚まし、木から半身を分離して、ライオンと、つまり一般的に言うなら動物と関わりを持つ。「木からの誕生」は、自然の存在としての特徴であるだけでなく、原人間、すなわち大地から生い出る樹木状の自生的なもの［土着のもの］αὐτόχθονος としての特徴でもある。このデンドリティス δενδρῖτις（木のニンフ）はこの場合、エヴァのようなものである。彼女はアダムの脇腹から取り出されたのではなく、木から独立して生まれ出ている。この象徴によって、ますます文明化されている人間の一面性や不自然さが明らかになっているだけでなく、聖書神話にほのめかされたエヴァの二次的な創造がとりわけ補償されてもいる。

絵23

このデンドリティス（ニンフ）は太陽を支えており、全体として光り輝く姿をしている。背景にある波のような帯は赤く、変容の森のまわりを流れる生き生きとした血液からなる。これによって、この変容プロセスが浮薄なファンタジーではなく、身体的なものにまで達する過程であること、いやそれどころか、そこに起源を持つ過程であることさえ示されている。

絵24

この描画は、これまでの絵のさまざまなモチーフを併せ持っているが、なかでも光の象徴ないしは太陽の象徴に重きが置いてある。それは四位一体 Quaternität で表される。そこには、それぞれちがう色をした四本の川が環流している。これらの川は、（描き手の女性が言うには）四つの天上的な、すなわち「形而上的な」山々から流れてくる。四つの山々には、すでに絵6でも出会った。それは、私が『心理学と錬金術』（第二版、一九五二年、二三三ページ[45]）で言及した男性患者の絵にも同じように登場する。『ウォシア

45 [paragr. 217]

46 [*Psychologie und Alchemie*, 2 Aufl., 1952, *GW* 14, Abb. 140]

47 **グノーシス**　gnosis はギリシア語で「知」「認識」を意味する。ここでは「霊知」と訳すのが妥当だろう。自身の霊的、神的な本質の認識によって人間は救済されるとするグノーシス主義の鍵となる言葉。

ン・ライデン写本二九 Codex Vossianus Leiden 29』には、四種類の流動体が描かれている（『心理学と錬金術』、三八六ページに転載してある）[46]。こうしたあらゆる事例の数の多さについては、錬金術、グノーシス主義[47]、その他の神話におけるすべての四位一体についてと同様、私のせいではない。私を批判する人たちは、私が四という数を特別に偏愛していて、至るところでそれを見出したのだ、という思いつきを滑稽にも信奉しているように見える。一度でよいから、彼らも錬金術の論説を手に取ってみるべきである……たしかにひどく骨の折れることではあるのだが。「科学的であること」は九〇パーセントが偏見で成り立っているので、事実が認められるにはいつもたいへん長い時間がかかる。

四という数は、円積法[48]がそうであるのと同様、偶然のものではない。私を批判する人たちも知っている例をあげるなら、だからこそ基本方位というものは三つではなく、さらに五つでもなく、まさに四つ［東西南北］になっているのである。ここでは、四にさらなる特別な数学的特性が備わっていることを示唆するにとどめよう。私たちの絵では、四位一体によって光の象徴が強調されており、同時に、その意味するところがわかりやすいやり方で拡充されてもいる。それは、いわば全体性の受容、すなわち自己の直観的把握ということである。

絵25

この絵は、もっと後の段階に関係がある。そこでは女性像が、もはや単なる光の象徴ないしマンダラの受容者や支え手ではなくなり、そのなかに組み込まれたものとして描

48

円積法　所与の円と面積の等しい正方形を求める方法。円積法は、はじめに存在した未分化な全体（円）をいったん四要素ないし四元素（正方形）に分解し、そうしたたくさんの四元素を組み合わせて再び高次の統一（はじめの円と等積の正方形）を生み出す方法であり、solve et coagula（解きて結べ）を旨とする錬金術のオプスの象徴の一つになっている。

かれている。この人格は、ここでは絵24の場合よりも高度に影響を受けている。そのために自己と同一化する危険が増しており、これは軽く見積もるわけにはいかない。こうした発達を遂げていく者は誰でも、自己と一体化して自分の経験と努力の目的地を見てみたいという誘惑を少なくとも感じはするだろう。このことについては、数々の示唆的な先例がある。この事例では、全体としてそうした可能性が存在する。しかし、この絵のなかには、自我を自己から区別することを可能にする要素がある。つまり、この絵の描き手がアメリカ人女性でプエブロ・インディアン[49]の神話の影響を受けているがゆえに、玉蜀黍《とうもろこし》の穂はこの女性像を女神として性格づけるものになっているのだ。彼女はいわば蛇によって木に縛られており、プロメテウス[50]が岩に縛りつけられるのと同じくこの世の人間のために自己として犠牲になるキリストの磔刑に照応する。こうした神話が示しているように、全体性を目指す人間の努力は、無意識の側から言えば、この世の存在の不自由さと束縛に対する自己の自由意志による犠牲に照応するのである。ここでは、これ以上の説明は控え、この照応関係を指摘するにとどめよう。

この絵にはこうして、聖なる神話に関して非常に多くのことが示唆されているので、意識は、すっかり分別を失っているのでないかぎり（そういう徴候は見られない）自我と自己とを容易に区別できる。この段階では、インフレーション［自我肥大］に陥らないことが適切かつ重要である。というのも、自己を識別できるようになったとき、それと同一化することによってこの識別から目をそむけると、必ずやたいへん不快な結果を招くからである。すなわち、もしもこの当然のように生じる自己との同一化が識別でき

49 **プエブロ・インディアン**　アメリカ合衆国の南西部ニュー・メキシコ州とアリゾナ州に分布し、日干し煉瓦で造られた集合住居に住む。プエブロとは、スペイン語で「村」「町」を意味する。

50 **プロメテウス**　ギリシア神話、ティターン族のイアペトスの息子。ゼウスの隠した火を盗んで地上にもたらした神。彼はゼウスから罰を受け、鎖で岩に縛られ大鷲に肝臓をついばまれるが、夜のうちに回復してしまうため、その責め苦は日々繰り返された。

れば、自分自身を無意識性という状態から解放できる可能性が出てくる。しかし、この可能性を見逃したり活かせなかったりした場合は、以前と同じ状態にとどまっているわけにはいかず、人格の解離を伴う抑圧が生じる。識別が可能になる成長を遂げていた発達的進歩が、退歩に変わってしまうのだ。強調しておかなければならないのは、この識別がただの知的な行為ではなく、それを超えた道徳的［精神的］な営みを指しているということである。これに比べれば、通常の認識には背景的な意義しかない。そのため、運命が据えた課題を、自分では認めたくないつまらぬ動機から回避している事例でも、やはりこれと同じ継起が見られる。

私たちの絵のもう一つの特徴にも注目してもらいたい。この木には葉がなく、枝はまるで根のようである。それ本来の生命過程は中心に、つまりその花と実りを意味する人物像に集中している。このように、下方にも上方にも根を張っていく人間は、いわば一本の上向きにして下向きでもある木のようなものである。その目指すところは高みではなく、中心である。

絵26

前の絵のなかで発展していた観念が、この例では、少しちがったかたちで現れている。重要なのは、その観念がじつは自己表出しているということである。なにしろ、描き手の女性の意識は、描画という行為のなかで徐々に明瞭なものになっていくある漠然とした感じに従っているだけなのだから。表現されるべきことを前もって明確な概念で定式化することは、彼女の意識にはけっしてできなかっただろう。この絵の構造は、描かれているものを見るとわかるように、四分割されたマンダラである。その中心点は人物像の足下にあり、下方にずれている。この人物像はマンダラの上半分に立っており、したがって光の領域に属するものである。このマンダラは、縦の腕の長いほうが下になっている伝統的なキリスト教の十字架と比べると、反転している。このことから、自己は何よりもまず光の理想像として現れてはきたが、にもかかわらずキリスト教の十字架の反転したものを表している、と結論できる。キリスト教の十字架の中心点は上にずれており、それによって、中心を目指す無意識的傾向に対して上方の目的地が用意されていることになる。この人物像の下方に向けられた眼差しは、目的地が下方にあることを示す。(光の)十字架の縦の腕の短いほうが黒い大地の上にあり、人物像は、暗い領域に由来する黒い魚を左手で持っている。特徴的なのは、右手に見られるムドラー mudrā[51] 様のためらいの仕草である。それは、左側から(無意識から)やって来る魚に向けられている。患者の女性はインドの(すなわち神智学の[52])影響を受けており、ムドラーはそれゆえに描かれた。この魚は、キリスト教的に考えるにせよ[53]、インド的に考える(マヌの魚[54]として、あるいはヴィシュヌのアヴァターラ[化

51 **原註6** ムドラー Mudrā(サンスクリット)=儀礼的もしくは魔術的な両手の仕草。[印《いん》]

52 **神智学** 神智学はもともと、世界の構造と人間の存在を神の意志が成就される過程と見なし、それを神秘主義的な観照によって捉えようとする学問。一八七五年、ブラヴァツキーとオルコットの設立した神智学協会が、人間の霊性の革新運動として新しい角度からとりあげた。ヒンドゥー思想の強い影響を受けている。人間存在の核心である自我は、肉体からの離脱(死による)と再受肉を繰り返しながら、さまざまな経験を積む修行をして進化していくのだという。ユングは神智学に対して、象徴を実体的に捉えているとして批判的だった。

53 キリストは魚で象徴されることがある。Jesous Christos Theou Hyios Sorter(イエス・キリスト、神の子、救い主)の頭文字をつなぐとIchtys(魚)になるから、との俗説もある。詳細はユングの『アイオーン』を参照されたい。

54 **マヌの魚** インド神話。賢者マヌが水の供養をしていると、掌に一匹の魚が入ってきた。この魚はヴィシュヌの化身で、大きくなって海に放される際に大洪水の予言を残し、生き物は滅亡から救われる。

55 **アヴァターラ** ヴィシュヌの特徴は多くの化身(アヴァターラ)を持つことである。アヴァターラは一般に「神が地上に降下すること、この世に現れること」の意だが、とくにヴィシュヌがこの世でとるさまざまな姿、すなわち「化身」という意味合いで用いられる。ヴィシュヌのアヴァターラに関しては一〇化身説が代表的である。一〇化身として数えられるのは、(一)マツヤ(魚)、(二)クールマ(亀)、(三)ヴァラーハ(猪)、(四)ヌリシンハ(人間ライオン)、(五)ヴァーマナ(小人)、(六)パラシュラーマ(斧を持つラーマ)、(七)

身］avatâra[55]として）にせよ、救済者の意味を持つ。そこに“Among fishes I am Makara”[56]と記してあることから、患者は『バガヴァッドギーター』[57]の知識を持っていたと推測される（絵29参照）。マカラ[58]は海豚《いるか》ないしは一種のレヴィアタン[59]で、スヴァディシュターナ・チャクラ Svâdhishthâna-Chakra[60]に現れる。このセンター［中心、中枢］は膀胱の部位にあり、魚と月により水の領域であることが示されている。タントラ・ヨーガの諸チャクラは、たとえばアナーハタ Anâhata がギリシア人の言う φρένες［phrenes ＝精神］[61]に相当するように、おそらく意識の古い局在部位に当たるものなので、スヴァディシュターナはきっと最初期のそれである。この領域から、太古のヌーメン［霊、神意］Numen[62]を備えた魚の象徴が現れてくる。それは、あの「創造の日々」を、つまり意識が立ち現れた時を思い起こさせる。その頃はまだ、ほのかな内省の光によって存在の原初的一体性が脅かされることもなく、人は魚のように無意識の海を泳いでいた。そのような意味で魚は、プレローマ的な楽園状態の回復、あるいはチベットのタントリズムで言うバルド状態[63・64]の回復を意味する。人物像の足もとの植物は、実際には空気中に根を張っている。この木ないしデンドリティスと植物とは、大地から浮き上がっているか、まさに大地に降りてこようとしているかである。おそら

ラーマ、(八)クリシュナ、(九)ブッダ、(一〇)カルキンである。叙事詩の英雄ラーマとクリシュナが化身とされたことにより、ヴィシュヌ信仰は盛んになった。

56 ［「われは魚のなかの魚、マカラなり」］

57 **バガヴァッドギーター**　古代インドの大叙事詩『マハーバーラタ』全一八巻の第六巻二五〜四二章にあたり、七〇〇の詩節からなる。もとは、「バガヴァッド」（至福者）の名でヴィシュヌを崇拝したバーガヴァタ派の聖典。ヴィシュヌの化身であるクリシュナが哲学的、宗教的教説を述べる。

58 **マカラ**　ヒンドゥー教の説く巨大な怪魚で、ヴァルナやガンガーの乗り物。クンダリニー・ヨーガのスヴァディシュターナ・チャクラを象徴する海獣でもある（註60を見よ）。

59 **レヴィアタン**　旧約聖書「ヨブ記」などに登場する海獣。大洋の三分の一を占めるほどの大きさ。

60 **スヴァディシュターナ・チャクラ**　スヴァディシュターナとは「自身の本質」を意味する。下腹部にあるチャクラで、女性では子宮、男性では精巣に相当する。または膀胱に相当するともいう。水の領域を表し、このチャクラが開花すれば直観的知識を得るという。

61 **原註7**　チャクラの教義については以下を参照のこと。Avalon, *The Serpent Power*, 1919. また φρένες については以下を見よ。Onians, *The Origins of European Thought*, p.14ff.［諸チャクラは下方のものから順に開かれていくが、ユングはそれらをかつての意識の局在部位とも考えている。アナーハタ・チャクラは下から四番目のセンターで、横隔膜に接する心臓の領域に存在するとされる。一方、横隔膜 diaphragm という語は phrenes と同根である］

62 **ヌーメン**　「神の意志」「聖なる力」「神性」「神霊」を意味するラテン語。

く後者のほうではなかろうか。魚が深みからの使者を意味することからしても、やはりそうだろう。

私の経験からすると、この状況は異例のもので、神智学の影響によるのかもしれない。なぜなら、（西洋の）神智学は意識を理想的な観念で満たすことが特徴であり、影や暗黒世界との対決を特徴としてはいないからである。しかし人は、明るいものを思い浮かべることによってではなく、暗闇を意識化することによって明晰になる。けれども、そうすることは不快なのであまり好まれない。

絵27

この表現は最前の絵とは反対に、まったく西洋的である。もっとも、これは、木または蓮華から神が誕生するという元型に属するものではあるのだが。この石炭紀の太古的な植物界は、描き手の女性が自己の誕生を直観的に捉えたときの気分を具体的に示している。太古の植物のなかから生い出ている人物像は、その基盤にある四つの頭が合一した精髄であり、《lapis ex IV elementis compositus》［四つの元素から構成された石］という錬金術の見解に一致する。この元型を知覚すると、その経験に、太古的で昔から存在しているという性格が備わる。成長段階の数となっている六は、ファンタジー活動の領域では他にも非常によくあるので、まったく偶発的であるように見える。けれども、六という数（senarius）がすでに古代に《aptissimus generationi》（生み出すのに最適）と見なされていたことは、覚えておいてよい。[65]

63 **バルドBardo**　霊魂が死の瞬間から次なる生に至るまでの中間状態にある、いわゆる四十九日、中有、中陰を意味するチベット語。通常、人間が死んで生まれ変わるまでの間を指す。

64 **原註8**　W. Y. Evans-Wentz, *Das Tibetanische Totenbuch*, p. 47ff.

65 **原註9**　Philo Judaeus, *De Mundi Opificio* [Opera I, p. 2].

絵28

この絵は、絵26と同じ女性患者の手になるものである。樹冠を戴く女性像は座位をとっており、それは下への移動を暗示している。絵26で彼女の足のずっと下にあった黒い大地は、今や黒い球体として体内にある。しかも、太陽神経叢[66]に一致するマニプーラ・チャクラ manipūra-chakra[67]の領域にあるのだ。（錬金術におけるその類例は sol niger［すなわち黒い太陽］[68]である。）闇の原理ないしは影が統合されて、今や体内の一種の中心と感じられている、と言ってもよい。ことによると、この統合には、あの魚が持つ聖餐の意味合いも伴っているのかもしれない。つまり、あの魚を食べることは、かの神との「神秘的融即」を引き起こすのである。[69]

木のまわりをたくさんの鳥が飛んでいる。空中の存在である鳥は軽やかな思考を具体的に表したものなので、この絵からこう推測しなければならない。すなわち、中心点が下方にずらされたぶんだけ、この人物は思考の世界から離れることができた。その結果、思考が自然な状態に戻ったのだ、と。人物と思考が以前は一つになっていたので、前者は自身が空中の存在であるかのように大地から浮き上がっており、後者は人物の全体重を浮かばせ続けなければならなかったために飛ぶ自由を失っていたのである。

絵29

これも同じ患者である。ここでも、思考の世界が女性像から離れるプロセスが続いている。明らかに突然目覚めた（Awake my soul!［目覚めよ、わが魂］）男性的なデーモン[70]

66　**太陽神経叢**　みぞおちのあたり、横隔膜の下で胃の裏側の腹部大動脈に沿って存在する自律神経の束。太陽のように放射状に広がっている。中枢神経系の原基、すなわち原初の意識の痕跡と考えられる。

67　**マニプーラ・チャクラ**　マニプーラとは「宝石のあふれる町」の意。下から三番目にあたる火のチャクラで、燃えるような情動と関係が深い。太陽神経叢に相当する。腹腔の暗闇に生まれたばかりの太陽は、無意識的な諸々の情動の世界における意識の芽生えを象徴している。

68　**原註10**　caput corvi（鴉の頭）やニグレド nigredo（黒いもの）と同義。暗闇の状態では、《anima media natura》（世界の魂）が、つまりおよそ私の「集合的無意識」と呼ぶものが支配している（principatum tenet）。黒い太陽については、以下を参照せよ。Mylius, *Plilosophia reformata*, 1622, p. 19.

69　**原註11**　以下を参照せよ。*Aion*, p. 165ff. [*GW* 9/II, paragr. 175ff]

70　**原註12**　この語が意味しているのは、ギリシアで言うダイモン

が、すっかり勝ち誇って姿を現す。それはアニムス、すなわち女性のなかにある男性的思考（もしくは、一般に言う男性性）が人格化されたものである。ここで、彼女の以前の宙吊り状態がアニムス憑依であったことがわかる。それは今や彼女から落ちつつある。女性の意識にとっても、アニムスにとっても、互いが区別されることは解放となる。《I am the Game of the gambler》[71]という一文は、おそらく『バガヴァッドギーター』（X, 42）の《I am the game of dice》[72]に由来するものだろう。[73]これはクリシュナが自分自身のことを言ったものである。この言い回しが見出される一節は、この神の次のような言葉で始まっている。《I am the self, O Gudâkesha! seated in the hearts of all beings. I am the beginning and the middle and the end also of all beings. I am Vishnu among the Âdityas,[74] the beaming sun among the shining (bodies).[75]》

ここではクリシュナがみずからをサイコロ博打と呼んでいるが、すでに『ヤジュル・ヴェーダ』の『シャタパタ・ブラーフマナ』*Śatapatha-Brâhmana* でもアグニ[76]が同様に表現されている。そこにはこうある（IV Brâhmana, 23）。《He（the Adhvaryu）[77] throws down the dice, with 〈Hallowed by Svâhâ,[78] strive ye with Sârya's[79] rays for the middlemost place among brethren!〉 For that gaming-ground is the same as 〈ample Agni〉, and those dice are his coals, thus it is him（Agni）he thereby pleases.[80·81]》

どちらの文献も、神だけでなく、光あるいは太陽や炎をもサイコロ博打に関係づけている。同じように、『アタルヴァ・ヴェーダ』（VI, 38）の讃歌にもこうある。[82]《(The Brilliancy) that is in the chariot, the dice, in the strength of the bull; in the wind, Parganya, and

δαιμων であり、キリスト教の悪魔ではない。

71 ［私は博打打ちの博打である］

72 ［私はサイコロ博打である］

73 **原註13** *Sacred Books of the East* VIII, p. 91. 残念ながら、患者自身にこの一文の由来について尋ねる機会は、その後なかった。しかし、彼女に『バガヴァッドギーター』の知識があったことはわかっている。

74 **原註14** 太陽の神々。

75 ［おお、グダーケシャよ。私は万物の内奥に据えられている自己である。私は万物のはじまりであり、中間であり、終わりでもある。私はアーディティヤ神群のなかでもヴィシュヌであり、輝くもののなかでも光照らす太陽である］

76 アグニ Agni 火を意味する。古代インドのヴェーダの火神。太陽、稲妻、祭式の聖火、家の火、森の火、怒りの炎、思想の火、霊感の火などとして存在する。

77 **原註15** 『ヤジュル・ヴェーダ』の祈祷文を朗詠する聖職者。

78 **原註16** スヴァーハー Svâhâ は聖音の一つ。それは、雷雨の間にヴェーダを朗詠する際、発声される。*Âpastamba*, I, 4, 12（*Sacred Books of*

in the fire of Varuna.》[83・84] この「輝き」［Brilliancy］は、未開の心理学で「マナ」[85] として知られているものに、また無意識の心理学で「リビドー備給」「感情価」「感情的色づけ」と呼ぶものに相当する。未開の意識にとって決定的な要素を意味する情動の強度という点から見ると、雨、嵐、火、牡牛の強さ、熱狂的なサイコロ博打といった別々のものが同じのものになりうる。情動の強さのなかで、博打打ちと博打は一致するのである。

以上の考察で、私たちの絵の性格が明らかになるだろう。それは、解放、安堵、救済を表している。この女性患者は、この瞬間に明らかに神のヌーメン［霊、神意］を感じているのだ。『バガヴァッドギーター』の一文が示しているように、クリシュナは自己であり、この事例ではアニムスがそれと自身を同一視している。影、いわゆる暗黒の側面が充分に理解されていないと、こうした同一視は必ずと言っていいほど起きる。あらゆる元型と同じようにアニムスにもヤヌスの顔があるが、いずれにせよ単に男性原理だけでは限界がある。したがって、神あるいは自己の全体性を表すには適していない。彼は前段階か中間的地位で満足しなければならない。もっとも、あのインド的な神智学に特徴的な一般化も、たしかに私の患者の役には立った。少なくとも、彼女がアニムスを心理学的に短絡させてさしあたり全体性と同一視するよう、あるいはさしあたりそうした地位に置くよう、促してくれたのである。

絵30

絵29と同じモチーフが、ここでは分化した形式で描かれている。この葉のない木の様

the East, II, p. 45). そしてまた、神への生け贄を捧げる際にも発声される（l.c., p. 48）。

79 **原註17**　スーリヤ Sūrya ＝太陽。

80 **原註18**　*Sacred Books* XLII, p. 112.

81 ［彼（アドヴァリユ）は、次のように唱えながらサイコロを投げる。「汝ら、スヴァーハーにより て聖別され、スーリヤの光とともに、兄弟たちのまん中の場所を目指せ」。というのも、その賭博盤は「広大なる火神アグニ」に等しく、このサイコロたちは彼の石炭なのであって、かくして彼［アドヴァリユ］はそれによりほかならぬ彼（アグニ）を喜ばせているからである］

82 **原註19**　雨の神。

83 **原註20**　*Sacred Books* XLII, VI, 38, p. 116.

84 ［二輪戦車のなかにあり、サイコロのなかにあり、牡牛の強さのなかにあり、風、パルガニヤのなかにあり、ヴァルナの火のなかにある（その輝き）］

85 **マナ**　超自然的な力、または作用。本来、事物に固有なものではなく、非人格的な神秘的、超自然的力であるが、人間、霊魂、精霊、その

式化は強い抽象性を示しており、一種の修道衣を着たグノメのような男性像も同様である。広げられた両腕は、両側の均衡と十字架のモチーフを表す。この像の両義性は、一方では夢幻的な花でもある舞い降りる鳥[86]によって、他方では下方の網状の根から押し上がってくる明らかにファルス的な矢によって強調されている。これによって、このデーモン像は、左右の均衡としても、また知性と性の合一としても姿を見せているのだ。ラピス[87]として四位一体（すなわち四元素）を表す、錬金術の二重のメルクリウスと同じように。この球体を取り巻く帯は、『無意識の造型』[88]のなかで私が解説したメルクリウスの帯（図4、九七ページ）[89]を想起させる。そこでは、描き手自身もそれを水銀と考えていた。

錬金術的なメルクリウスの概念は、もっぱら男性的な心理に由来するもので、次のようなことを表現してもいる。すなわち、女性的な結ぶエロスを欠いた、男性特有のヌース［理智］Nousと性との対立を、である。私たちの絵のアニムス像は、個性化プロセスの経過のなかでひとりの女性の心から現れ出た、一片の純粋に男性的な心理である。

絵31

この絵の描き手は、最前の絵と同じ女性である。あの木自体が、ここでは蓮のような植物に、そして蓮華になっている。蓮華の上にはあのグノメのような人物がおり、蓮のなかでの神々の誕生を思い起こさせる。ここにも東洋の影響があるが、絵29の描き手の場合とは種類がちがう。これは、西洋で習得し感受されたインド的な神智学にまつわるものではない。重要なのは、絵30と31の描き手の女性は自身が東洋生まれで、そうした

他動植物、無生物にいたる諸事物にこもる属性的なもの。他のものから付け加わったり取り去ったりできる転移性と、自発的に他のものに移る伝染性を持つ。イギリスのコドリントンがメラネシアで発見し、一八九一年に報告した。

86 **原注21** これに関しては、木の上の鸛《こうのとり》を参照せよ（後を参照［第二部、第一二章］）。

87 **ラピス** 哲学者の石 lapis philosophorum。錬金術においてその製造が目標とされた、卑金属を変容させる物質。

88 ［*Zur Empirie des Individuationsprozesses*］

89 ［Bild 3, *GW* 9/I, paragr. 545ff.］

神智学を意識的に取り上げたのではないことである。しかし、それだけいっそう、それは彼女の内面に行き渡っている。しかも、彼女の魂の均衡を妨げるほどにである。

この絵ではデーモンが明らかに退いているが、そのぶん樹冠が豊かな発達を経験しているところにさらなる発展が見られる。つまり、葉と花が現れ、輝く花のような中心のまわりに花環が、花冠 corona ができている。錬金術師たちはこれに対して、《corona cordis tui》あるいは《diadema cordis tui》［汝の心臓の王冠］という呼称を使い、完全性の象徴とした。

この冠 Krone（ほかならぬ花冠）は、ここでは木によって表現された発達プロセスの「最後を飾るもの Krönung」として現れている。これは一つのマンダラであり、中国錬金術の「黄金の華」、西洋錬金術の「サファイアの花」である。この絵では、アニムスはもう自己の代理をしてはいない。自己がアニムスから解放されて、アニムスを「超越している」。

絵32

私はこの絵を、ためらいを覚えながら掲載する。なぜなら、これは他のすべての絵とちがって、もはや「純粋なもの」とは言えない、つまり、読んだり聞いたりしたことの影響をまったく受けていないとは言えないからである。少なくとも素材においては影響を受けている。とはいえ、それが自発的に生じたものであり、他のすべての絵と同じように内的経験を表現しているというかぎりにおいては、「ほんもの」である。ただ、ぴったりの観念が意のままに使えたために、他のものよりずっと明瞭かつ具体的になったにすぎない。結果的に、たくさんの象徴的な素材がこの絵のなかで一つになっている。ここではもう、それらに注解を施そうとは思わない。その本質的な部分は、一部は諸文献のなかで、また一部はこの論考のなかで、すでに論じられているのだから。「木」あるいは植物として一つにまとめられたこの絵は、たしかに独創的である。私はこの例をもって、ある量の象徴の知識がこうした造型にいかなる影響を及ぼすかを示したいだけである。

　私が提示した一連の絵の最後に、おのずから木の象徴が生じた文学の一例を添えておこう。私とは個人的面識がない現代フランスの詩人、ノエル・ピエール Noël Pierreは、「黒い太陽 Soleil Noir」[90]と題する連詩において、真正なる無意識の経験を記している。第二六連［と第二七連］には、木が登場する。

…Une foule compacte s'y pressait
Des quatre directions. Je m'y mêlais.
Je remarquais que nous roulions en spirale,
Un tourbillon dans l'entonnoir nous aspirait.
Dans l'axe, un catalpa gigantesque
Où pendaient les coeurs des morts,
A chaque fourche avait élu résidence

90　原註22　Paris, 1952, Ed. Seghers.

Un petit sage qui m'observait en clignotant.

XXVII

Jusqu'au fond, où s'étalent les lagunes.
Quelle quiétude, au nœud des choses!
Sous l'arbre de ma vie, le dernier fleuve
Entoure une île où s'érige
Dans les brumes un cube de roche grise.[91]

ここに叙述されている特徴的なものをあげると、次のようになる。(1)人類の宇宙の中心点。(2)螺旋状の回転[92]。(3)生命の、そして死の木。(4)木と結びつけられた、人間の生命と存在の中心としての心臓[93]。(5)小人の姿をした自然の知恵。(6)生命の木の在処としての島。(7)立方体＝哲学者の石＝その上に木が育っている宝物。

拙著の第一部はこれで終わり、第二部では、現代の個々の事例でここに描き出されていたプロセスが、ある歴史上のマテリアルのなかではどのように表現されているかを述べていこう。

91　［群衆が押し寄せてきた／四方から。私はそのなかに紛れ込んだ。／私は気づいた、私たちが螺旋状に回ってることに。／私たちを吸い込んだ漏斗のなかの渦。／その中心軸には大きな梓の木があって／それには死者たちの心臓がぶら下がっていた。／どの枝の分かれ目にも住んでいる／小さな聖者が、私を見ると目配せをした。／第二七連／そこから礁湖が広がっていく底にたどり着く。／万物の結節点のなんという静けさ。／私の生命の木の下には、最下部の川が／小島をとりまいて流れており／そこには、靄に包まれた灰色の岩の立方体がある。］

92　**原註23**　しばしば蛇によって表現される。

93　**原註24**　絵15およびバータメルヘンを参照のこと（後を見よ［Paragr. 401. 本書 p.138］）。

第二部　木の象徴の歴史と解釈について

第一章　元型的イメージとしての木

第一部で、おのずから現れてくる現代の木の象徴の例を示したので、本論文の第二部においてはその歴史的背景をいくらか述べ、それによって「哲学の木」というこの論文の題目の正当性を示したい。私の個々の事例が、つまるところ、一般に広がっている木の象徴的表現の特例にほかならないことは、この素材に通じた人なら誰でもすぐにわかるだろうが、それでも、個々の象徴を解釈するには、その直接の前史について知っていることが重要である。すべての元型的諸象徴と同様、木の象徴も時とともに確かな発達を遂げており、なにがしかの基本的特質が不変であることはわかるにしても、シャーマンの木が持っていた原初的な意味からは遠く離れてしまった。ある元型的な表象というのは経験的には限りない多様性を持ちうるのだが、その基礎になっている類心的形式[94]は、すべての段階でみずからの性格を保っている。たとえ時の経過のなかで木の外見がさまざまに変化したとしても、一つの象徴が持っている豊穣性と生命力は、その意味の移ろいのなかでいっそう明らかになっていく。それゆえ、木の象徴の現象学には、まず何

94 **類心的 psychoid**　ユングによれば、心の最深部に至ると、心理的なものごとが生理的（身体的）なものごとと区別できなくなる（類心的な状態になる）。この領域を類心的無意識と呼ぶ。

よりもこの意味の側面が必要となる。その意味に関してふつう最もよく見られる連想は、成長、生命、身体面および精神面で開花する姿、発達、下から上への成長とその反対向きの成長、母親的側面（保護、日除け、屋根、糧となる実り、生命の泉、頑丈さ、耐久性、どっしりと根を張っていること、さらにはそこから動けないということも）、老齢、人格[95]、そして最後に死と再生である。

　この性格づけは、個々の事例の語った内容を研究した長年の経験の積み重ねによっている。拙著を読む読者も、こうした絵のなかにおとぎ話、神話、詩がどれほど姿を見せているかに目をとめるだろう。ちなみに、個々の患者に尋ねてみても、彼ら自身はその種の源泉に意識的にはほとんど言及しない。これはじつに驚くべきことである。その理由として次のようなことがある。(1)夢のイメージの起源については一般にほとんど、あるいはまったく考えない。神話的モチーフについてはなおさらそうである。(2)源泉が忘れ去られてしまった。(3)そもそも源泉がまったく意識的なものではなかった。つまり、そこで語られているのは元型的な新しい創造である。

　この最後の可能性は、一般に思うほど稀なものではない。それどころか、そうであることが非常に多いので、無意識がおのずから生み出すものを解明するため比較による象徴研究がどうしても必要となった。諸々の神話素[96]（あるいは神話的モチーフ）はつねに伝承と結びついている、という習慣的な見方が不充分であることが証明されたのだ。なぜなら、そういうものは、どこかあるところで、あるとき、ある個人に、何らの伝承もなしにおのずと再発生してきうるからである。

95
原註25　ネブカドネザルの夢では、王自身が木によって表現されている。非常に古い表象あるいは原始的な表象と同じく、木はその人の生涯さえも具体的に表す。たとえば、子どもの誕生日に際して木が植えられるが、その木の運命はこの個人の運命と一致するというわけである。《Typus igitur nostrae conditionis fit arbor et speculum》［それゆえに、木は私たちの人間存在の似姿であり鏡である］（Andreae Alciati, *Emblemata cum commentaris*, 1661,p.888b）

96
原註26　これついては語り手も考えに入れなければならない。

あるイメージが人類の歴史上の記録に同一の形式と意味でもって見出せるなら、それは元型的なものと解される。そこでは、次の二つの極を区別しなければならない。(1)そのイメージは理解しやすい。すなわち、意識の上でなにがしかの伝承と結びついている。(2)そのイメージは疑いなくそこで生まれたものである。すなわち、伝承である可能性はなく、ましてや蓋然性もない。[97] この二つの可能性の間に、両方の要素の混じったあらゆる段階が見出せる。

イメージが持つ集合的性質[98]のため、その全体にわたる意味を個人の連想した素材から確定することはしばしば不可能である。しかし、そのような確定が実際の治療に重要であるとすれば、同じ理由から、医学的心理学のために象徴の比較研究を行なう必要性も生じてくる。[99] それには、人類史において象徴形成にまだ何の束縛もなかった時代にまで遡らなければならない。すなわち、直覚像の形成に対する認識論的批判がまだなく、したがって、本質的に未知なるものごとがある明確な直覚像のかたちで表出されていた時代にまで、である。私たちにとって時間的にいちばん近いそのような時代は、中世の自然哲学のそれで、その最盛期は一七世紀にあり、一八世紀にはしだいに批判的な科学に場所を明け渡した。この時代には、錬金術あるいはヘルメス哲学において最も意味深い発達があった。この哲学には、最も永続性のある、あるいは最も重要な古代の諸々の神話素が、貯水槽に水が流れ込むように流れ込んだのである。それは――これが特徴なのだが――とりわけ医師たちの哲学であった。[100]

97 **原註27** このことの証明は、伝承がしばしば無意識化するが潜在的に再想起されるため、必ずしも容易ではない。

98 **集合的性質** ユングによれば、無意識のなかには、かつて意識されていたが意識されなくなった個人的な層だけでなく、人類が時代や地域とは関係なく共通して生得的に備えている層がある。すなわち集合的無意識である。そこに由来するイメージは、非個人的（集合的）な性質を持っている。

99 **原註28** これは比較解剖学と人体解剖学との関係に似た関係にある。ただ一つちがうのは、この心理学では比較による確認が、理論的意義だけでなく、直接的で実際的な意義を持つということである。

100 **原註29** というのは、よく知られた錬金術師たちの非常に多くが医師であったためばかりでなく、化学が本質的に薬局方 φαρμακοποιία を意味していたためでもある。探し求められたものは、哲学の黄金ないし飲用黄金 aurum philosophicum. potabile であったばかりか、普遍の薬 medicina catholica、万能薬 panacea、アレクシパルマコン ἀλεξιφάρμακον（解毒剤）でもあった。

第二章　ヨドクス・グレウェルス[101]の論説における木

さて、以下では、私たちのすぐ背後に存在するそうした精神の時代の媒体に木の現象学がどう描かれているか、述べたい。生命の木[102]に関する膨大な研究をものしたホルムベルグ Holmberg[103]は、それは「人類の最も傑出した伝説上の創造」であると言い、こうした言葉でもって、この木が中心的な位置を占めて遍く広がり、至るところで最高に豊かなつながりを見せるような神話素に属する、ということを述べている。中世の錬金術書には木がたびたび姿を見せ、一般に哲学の黄金（あるいは何であれ目標という名を冠せられたもの）に向けての秘密物質の成長や変容を表す。だからこそ、『ペラギオスの論説』で、ゾシモスは（語られた変容プロセスについて）こう述べた。それはまるで「豊富な水で発酵し、空気の湿気と温もりで発芽し、花を咲かせ、自然の大いなる甘さと素質（ποιότητι）のおかげで実をつける、よく手入れされた木、水を与えられた植物[104]」のようなものである、と。

その典型例が、一五八八年にライデンで初版が出たヨドクス・グレウェルス

101 **ヨドクス・グレウェルス Iodocus Grevers**　一六世紀の錬金術師。詳細は不明だが、一七世紀の著名な錬金術師ミヒャエル・マイアーは、その著『逃げるアタランテ Atalanta Fugiens』や『黄金の卓の象徴 Symbola aureae mensae』においてグレウェルスを非常に高く評価している。グレウェルスの著書（*Secretum*）に記されていた、ヘスペリデスの黄金の林檎の探索行は、『逃げるアタランテ』の有名な口絵の着想をマイアーに与えたとされる。

102 **生命の木**　古くから世界中に見られる、生命の源として崇拝される木のイメージ。厳しい乾燥や寒暑に耐えて芽を吹く木や常緑の木が、その現実の姿に相当する。エデンの園の中央にも、知恵の木と生命の木があったとされる。

103 **原註30**　Uno Holmberg, *Der Baum des Lebens*, Annales Academiae Scientiarum Fennicae. Helsinki, 1922-23, Ser. B. T. XVI, p. 9.

104 **原註31**　Berthelot, *Alch. Grecs*, IV, I, 12.

Iodocus Grevers の論説である。[105] そこでは、作業《オプス》の全体が、何ら外的なものの入り込まないよく保護された庭で木の種を蒔いて育てることとして描かれている。種が蒔かれる土壌は、浄化されたメルクリウス〔水星〕からなる。サトゥルヌス〔土星〕、ユピテル〔木星〕、マルス〔火星〕、ウェヌス〔金星〕が木の幹（あるいは数々の幹）を形成しており、太陽と月がその種子を持っている。[106] これらの惑星の名前は、一見、おのおのに相当する金属を表しているようだが、著者の次のような限定の言葉から、それによって示したかったものが見てとれる。《Non enim in hoc opus ingreditur aurum vulgi, nec Mercurius vulgi, nec argentum vulgi, nec quidvis aliud vulgare, sed Philosophorum.》（「すなわち、この作業には、卑俗な黄金も、卑俗な水銀、卑俗な銀も、その他の卑俗なものも入ってはこず、ただ哲学者の〔金属類〕のみが入ってくる」[107]）。このように、何でも作業の材料にはなりうる。その材料は、表向き化学物質として記されていたとしても、想像上のものである。つまるところ、諸惑星の名前は金属のことを指すだけではなく、錬金術師なら誰でも知っていたように、（占星術で言う）気質を、それゆえ心的な諸要素をも指す。それらは諸々の欲動的な素因からなっていて、特異なファンタジーと欲望の契機となり、そのようにしてみずからの性質を知らしめる。この王の業《わざ》のもともとの動機である貪欲さは、明らかに「卑俗ならざる黄金」のなかになおも存在している。しかし、まさにここで、その動機の急変および別水準への目標の移し替えも目に見えるようになってくる。この論説の最後にある寓話で

105 **原註32** 論題は次のとおり。*Secretum Nobilissimum et Verissimum Venerabilis Viri, Domini Iodoci Greveri Presbyteri.* 以下に再録された。*Theatr. Chem.*, 1602, III, p. 783ff.

106 **原註33** l.c., p. 784. この文献には《Saturnes, Jupiter, etc. sunt trunci》とあるが、これは多種多様な幹が存在するという意味にもとれるし、おのおの幹がこれら四つのものからできているという意味にもとれる。ミヒャエル・マイアーはグレウェルスを引用している（Symbola aureae mensae, 1617, p. 269）が、これがどちらなのかについては明らかに確信がなかった。なぜなら彼は、メルクリウスが木の根、サトゥルヌスその他が幹と枝で、太陽と月は葉と花だというのがグレウェルスの見解だとしているからである。思うに、マイアーがこの四つを古典的な四者体 Tetrasomie として解しているのは正しい（後を見よ）。

107 [Greverus, l.c., p. 785]

は、老賢者が熟達者［錬金術師］に次のように言う。《Depone, fili, mundanarum concupiscentiarum illecebras.》（息子よ、世俗的な欲望の誘惑は捨て置くがよい）[108]。まちがいなくしばしばそうであるように、たとえある著述者の述べているプロセスがほかならぬ卑俗な黄金の製造を目指してのものだったとしても、その熟達者による操作の心理的な意味は、彼の意識の態度とは無関係に、用いられている象徴的な専門用語のなかに浸み込んでいる。グレヴェルスの論説でもこの段階は克服されており、作業《オプス》の目標が「この世的なものではない」ことをまちがいなく認めている。それゆえ、著者は《universus processus operis nostri》[109]をめぐっての論文の「結論」で、次のように表明する。すなわち、それは《Donum namque Dei est, habens mysterium individuae unionis sanctae Trinitatis. O scientiam praeclarissimam, quae est theatrum universae naturae, eiusque anatomia, astrologia terrestris,[110] argumentum omnipotentiae Dei, testimonium resurrectionis mortuorum, exemplum remissionis peccatorum, infallibile futuri iudicii experimentum, et speculum aeternae beatitudinis![111]》と。

この聖歌のような讃美を現代の読者が見れば、過大かつ不相応なものと感じないではいられまい。というのは、たとえば、錬金術の科学 scientia に聖なる三位一体の一者性がいかにして内包されうるかを理解することは容易でないからである。こうしてかの宗教の神秘と熱狂的に比較することは、すでに中世においても人を不愉快にさせた[112]。そのような比較は稀なものではなく、一七世紀にはいくらかの論説のライトモチーフにまでなっているのだが、その徴候はすでに

108　[l. c., p. 808]

109　原註34　「われらの作業の全プロセス」[l. c., p. 809]

110　原註35　《anatomia》［解剖学］と《astrologia terrestris》［大地の占星術］は、パラケルスス派特有の概念である。ゆえに、この概念が用いられていることは、このグレヴェルスの論説の成立が早くとも一六世紀後半であることを意味する。［パラケルススにおける「解剖学」は、有機体や万物の背後に存在する原型を意味する。たとえば、七つの惑星は人間の内界にも存在し、その解剖学を構成する］

111　原註36　[l. c.]［……神の賜物であり、聖なる三位一体の分割不可能な一者性に関する秘密を内包している。おお、この上なくすばらしき科学よ。それは、すべての自然とその解剖学の劇場、大地的な天空、神の全能の証、死者の復活の証拠、罪の赦しの実例、来たるべき審判の確かな見本、永遠なる幸福［冥福］の鏡である」。私は astrologia［占星術］を、パラケルススが（人間における）Firmament［天空］という語で表した意味に訳した。［パラケルススにおける「天空」は、天 Himmel、星辰 Gestirn などとほぼ同義。大宇宙の星々を意味する一方、小宇宙である地上の人間の身体と魂に対するそれらの影響や照応性をも指す］

一三、一四世紀にあった。思うに、それは必ずしも、愛好へのとらわれ captatio benevolentiae として理解すべきではない。また、見せかけの神秘化として理解すべきでもない。著者たちには何か考えがあったのだ。彼らは明らかに、錬金術のプロセスとこの宗教的観念との間にある類似性を認識していた。もっとも、それは私たちにはにわかには見てとれないのだが。この極端に異なる二つの領域に共通する第三のものを考慮に入れなければ、両者を架橋することはできない。一致のために必要なこの第三のもの tertium comparationis とは、心理学的なものである。錬金術師は、化学物質についての錬金術的観念がファンタジーであるという不当な批判に対して、当然ながら憤慨し抵抗した。自分が述べていることは神人同形論[113]を超えている、と今なお思っている現代の形而上学者が憤慨し抵抗するであろうように。錬金術師が、あるがままの物と自身がそれらに対して抱いたイメージとを区別できなかったのと同じように、現代の形而上学者も、自身の観念が形而上学的対象を有効に表現していると今なお信じている。明らかに、いずれの場合も、それぞれの対象に関してひどく異なる見方が優勢になるということは起きなかった。いざそうなったときには、相手方が当然まちがっているとして納得していた。ただし、形而上学者やとりわけ神学者とは対照的に、錬金術師は論争好きな傾向を見せることがなく、せいぜい自分の理解できない著述者の曖昧さを嘆く程度である。

　どちらもとにかくファンタジー・イメージに関係するものであることは、分別

112 **原註37**　バーゼルの出版元Conrad Waldkirchが『立昇る曙光』第一部 *Aurora Consurgens* I の収載を拒否したことを参照されたい。以下を見よ。*Psychologie und Alchemie*, 2 Aufl., 1952, p. 512.［*GW* 14, paragr. 464. *Aurora* は、マリー・ルイーゼ・フォン・フランツによる注解つきの翻訳で、『結合の神秘』*Mysterium Coniunctionis* 第三巻として出版された］

113 **神人同形論**　人間の形姿、性質、行動にもとづいてヌーメン的存在のそれらを表象すること。

ある人なら誰にでもわかる。彼らの知られざる対象が存在しないなどとはけっして言うべきでない。諸々のファンタジー・イメージは、それが暗に何を指しているにせよ、つねに同一の心的法則によって、すなわち元型によって構成されている。錬金術師たちはこのことを、自身の観念とあの宗教的な観念との類似性を主張する際に彼らなりのやり方で書き記した。たとえばグレウェルスは、自身の綜合のプロセスと三位一体とを比較している。この場合、共通の元型は三という数である。パラケルスス派である彼は、その基盤となっているパラケルススの三つ組——硫黄、塩、水銀[114]——に通じていたにちがいない。（硫黄は太陽に属する、もしくはその代理となる。そして、塩は月に対して同様の関係にある。）しかしながら、彼はこうした類いの綜合について何も言及していない[115]。太陽と月は、大地（＝メルクリウス［水星］）に蒔く種を生み出すのだが、おそらく他の四惑星は幹を形成する。一つに結びつけられているこれら四つのものは、ギリシア錬金術の四者体 Tetrasomie を指し示しており、そこではそれらはそうした諸惑星に相当する鉛、錫、鉄、銅を表す[116]。つまり、ミヒャエル・マイアー Michael Maier[117] も正しく理解している［原註33を参照せよ］ように、グレウェルスは自身のヘノシス Henosis（合一あるいは合成）のプロセスにおいて、たぶんパラケルススの三基本物質ではなく、古代の四元素を扱っていた。彼は結論の箇所で、それを《individua unio sanctae Trinitatis》［聖なる三位一体の分割不能の一者性[118]］と比較している。彼にとって、太陽、月、水星という三者性が木の種と種の蒔かれる大地

114 **パラケルスス Paracelsus**　一四九三／四年〜一五四一年。医師、錬金術師、新プラトン主義哲学者で、化学調剤療法の創始者とされる。ヨーロッパ錬金術において、アラビア錬金術の硫黄–水銀理論に三位一体的な仲介者として塩を加える三原理説は、パラケルススによって定着した。

115 **原註38**　彼はたしかに、黄金 aurum、銀 argentum、水銀 mercurius を、あらかじめ準備するか精製するかしておくべき最初の成分としてあげている。《ut vulgaria 〈fiant〉 physica》［それによって、卑俗なものが自然なものになるように］。ここでの「自然な」とは、「卑俗ならざる non vulgi」、つまり象徴的なという意味を持っている（l. c., p. 786）。

116 **原註39**　Berthelot, *Les Origines de l'Alchimie*, 1885, p. 59.

117 **ミヒャエル・マイアー**　一五六八年〜一六二二年。ドイツの医師、錬金術師。ローマ皇帝ルドルフ二世の侍医となる。『逃げるアタランテ』Atalanta fugiens など、多くの美しい寓意図が入った錬金術書を多数著す。

118 ［l. c., p. 909］

を意味する以上、それはかの出発点 point de départ を、いわばかの原材料をなすことになる。これは、いわゆる「三重の結合 coniunctio triptativa」である。しかし、ここでは「四重の結合 coniunctio tetraptiva」[119]が問題とされている。この結合では、四つのものが「分割不能の一者性 individua unio」へとまとめられるのだ。私たちはここで、特徴的な三と四のジレンマの例に出会う。それは錬金術において、女預言者マリア Maria Prophetissa の公理[120]として周知のように大きな役割を演じている。[121]

119 **原註40** 《Triptativa coniunctio: id est, trinitatis unio fit ex corpore,spiritu et anima...Sic ista trinitas in essentia est unitas: quia coaeternae simul sunt et coaequales. Tetraptiva coniunctio dicitur principiorum correctio》［三重の結合、すなわち三位の合一体は、身体、精神［霊］、魂からなっている。……それゆえ、この三者性は本質的に一者性である。それらはともに永遠かつ同一なのだから。四重の結合は、そうした諸原理の是正と呼ばれる］。これは《laudabilissima coniunctio》［最高の賞讃に値する結合］と言われる。なぜなら、それは四元素の結合を通してラピスを生み出すからである。（*Scala Philosophorum* in: *Artis Auriferae* Vol. Duo, 1593, II, p. 138）

120 **女預言者マリアの公理**　「一は二となり、二は三となる。三から四としての一が生じる」。錬金術の真髄を表すとされている。

121 **原註41**　*Psychologie und Alchemie*, 2 Aufl., 1952, p. 224f. [*GW* 12, paragr. 26, 209]

第三章　四者体

四者体で問題となるのは、対立し合うものの四者性 Vierheit を一なるものへと還元ないし綜合することである。これらの惑星はすでに名前からして、二つの慈愛に富むもの（♃［ユピテル］および♀［ウェヌス］）と二つの悪をなすもの（♄［サトゥルヌス］および♂［マルス］）を表しており、それゆえ二つの二つ組である。こうした二つ組が錬金術の四位一体をなすことは多い。[122] 同様にゾシモスは、媒染剤 tinctura[123] を製造するのに必要な変容がいかになされなければならないかについて、次のように定式化している。《Il vous faut une terre formée de deux corps et une eau formée de deux natures pour l'arroser. Lorsque l'eau a été mélangée à la terre..., il faut que le soleil agisse sur cette argile et la transforme en pierre. Cette pierre doit être brûlée et c'est la combustion qui fera sortir le secret de cette matière, c'est-à-dire son esprit, lequel est la teinture[124] recherchée par les philosophes.[125]》この文献が示しているように、この綜合をめぐっては、二重の二つ組を合一させることが重要になる。このことは、これと同じ観念の別の元型的形態に、つまり交叉いとこ婚の型に従

122 **原註42** 《Et duo [sic] sunt terrae et duae aquac in nostro opere》［そして、われらの作業には、二種類の土と二種類の水がある］(*Scala Phil.*, l. c., p. 137)

123 **媒染剤** 錬金術が目標とするものの一つで、卑金属を貴金属に変換する触媒的な作用を持つ。「浸す」「染める」の意の tingo に由来する。

124 **原註43** ここでは、「クラテースの書」にあるように、媒染剤が「火のごとき気体状の毒」であることに注意されたい。(Berthelot, *La Chmie au Moyen Age*, 1893, T. III, p. 67)

125 **原註44** Berthelot, l. c., p. 82.［二つの実質からなる土と、それに注ぐための二つの性質からなる水が必要である。その水がその土と混合されれば、太陽がこの粘土に作用し、それを石に変容させるにちがいない。その石は燃やさなければならない。その燃焼こそが、この素材から秘密を、つまりその霊を引き出す。それが哲学者たちの探し求めていた媒染剤である］

う王族の結婚構造に、とくにはっきりと表れている。[126]

通例、ラピスは、諸元素の四者性から、あるいは諸元素と諸特性[127]の八者性から構成されている。同様に、古くから「四なるもの」quadratus と呼ばれるメルクリウスは秘密物質であり、ラピス（あるいは、何であれ追い求められる目標の名前となっているもの）はその変容を通して生み出される。だから、『アストラムプシコス *Astrampsychus*』[128]のフィルトロカタデスモス Philtrokatadesmos（愛の魔術）におけるヘルメスの祈願文あるいは召喚文には、次のようにある。「汝の数々の名前は天に鳴り響いている。……天の四隅にある数々のもの（名前）はそれである。われは汝の数々の姿も知っている。東では朱鷺の姿を、西では狒狒《ひひ》の姿を、北では蛇の姿をしているが、南では狼の姿をしている。汝の植物は葡萄[129]であり、それはそこではオリーブ[130]でもある。われは汝の木も知っている。黒檀（ἐβεννίνου）の木である」云々。[131]

四重のメルクリウスはまた、木あるいはその生きている霊 spiritus vegetativus でもある。ギリシアのヘルメスは、一方では上記の諸属性が示しているように万物を包摂する神であり、他方ではヘルメス・トリスメギストスとして錬金術師たちの最高権威でもある。このエジプトのヘレニズムにおけるヘルメスの四つの姿は、明らか

126 **原註45**　以下を見よ。*Die Psychologie der Übertragung*, 1946, p. 79ff.

127 **原註46**　冷－温、乾－湿。

128 **アストラムプシコス**　二世紀頃にギリシア語で著された神託や魔術に関する書物。夢の解釈書の草分けの一つでもある。

129 **原註47**　《Vitis》［葡萄］は、後期の錬金術に至るまでずっと哲学の木である。《Vindemia》（葡萄の収穫）はオプスを意味する。ゾシモスによるオスタネスの引用（Berthelot, *Alch. Grecs.*, III, VI, 5）に曰く、Ἀπόϑλιψον τὴν σταφυλήν（葡萄を搾れ）。《...sanguis hominis, et succus uvae rubeus est ignis noster》［人間の血と葡萄の赤い果汁が、われらの火である］（Hoghelande, *De Alchemiae Difficultatibus* in: *Theatr. Chem.*, 1602, I, p. 202).《Uvae Hermetis》＝永遠の水 aqua permanens (Rulandus, *Lex. Alch.*, 1612, s. v.《uvae》, p. 463).《vitis vera》［真正なる葡萄］に関しては、Aurora *Consurgens* Pars II（*Art. Aurif.*' 1593' I' p. 186）にある解釈を参照せよ。《Vinum》は、永遠の水のよくある同義語である。Ἑρμῆς βοτρυχίτης ＝葡萄園経営者（Berthelot, Alch. Grecs., VI, V, 3)。

130 **原註48**　オリーブも搾られて同様に価値ある果汁をもたらすので、葡萄と等価である。

131 **原註49**　Pap. Graec. CXXII Brit. Mus. Preisendanz, *Papyri Graecae Magicae*, 1931, II, p. 45.

に四人のホルスの息子たちに由来する。四つの顔を持つ神は、すでに第四、第五王朝の『ピラミッド文書』で言及されている。[132] それらは明らかに天の四方位と関係がある。すなわち、この神はすべてを見通すということである。『死者の書』の一一二章には、これと同一と思われる神が、四つの頭を持つメンデスの牡羊[133]として姿を見せる。[134] 天の顔を表していた本来のホルスには、顔の上に垂れる長い髪があった。その房になった髪は、天の床板［蒼穹］の四隅を支えるシュー Shu[135] の四本の柱に関連づけられている。その後、この四本の柱は、古い四方位の神々に取ってかわったホルスの四人の息子たちに関連づけられるようになった。ハピ Hapi[136] は北に、トゥアムテフ Tuamutef[137] は東に、イムセティ Amset[138] は南に、ケベフセヌエフ Qebhsennuf[139] は西に相当した。彼らは死者の祭儀において大きな役割を演じ、冥界で死者の生を見守っている。ホルスの両腕はハピおよびトゥアムテフと、両脚はイムセティおよびケベフテヌエフと結びついていた。『死者の書』の文言によると、この四は二つの二つ組からなっている。《Then said Horus to Rā,〈Give me two divine brethren in the city of Pe and two divine brethren in the city of Nekhen, who (have sprung) from my body〉》云々。[140] 概して、四者性は死者の儀礼におけるライトモチーフになっている。すなわち、四人の男が

132 **原註50**　パピルス文書I《Homage to thee, O thou who hast four faces which rest and look in turn upon what is in Kenset...!》[汝を崇敬す。四つの顔を持つ汝を。その四つの顔は、順々に休んではケンセトにあるものを見ている。」(Wallis Budge, *The Gods of the Egyptians*, 1904, I, p. 85) ケンセトはエジプトの第一ノモス、つまり最初の運河のあった地域である（l. c.、II、p. 42)。

133 **メンデスの牡羊**　古代エジプト中王国時代、メンデスの牡羊はオシリス（冥界の神）のバー（霊魂）と言われた。この牡羊は同時に「ラー（太陽の神）の生命、シュー（大気の神）の生命、ゲブ（大地の神）の生命」とも見られ、宇宙の四位一体の化身、「一つの首に四つの頭がある」神のイメージとなった。

134 **原註51**　Abbildung l. c., II, p. 311.

135 **シュー**　大気の神。シューは原初の神の鼻から息となって現れたとされる。シューは腕を上に伸ばし天空を持ち上げて、天空と大地とを分けた。このことから、天界を支える働きをするようになった。

136 **ハピ**　ホルスの四人の息子たちのひとりで、狒狒の頭を持つ。肺を入れるカノプスの壺を守護する。洪水の神であり、ナイル川が流れ出る洞穴に住んでいるとされた。

137 **トゥアムテフ**　ホルスの息子たちのひとりで、ジャッカルの頭を持つ。死者の胃を入れるカノプスの壺を守護する。

138 **イムセティ**　ホルスの息子たちのひとりで、人間の頭を持つ。肝臓を入れるカノプスの壺を守護する。

139 **ケベフセヌエフ**　ホルスの息子たちのひとりで隼（鷹）の頭を持ち、腸を入れるカノプスの壺を守護するとされた。

140 **原註52**　l. c., I, p. 497, 210. [「そのとき、ホルスがラーに言った。『ペーの町にふたりの神なる兄弟を、そしてネケンの町

四つのカノプスの壺[141]を持って棺を引く。四匹の生け贄の動物がいる。道具と容器はすべて四つずつある。式辞や祈りは四回繰り返される、というふうに[142]。このことから、四者性が死者にとって特別に重要だったことがはっきりする。つまり、明らかにホルスの四人の息子たちには、死者の四者性を、すなわち死者の全体性を保証する責任があるのだ。ホルスは自身の母親イシスとの間にこの息子たちをもうけた。近親姦のモチーフは、キリスト教の伝統にも流れ込んでいるし、中世後期の錬金術にまで浸透しているが、こうしてすでに遠く古代エジプトに発している。ホルスの息子たちが祖父オシリスの前にある蓮の上に立っている像は、好んで描かれた。そこでは、メスタ Mestha[143] は人間の頭をしており、ハピは猿の頭、トゥアムテフはジャッカルの頭、ケベフセヌエフは鷹の頭をしている。

エゼキエルのヴィジョン（『エゼキエル書』一章および一〇章）との類似は一目瞭然である。そこには「人間の姿に似た」四人のケルブたち[144]が登場する。それぞれのケルブには、人間、ライオン、牛、鷲という四つの顔がある。つまり、ホルスの息子たちのように、四分の一が人間で、四分の三が動物になっている。それに対して、『アストラムプシコス』の愛の魔術では、四つすべてが動物である。おそらくそれは、この呪文の魔術的意図と関連があるのだろう[145]。

ここまでに確認してきた四の倍数に対するエジプトの傾向に相応しく、エゼキエルのヴィジョンには四つの顔を持つものが四ついる[146]。さらに、それぞれのケルブには、輪が一つずつ割り当てられている。後の注解において、この四つの輪は

にもふたりの神なる兄弟を下さい。彼らは私の体から現れてきた者です』」。（「ラー」は太陽神。ギリシアのヘリオポリスでとくに崇拝された。ラーは朝の太陽としてのホルスと合体し、自身の人間の体にホルスからの鷹の頭をつけていた。ラーと創造神アトゥムとが合体したため、アトゥムは沈む太陽を表すことになった）」

141 **カノプスの壺** ミイラ作りの際、死者から取り出された内臓を入れた容器。

142 **原註53** l.c., I, p. 491.

143 **原註54** イムセティに代わる、後のかたち。

144 **ケルブ** ［複数形はケルビム］ 前掲の訳註「ケルビム」を参照のこと。

145 **原註55** 一つが人間の頭であることは、その個人の心のある側面か機能に関する意識性を暗示している。エゼキエルのヴィジョンが啓蒙［照明］を意味するのと同じように、昇る太陽としてのホルスは啓蒙する者である。一方、魔術は、その効果に関してつねに無意識性を前提としている。これが、人間の顔が欠落していることの説明になるかもしれない。

146 **原註56** その全体性が四つの四者性によって特徴づけられる自己の象徴的表現と比較せよ。(*Aion*, 1951, p. 347ff.)

メルカバ Merkabah、すなわち「車」と解されており[147]、これは、「エゼキエル書」四三章三節で預言者自身がこれらの輪を車と解していることに一致する。

シューの四本の柱や、天の床板［蒼穹］を支える基本方位の神々であるホルスの四人の息子たちに一致して、ケルブの頭上には「恐るべき水晶のように輝く堅固な板」［一章二二節］が広がっている。その上には「人間のようにみえるもの」［一章二六節］の玉座があるが、これは、成長したホルスとセトのおかげで天の床板［蒼穹］に昇ったオシリスに照応する。

ケルブの四つの翼は、ファラオの棺を守る有翼の女精霊たちを思い出させる。というのは、ホルスの息子たちにもそれぞれ、これと同じ守護機能を担う女性的存在が付き添っていたからである。ケルブも、「エゼキエル書」二八章一四節と一六節から明らかなように、守護的な精霊である[148]。四者性が持つ魔除け的な意義は、エゼキエルが（同九章四節で）、主の命令により、正しい人の額には裁きから守るために「十字」を描くよう求められていることからもはっきりする。それは、そこでは明らかに、四位一体という属性を持つ神のしるしである。十字は彼の守護する者であることを表す。神の属性として、またそれ自体として、四位一体も十字も全体性 Ganzheit を意味する。それゆえ、ノラのパウリヌス Paulinus Nolanus[149] は言う。

Qui cruce dispensa per quattuor extima ligni

147　**原註57**　インドでは、古いパゴダまでもが神々の玉座となる石の車である。「ダニエル書」七章九節では、日の老いたる者が玉座（の車）に座している。

148　**原註58**　「私はおまえを守護のケルブの一員とした」云々。

149　**ノラのパウリヌス**　四〜五世紀のキリスト教の司教。イタリアはノラにおける慈善と厳格な禁欲生活で知られる。『詩章』*Carmina* が有名。

Quattuor adtingit dimensum partibus orbem,
Ut trahat ad vitam populos ex omnibus oris.
Et quia morte crucis cunctis deus omnia Christus
Extat in exortum vitae finemque malorum,
Alpha crucem circumstat et ω , tribus utraque virgis
Littera diversam trina ratione figuram
Perficiens, quia perfectum est mens una, triplex vis.[150]

無意識のおのずからの象徴表現のうち、四者性としての十字は自己に、すなわち人間の全体性に関係している。[151] かくして十字のしるしは、全体性の、あるいは全体的になることの癒しの効果の暗示となる。

四頭の動物は、ダニエルの神のヴィジョンにも登場する。そこでは、第一の動物はライオンに似ており、「人間のように二本の足で立っていて、彼には人間の理解力が与えられていた」。第二の動物は熊のよう、第三は豹のようで、第四は角のある怪物的な猛獣だった。[152] ライオンだけが特別扱いされているのは、あのテトラモルフ Tetramorph[153] の人間の姿をした四分の一を思い起こさせる。しかし、これら四頭はいずれも猛獣、つまり欲望の虜となった心的諸機能であって、そのために天使的な性格を失い、悪い意味でデーモン的になってしまっている。「エノク書」からわかるように四人の天使は神のいちばんの側近なのだが、これは彼

150 **原註59** *Carmina*, XVIII, v. 640 ff., p.140. ［……彼は、木製の四つの末端を通して広がった十字架の上で、四方の全世界に触れた。あらゆるところにいる人々を生へと引き寄せるために。そしてキリストは、命が生み出され悪に終止符が打たれるよう、十字架上の死によって万人のすべてになったので、その十字架の傍らにはアルファ［A］とオメガ［Ω］がある。つまり、いずれも三画でもって三重の姿を取り出して見せる二つの文字があるのだ。なぜなら、かの完全なる方は、三重の働きによる一つの意味だからである］

151 **原註60** 以下の私の詳論を参照せよ。*Über Mandalasymbolik in Gestaltungen des Unbewußten*. 1950, p. 187ff.

152 **原註61** 「ダニエル書」七章四節以下。

153 **テトラモルフ** 「エゼキエル書」と「ヨハネによる福音書」に現れる、人間、牛、ライオン、鷲の四つの姿を持つ神的な存在。四つの姿は、神の臨在の普遍性、神の座を支える四本の柱、四人の福音史家、あらゆる超越性などを象徴する。

らの否定的で破壊的な側面である。この退行は、魔術と言うより、人間の、つまり少数の強力な個人のデーモン化を示す。それを反映して、この四頭の動物は地上の四人の王と解されている。しかし、その解釈（七章一八節）はこう続く。「……そして、かの至高者の聖人たちがその王国を受け取り、とこしえに治めていくだろう」。この意外な解釈は、ライオンの理解力という属性と同じく四の肯定的な現れにもとづくものであって、四人の守護天使が天を、四人の公正な王が地上を統治し、聖人たちが王国を所有しているという、世界が祝福と守護のうちにある状態を言っている。とはいえ、そのような状態は消えかけている。この四の系列のもう一方の端では、第四の動物が怪物的な姿をとっているからである。それは強力な一〇本の角を持っており、「地上全体をむさぼり尽くす」第四の王国を表している。すなわち、怪物的な権力欲が、人間的な四分の一を再び無意識的なものに戻してしまうのだ。これは、個人的にも集合的にも、頻繁すぎるくらい頻繁に観察しうる心理学的過程である。人類の歴史のなかでは、数えきれないほど繰り返されてきた。

神の息子たちの四者性は、「ダニエル書」と「エノク書」を介してすでに早期にキリスト教のイメージ世界に入り込んでいる。三つの共観福音書[154]と一つの「ヨハネによる福音書」というのがそれである。これらはケルブたち［四人のケルビム］の象徴が紋章となっている。これら四つの福音書は、いわばキリストの玉座の柱であり、テトラモルフは中世には教会を乗せる動物となった。しかし、なか

154
三つの共観福音書　マタイ、マルコ、ルカの三つの福音書のこと。この三書は、同じできごとを扱っている部分が多い。

でもグノーシス派の四者性に関する思索は、まさにそれだった。この主題は広い範囲に及ぶので、ここではこれ以上詳細に扱うことができない。ただ、キリストとロゴスとヘルメス[155]の同義性、およびヴァレンティノス派[156]のいわゆる「第二の四つ組[157]」にあるイエスの出自に注目を促しておきたい。「このように、われらが主は、自身の四重性において聖なるテトラクテュス tetraktys[158]のかたちを保っており、(1)アカモート Achamoth[159] に由来する霊的なもの、(2)世界の創造者に由来する魂的［心魂的］なもの、(3)言うに言われぬ業で用意された身体的なもの、(4)神的なもの、すなわち「救済者[160]」から成り立っている」。

錬金術の四者体とそれの一者性に向けての構造化には、それゆえ、ピタゴラス派のテトラクテュスをはるかに超えて古代エジプトにまで遡る長い前史がある。そうした歴史的資料から、私たちがここで四つの部分からなる全体性イメージの元型に関わっていることに気づくのはたやすい。そこから生じてくるイメージはつねに中心性を備えており、それゆえに神の姿を特徴づけ、錬金術の秘密物質にもそうした特徴を移し入れる。

この元型のありうるかぎりの形而上学的意味について思弁することは、経験主義的心理学には相応しくない。ただし、夢やファンタジーなどのようなおのずからの心的産物にはこれと同じ元型が働いていて、原則として、同じ形象、意味、価値をその場で繰り返し生み出している、ということだけは指摘できる。すでに提示した一連の個別の木の絵を先入観のない眼差しで見つ

155 **原註62** Hippolytus, *Elenchos*, V, 7, 29.

156 **ヴァレンティノス派** 初期キリスト教徒のヴァレンティノスを中心としたグノーシス主義。

157 **原註63** l.c., VI, 51, 1.

158 **テトラクテュス** ピタゴラス派が唱える、最初の四数（一、二、三、四）にまつわる神秘。これら四つの数を合計すると一〇になり、その一〇からあらゆる事物がはじまる、と説明される。一〇は完全数で、自己認識と地上や天上の知識を授けてくれる数とされている。また、一、二、三、四という数でもって、ちょうどボウリングの一〇本のピンの配置のように三角形を構成することができる（三位一体のかたち）。

159 **アカモート** グノーシス派（とくにヴァレンティノス派）の神話に、以下のように語られている。ソフィア（知恵が人格化された女神）は、知られざる父へのパトス（熱情）のためアカモート（下なるソフィア）として霊的な世界から落ちてしまう。霊的な世界にいるキリストより遣わされたソーテール（救済者）は、アカモートにグノーシスにもとづいた形を与えてパトスから解放し、彼女のエピストロペー（キリストへの憧れ）を心魂［プシケー］的なもの（霊［プネウマ］的と物質［ヒューレー］的の中間の性質）にする。このエピストロペーから物質世界の創造者デミウルゴスが発出され、人間が形成される。本書第一八章を参照されたい。

160 **原註64** H. Usener, *Das Weihnachtsfest*, 2 Aufl., 1911, p. 149.

める人は誰でも、私の結論の正当性に納得がいくだろう。

第四章　錬金術における全体性のイメージについて

ヘルメス学的な四者性の歴史にまつわる補論はこれで終えて、錬金術師の四者体を基礎とする全体性のイメージに関する問題に戻ろう。

最もよく登場しかつ最も重要なアルカヌム［秘密物質 Arcana］の一つは、いわゆる永遠の水 aqua permanens で、ギリシア語では ὕδωρ θεῖον［神の水］という。これは、古代と後代の錬金術の一致する証言によれば、メルクリウスの一側面であって、ゾシモスはこの「神の水」のことを「神の水の蒸発について Περὶ τοῦ θείου ὕδατος」という断章でこう述べている。「これは神的で偉大な神秘であり、探し求められている。つまり、それは全体的なものである（τοῦτο γάρ ἐστι τὸ πᾶν）。そして、そこから出てくるのは全体的なものであり、そのなかを通るのも全体的なものである。二つの性質を持っていながら、一つの存在（οὐσία）。その一なるもの（存在）は、その一なるものを引き寄せる。そして、その一なるものが、その一なるものを支配する。これは、銀の水、半陰陽的なもの、いつも逃げ去るものである。……つまり、それは支配されることがない。それは万物のなかにある全体的なものである。そして、それは生命と精神［霊］を有し、破壊的（ἀναιρετικόν）である」[161]。

永遠の水の中心的な意味に関しては、以前の拙著を参照してもらいたい[162]。この「水」は、「メルクリウス」、「ラピス」、「哲学者の息子」filius Philosophorum などと同じように、錬金術のアルカヌムである。このように、それは全体性のイメージであり、上記のゾシモスの引用からわかるとおり、すでに紀元三世紀のギリシア錬金術でもそうであった。この文献はその点に関して明快で、かの水は全体的なものである。それは ἀργύριον ὕδωρ［銀の水］、つまり水銀なのだが、それでいて ὕδωρ ἀεικίνητον（動き続ける水）のことではない。すなわち、ラテン錬金術で「粗雑なメルクリウス」Mercurius crudus として「卑俗ならざるメルクリウス」Mercurius non vulgi から区別されていた、卑俗な水銀のことではないのだ。私たちが知っているように、ゾシモスによると、この「水銀」は一つのプネウマ πνεῦμα（霊［精神］）なのである[163]。

ゾシモスの言う「全体的なもの」は、小宇宙 Mikrokosmos[164]、つまり物質の極微の点のなかにある万物ないしすべて（τὸ πᾶν）のことで、それゆえ、どの生物のなかにも無生物のなかにも見つかる。小宇宙は大宇宙 Makrokosmos[165] と同じなので、前者は後者を引きつける。それによって、一種の万物復興 Apokatastasis[166] が成し遂げられる。すなわち、個々ばらばらになっていたすべてのものが、原初の全体性を取り戻すのだ。マイスター・エックハルト Meister Eckhart[167] の言うよ

161　**原註65**　Berthelot, *Alch. Grecs*, III, IX.「破壊的」については、既述の有毒な媒染剤を参照のこと。

162　**原註66**　*Psychologie und Alchemie*, 2 Aufl., 1952, p. 322ff. [*GW* 12, paragr. 336f.]

163　**原註67**　Berthelot, *Alch. Grecs*, III, VI, 5. これについては *Symbolik des Geistes*, 1948, p. 101. [*Der Geist Mercurius*, *GW* 13, paragr. 264f] を参照せよ。

164　**小宇宙**　大宇宙（マクロコスモス）のあらゆる本質部分を持つ写しとしての小宇宙。人間。

165　**大宇宙**　小宇宙（ミクロコスモス）に対する大宇宙（マクロコスモス）。宇宙。世界。全体。

166　**万物復興**　普遍救済説とも言う。サタンやあらゆる罪人を含むすべての存在が最終的には救済されて、神のもとに復帰する、というキリスト教の教義。

167　**マイスター・エックハルト**　一二六〇年〜一三二八年。中世のキリスト教神秘主義者。ドイツのチューリンゲンに生まれたドミニコ会士。一三〇二年、パリ大学神学部教授となり、以後「マイスター」と呼ばれる。その神秘主義的信仰は、晩年に異端の嫌疑をかけられ、死後、断罪された。エックハルトによれば、「魂の火花」と呼ばれる「魂の根底」が被造物の諸像から脱していれば、人間はそこで神に触れることがで

うに、「どの穀粒も小麦になり、すべての金属が黄金になる」。そして、個々ばらばらになっていた小さな人間は、「大いなる人」「最大の人間 homo maximus」[168]、原人間［アントローポス Anthropos］[169]に、すなわち自己になる。どのようなものであれ、「物質的」意味における錬金術的な黄金への変成は、精神的意味では自己知を生み出す。これは、かの全体的な人間を再び思い出すことを意味している。[170] たとえば、すでにオリュンピオドロス Olympiodor[171]は、ゾシモスがテオセベイア Theosebeia[172]に宛てた訓戒を引用して、こう述べている。「汝の身体を落ち着かせ、熱情を鎮め、それによって汝自身を導くなら、汝はみずからのもとに神なるものを呼び寄せるだろう。遍く在る神なるもの[173]が、ほんとうに汝のもとにやってくるだろう。しかし、汝が自己を知るならば、真に一なる神をも知ることになるだろう」[174]。ヒッポリュトス Hippolytus[175]は、キリスト教の教えを説明するなかで、これと同じ意見を述べている。「すると汝は、神の仲間にしてキリストの後継者となるだろう。……汝は神になったのだから（γέγονας γὰρ θεός）。汝は人間であるがゆえに、何であれ人間として苦しみに耐え忍んできた。しかし、神は汝に、汝が不死に創られて（γεννηθείς）神とされた（θεοποιηθῇς）のなら何であれ神に属することをせよ、と求めている。それが『汝自身［汝の自己］を知れ（τὸ γνῶθι σεαυτόν）』ということであって、つまり、そのなかで汝は汝を創った神を知る。なぜならこの自己を知ることは、この知られる者と、彼に呼ばれた者とが、同時に分かち合うのだからである」[176]。

168 き、「神の子の誕生」が生じる。
最大の人間　天地のいっさいに等しい唯一神、ないしはその世界全体のこと。根源的存在としての大宇宙。

169 **原人間**　カバラのアダム・カドモン、ペルシアのガヨマルトなどに相当する原初の神-人。しばしば宇宙大の存在で、その身体各部からこの宇宙のあらゆる物質が化成したとされる。それゆえ、錬金術では、万物の始原としての第一質料と同一視される。

170 **原註68**　これについては *Aion*, 1951, p. 237ff. [*GW* 9/II, paragr. 250ff.] の詳論 *Beiträge zur Symbolik des Selbst* を見よ。

171 **オリュンピオドロス**　四世紀後半～五世紀前半の歴史家、錬金術師。六世紀の新プラトン主義哲学者とする説もある。

172 **テオセベイア**　ゾシモスの神秘のシスター（男性錬金術師と共同で作業をする女性錬金術師）の役を務めた錬金術師。

173 **原註69**　ここのすぐ前に、神は「遍く」在り、「悪魔のようにひどく狭小な場所にいるのではない（οὐκ ἐν τόπῳ ἐλαχίστῳ ὡς τὸ δαιμόνιον）」とある。このように、神性の特質は非限定性であるが、対する悪魔の特徴は（空間的な）限定性である。小宇宙となると、この悪魔的なものの概念に含まれるだろう。これは心理学的には、神の継承権から分離され除外された自我が、その自我中心性によって神からの独ヨドクス・グレウェルスの論説は、木の広範な意味連関をめぐるこの補論のきっかけとなり、こうした錬金術的な木の表現や議論の全般的諸側面に関してよい導入となるように私には思われた。このような全般的な方向づけは、不可避的に混乱を見せる錬金術師たちの意見やファンタジーのただなかで、読者が全体を見失わないようにする助けになろう。残念ながら、精神史における他の諸領域からたくさんの類例を引用しても、説明は簡単にならない。それでも、そうした類例は欠かせない。なぜなら、錬金術的な観点は、その大部分が無意識的で元型的な前提に由来するものだからである。この前提は、他の精神領域の諸表象の基盤ともなっている。

立を強調するや否や、悪魔にならざるをえない、ということだ。すなわち、その場合には、万物（πᾶν）の動力と同一である自己の神的な動力が自我の意のままになることになり、自我は悪魔化されるのである。これは、ヤコブ・ブルクハルトJacob Burckhardtが「ひどい略奪者たち」と呼んだ歴史上の人物たちの、魔術的‐暗示的な人格を説明してくれる。忌まわしい例ではあるが。

174 **原註70** Berthelot, *Alch. Grecs*, II, IV, 26. オリュンピオドロスは紀元五世紀はじめの人。

175 **ヒッポリュトス**　二～三世紀ローマの教父。カリクストゥスが教皇となったのに反対する勢力から対立教皇に選出された。彼が正統キリスト教を擁護するために三世紀初頭に著したとされる『全異端反駁』は、二世紀後半のエイレナイオス著『異端反駁』と並んで、グノーシス主義を含む異端信仰の実態を伝える貴重な史料となっている。

176 **原註71**　Hippolytus, *Elenchos*, X, 34, 4.

第五章　哲学の木の本質と発生

拙著『心理学と錬金術』では、心的内容の投影（幻覚、ヴィジョンなど）にとくに一章を充てておいたので、錬金術師における木の象徴のおのずからの発生に立ち返ることは省略してもよかろう。熟達者はレトルト[177]内に大枝や小枝を見た。そのなかで木は成長し花を咲かせるのだ。[178] 彼はそれの成長を観照するよう、つまりアクティヴ・イマジネーション[179]で支えるよう推奨されていた。そうしたヴィジョンが《quaerenda》（探し求めるべきもの）[180]である。木は塩[181]と同じように「調整［調剤］」される。木は水のなかで成長するが、同様に、水のなかで腐敗させられたり、「燃やされ」たり、水によって「冷やされ」たりする。[182] 木は、樫の木、[183] 葡萄の木、[184] ミルテ[185・186]と呼ばれる。ジャビル・イブン・ハヤン Djābir Ibn Hayyān は、ミルテについて次のように言う。《Sachez que le myrte, c'est la feuille et la tige; c'est une racine sans être une racine. C'est à la fois une racine et

177　**原註72**　《Cum corpus fuerit solutum, apparebunt aliquando rami duo, aliquando rami tres, aliquando plures...》［その物質が溶解すると、あるときは二本の小枝が、あるときは三本の小枝が、そしてまたあるときはそれ以上の小枝が現れるであろう］(Hoghelande, *De Alch. Diff.* in: *Theatr. Chem.*, 1602, I, p. 165)

178　**原註73**　《Ut in vitro vescet in modum arboris》《in suo vitro fecit crescere in altum cum floribus discoloratis》［それが容器のなかで木のごとく生長するよう、彼はレトルトのなかでそれを育て、色のない花をつけさせる］(Georgi Riplaeus, *Opera*, 1649, p. 86).《Arbor philosophica ramis suis floruit》［哲学の木は枝に花を咲かせた］(*Introitus Apertus* in: *Musaeum Hermeticum*, 1678, p. 694).

179　**アクティヴ・イマジネーション**　意識がはっきりとした覚醒状態で、無意識的なイメージとの折衝を自我が行なう方法。ユング派の臨床技法であるが、錬金術でもこうした想像過程が見られる。

180　**原註74**　《Lilii auctor Senior dicit visionem eius 〈vasis〉 magis quaerendam quam scripturam》［Lilium の著者であるセニオルは、文献よりもそうしたヴィジョンを追い求めるべきであると述べている］(Hoghelande, l. c., p. 199) 以下も参照せよ。*Psychologie und Alchemie*, 2 Aufl., 1952, p. 351.［*GW* 12, paragr. 357ff.］

181　**原註75**　塩の調整 praeparatio salis について、ある記述にはこうある。《Sal et arbor fieri potest in humido commodoque aliquo loco》［塩と木は、湿った適切な場所になら、どこにでも発生しうる］(*Gloria Mundi* in: *Mus, Herm.*, 1678, p. 216)

182　**原註76**　G. Riplaeus, *Opera*, p. 39, 46; *Tractatus Aureus de Lap. Phil.* in: *Mus. Herm.*, p. 39.

183　**原註77**　G. Riplaeus, l. c., p. 46.

une branche. Quant à être une racine, c'est une racine sans contredit, si on l'oppose aux feuilles et aux fruits.Elle est détachée du tronc et fait partie des racines profondes.》このミルテは《que Marie[187] appelle les échelons de l'or; que Démocrite nomme l'oiseau vert.》《On l'a nommée ainsi à cause de sa couleur verte et parce qu'elle est pareille au myrte, en ce qu'elle conserve longtemps sa couleur verte, malgré les alternatives de froid et de chaleur.[188]》この木には七本の枝がある。[189] ドルネウス Dorneus[190] はその木について次のように言っている。「自然がみずからの子宮の中心にこの木の金属の根を、あるいは諸金属を生み出すとされる石、宝石、塩、明礬《みょうばん》、硫酸塩［胆礬《たんばん》］Vitriol[191]、塩の泉、甘いもの、冷たいもの、温かいもの、珊瑚の木、白鉄鉱 Marcasita[192] を植え込み、その幹を地中に据えると、それはさまざまな大枝に分岐する。この物質的形態、（つまり）その小枝や幹はある液体なのだが、水、油、（湿った）石膏[193]、粘液といった類いのものではない。かといって、それのことを、土から生えた木とは別ものであり、土から生じてはいても土ではない、と考えてはいけない。（枝々には）非常な広がりがあるので、一本の大枝は、二つ、三つの風土やたくさんの地域をまたぐほどの空間をもって他の枝から離れている。それはときにドイツからハンガリーに届き、さらにもっと先まで行くこともある。こ

184 **原註78**　『リプリー・スクロウル』*Ripley Scrowle*（Brit. Mus., Ms. Sloane 5025）では「葡萄の木」Vitis arborea と呼ばれている。《An ignoratis quod tota divina pagina parabolicè procedit? Nam Christus filius Dei modum servavit eundem et dixit: Ego sum Vitis vera》［汝らは、あるいは知らないのか。聖書はそのすべてが寓喩で書かれているということを。なんとなれば、神の息子キリストもそのようにしており、こう言ったではないか。私はほんとうの葡萄の木である、と］（*Aurora Consurgens II* in: *Art. Aurif.*, Vol. Duo, 1593, I, p. 186）《Vitis sapientum》［知恵の葡萄］（l. c., p. 193, und Hermetis Trismegisti *Tract. Aureus* in: *Theatr. Chem.*, 1613, IV, p. 695）

185 **原註79**　Djābir ibn Hayyān, *Le Livre de la Concentration.* Berthelot, *Chimie au Moyen Age*, 1893, III, 214f.

186 **ミルテ Myrte**　ミルトともいう。常緑灌木で、古代には赤い薔薇とともにウェヌスの聖木とされた。彼女とその侍女である三美神の持ち物でもある。常緑であることから、ルネサンス期には永遠の愛、とくに夫婦間の忠節の象徴となった。

187 **原註80**　ユダヤの女預言者マリアのこと。

188 **原註81**　［ミルテがその葉でありその幹である、と知れ。それは根でありながら根ではない。根であると同時に大枝である。根としては、それは、葉や実と対置するならまちがいなく根である。それは幹から離れており、深みにあるたくさんの根の一部を形成している。このミルテは、マリアが黄金の段階と呼ぶもの、デモクリトスが緑の鳥と名づけているものである。……緑色をしているがゆえに、また銀梅花に似ているがゆえに、それはそう名づけられた。それは、冷と熱が交代しても長くその緑色を保っているからである］。これは、ラテン系の錬金術で言う「祝福された緑」viriditas benedicta を意味する。それによって、この木の実の不死性ないし不

のように、さまざまな木の枝々は、人間の体内の血管がさまざまな部位へと相互に分かれて広がっていくように、地球全体に分岐している」。この木はたくさんの果実を落とすが、木自体は枯れて土に消える。「その後、自然の条件に応じて、別の新しい〔木〕がそこに生えてくる」[194]。

ドルネウスはこの文書に、哲学の木の発生、伸張、死、再生をめぐって一枚の印象的な絵を描いている。その数々の大枝は、大地を貫通する「鉱脈」（静脈）である。それらは、なるほど互いに遠く離れた地点に散らばっているが、すべてが同一の怪物的な大木の一部になっている。そこから多くの子孫が生い出ているように見える。その木は明らかに一種の血管系として考えられている。そもそも、その木自身が血のような液体でできており、その液体は、流出するか死ぬかすると凝固して果実のような固体になるのだ[195]。不思議なことに、すでに古代ペルシアの伝承において、諸金属がガヨマルト[196]の血と関係づけられている。すなわち、地中に流れた彼の血が七つの金属に変わったのである。

この木の描写に、ドルネウスは短い観察を添えている。その観察は古典的な錬金術の思考様式に関して独特なやり方で意義ある洞察を与えてくれるので、私は読者に提示するのを厭わない。彼はこう

朽性を暗示しているのである。［*Le Livre de la Concentration* in: Berthelot, *Chimie au Moyen Age* III, p. 214f.］

189 **原註82** 《Galenus dicit: De arbore Philosophica quae septem ramos habet...》［ガレノスは七本の大枝を持つ哲学の木について述べている］（*Aurora Consurgens* in: *Art. Aurif.*, 1593, I, p. 222）

190 **ドルネウス** ゲラルドゥス・ドルネウス Gerardus Dorneus は、一六世紀後半のドイツの開業医、錬金術師。パラケルススの弟子にして支持者。主著『思弁哲学』*Speculativa philosophica* 他。

191 **硫酸塩［胆礬］** 「緑のライオン」とも呼ばれる緑礬 green vitriol は、ガラスを黄金色に染めるのに用いられる。『哲学者の薔薇園』によると、真の基質（本質）は緑のライオンからしか採れない。

192 **原註83** Marcasita = materia metallica immatura［Marcasita とは、未熟な金属原料のこと］（Rulandus, *Lex. Alch.*, 1612, s. v.）化学的には、さまざまな黄鉄鉱に対する総称である。（von Lippmann, *Entstehung und Ausbreitung der Alchemie* I, 1919, II, 1931, s. v.）

193 **原註84** Lutum は石膏もしくは粘土である。後者は器の蓋を塞ぐために、毛髪と混ぜて使われた。（von Lippmann, l. c., I, p. 663）

194 **原註85** *De Genealogia Mineralium* in: *Theatr. Chem.*, 1602, I, p. 632. この最後の一文は次の通りである。《...postmodum iuxta naturae conditionem adest alia recens》（scl. arbor）

195 **原註86** 《Momentanea fit ipsorum 〈scl. fructuum〉 coagulatio》［目下のところ、それの〔つまり、その果実の〕凝固が生じている］この《fructus》は《per extremitates locustarum ab ultimae natura materiae protrusi》である［果実はおのずとlocustae のいちばん端につく］。《locustae》とは、小枝の最も外側の新芽である。（Vgl. Rulandus, l. c., s. v.）この手稿にある lucusta と

書いている。「このようなもの〔つまりこうした木の描写〕は、真の『自然学』から、そして真の哲学の源泉から生じる。そういうところから、哲学者たちの悟性と霊眼のなかに生じてくるのだ。感嘆すべき神の業の瞑想的観察による、かの至高の書き手と彼の力への真の認識が。肉〔眼〕に光が明らかになるのと同じようにである。そうした霊『眼』には、隠されたものが明らかになる。しかし、あのギリシアのサタンは、哲学の真の知恵の畑に、毒麦[197]とその不実な種を、〔すなわち〕アリストテレス Aristoteles[198]、アルベルトゥス Albertus[199]、アヴィセンナ Avicenna[200]、ラゼス Rasis[201] といった類いの人間を蒔いた。彼らは、神の光と自然の〔光〕に敵対しており、すべての自然学の知恵を曲解する。〔そのうえ〕それ以来、ソフィア Sophia〔知恵〕の名前をフィロソフィア Philosophia〔ソフィアの愛好、哲学〕に変えてしまった[202]」。

　ドルネウスはプラトン主義者であり、アリストテレスに対する熱狂的な反対論者である。そして明らかに、自然科学的指向性を持つ経験主義者への反対論者である。ヨハネス・ケプラー Johannes Kepler[203] に関する彼の立場は、本質的特徴において後のロバート・フラッド Robert Fludd[204] のそれに一致している。[205] それは基本的に、古く

いう語形は、lucus（小さな森）に関係があるように思われる（Walde, *Lateinisches Etymologisches Wörterbuch*, 1910, p. 438)。

196　**ガヨマルト Gayomard**　イラン神話。オフルマズドとスペンダルマドとの間に生まれた子で、原初の両性具有の巨人。円い姿をしており、太陽のように輝いていた。彼が死ぬと、身体から金属が生じ、その精液は太陽の光で浄化されて三分の一は地に落ちて大黄を産み、そこから人類最初の夫婦が生まれた。この原初の夫婦は植物であった。

197　**原註87**　ラテン語では Lolium tremulentum。

198　**アリストテレス**　前三八四年〜三二二年。古代ギリシアの哲学者。プラトンの弟子。プラトンのイデアの思想を現実世界に引き戻して、質料と形相による物質変成の理論を展開し、後の錬金術に影響を与えた。

199　**アルベルトゥス**　アルベルトゥス・マグヌス Albertus Magnus はドイツのキリスト教神学者。一一九三年頃〜一二八〇年。トマス・アクィナスの師。アリストテレスの著作を研究して注釈書を著したり、錬金術の実験を行ない検証したりした。

200　**原註88**　Ibn Sina（九八〇年〜一〇三七年）のこと。医師にして錬金術の反対論者。〔「アラビア第一の知者」と呼ばれた医師、哲学者。その手になる医学書はヨーロッパの医学に多大な影響を及ぼした。また錬金術についても研究と実践を重ね、貴金属の製造は不可能だという結論に至った〕

201　**原註89**　Razes あるいは Rhazes とも呼ばれる Abu Bekr Muhammed Ben Zakeriya er-Rasi（八五〇〜八六〇年の生まれ、九二五年に死去）は、イラク出身の医師、錬金術師。西洋で著名なのは以下。*Brevia Excerpta ex Libro Luminis Luminum* in: Janus Lacinius, *Pretiosa Margarita Novella*, 1546, p. 167ff.

202　**原註90**　*Theatr. Chem.*, 1602, I, p. 653.

からある普遍概念をめぐっての論争、すなわち実在論と唯名論との対立である。この対立について、私たちの自然科学の時代においては、見たところ唯名論の正当性に軍配があがっている。自然科学の立場が注意深い経験的知識にもとづいて自然をそれ自身を根拠に説明しようと努めるのに対して、ヘルメス哲学は心も含むような記述と説明を、すなわち自然に関する全体的観点を樹立することを目標としている。経験主義者は多かれ少なかれ巧みに、元型的な解釈の原理を、つまり認識プロセスに不可欠な心的前提条件を「科学的客観性」のために忘れるか排除するかしようとする。しかし、ヘルメス哲学者は逆に、まさにその心的前提条件を、すなわち諸元型を、経験的世界像に欠くことのできない構成要素として観察している。彼はまだ、現実味のある永遠のイデアという形態をとった心的前提条件が明瞭に存在することを無視できるほど、対象［客体］に支配されてはいなかった。一方、経験主義的唯名論者にはすでに、心に対する近代的態度があった。つまり、心の内容は後天的に形成される諸概念――声の風 flatus vocis[206] ――以外の何ものでもないのだから、心は「主観的なもの」として排除しなければならないし、また排除しうる、というのである。それゆえ彼は、あらゆる点で観察者から独立している世界像を作れることを望む。この望みは、現代物

203 **ヨハネス・ケプラー**　一五七一年～一六三〇年。ドイツの数学者、自然哲学者。ケプラーの法則で知られている。古代ギリシア以来の円運動にもとづく宇宙論にかわって、楕円運動を基本とする天体論を唱え、近世自然哲学を刷新した。

204 **ロバート・フラッド**　一五七四年～一六三七年。イギリスの医師、錬金術師。薔薇十字団の教義を体系化する。ケプラーの『宇宙の調和 *Harmonice Mundi*』（一六一九）の考えをめぐり、フラッドとケプラーの間には激しい論争があった。

205 **原註91**　以下を参照せよ。W. Pauli, *Der Einfluß archetypischer Vorstellungen auf die Bildung naturwissenschaftlicher Theorien bei Kepler* in: *Naturerkärung und Psyche*, 1952, p. 147ff.

206 **声の風**　唯名論では、思考の内容は事物（存在しているもの）と同じとは考えず、語や言葉と同じだとする。つまり、普遍なのは名辞なのであって、それ自体は実体のない「声の風」にすぎないとの主張である。

理学の研究成果が示したように、歴史の流れのなかでは部分的にしか実現しなかった。観察者は最終的に排除できない。つまり、心的前提条件は効力を保っている。

ほかならぬドルネウスの場合、気管支、血管、鉱脈を含む木の元型が経験的データにいかに投影されるか、そして無生物界と生物界とさらには「精神」界までも包括するいわば全体的観点がいかに生み出されるか、じつによく見てとれる。自身の立場を熱狂的に弁護しているところから、ドルネウスが内なる懐疑に悩まされ勝ち目のない闘いをしていることがわかる。彼もフラッドも事態の成り行きを押しとどめることはできなかった。そして今日では、いわゆる客観性［客体性］の代弁者たちがまさにこれと似たような感情を持って、心的前提条件の不可避性を示す心理学に抵抗しているのが経験される。

第六章　ゲラルドゥス・ドルネウスの木の解釈

話が逸れたが、たぶんそのようなこともまったく無駄というわけではあるまい。続いて、もう一度ドルネウスの木の解釈に戻ろう。彼は「金属の変成」De Transmutationibus Metallorum という論説のなかで次のように書いている。「似ているものがあるだけで実体がないため、哲学者たちは自身の原料〔質料〕を七本の大枝のある黄金の木に喩え、その木が種子のなかに七つの金属を内包している、そして〔七つの金属が〕〔種子の〕なかに隠されている、と考える。ゆえに、彼らはそれ〔つまり、その木〕を生命体（vegetabilem）と呼ぶ。時節が来れば自然の木がさまざまな花を咲かせるのとまったく同じように、かの石の原料は後ほど、その開花[207]の際に最も美しい色彩を見せる。[208]彼らはこうも言った。その木の果実は天に向かって伸びていく。なぜなら、哲学の土からは、ある質料が、すなわちその土に似た（terra similtudine）海綿[209]の枝が生えてくるからである、と。それゆえ彼らは、〔錬金術の〕業全体が回転する中心点は自然の生命体に（in vegetabilibus naturae）あるのであって、質料的な生命体にあるのではない、という意見を持

207　**原註92**　冥界における死者たちの復活を参照せよ。彼らは春の花のように成長する。以下にあるコマリオス Komarios の論説より。Berthelot, *Alch. Grecs*, IV, XX, 9.

208　**原註93**　これは、いわゆる cauda pavonis の、すなわち孔雀の尾の「極彩色」を暗示している。この現象は目標成就の前兆として出現する。

209　**原註94**　spongia marina、海綿。ほこり茸は、その陸生の等価物と見なされた。海綿は音声を聞くことができ、悟性を与えられていた。剥ぎ取ると、血のような体液を出すこともある。この剥ぎ取られての出血は、マンドラゴラが引き抜かれるときの叫び声を思い出させる。（《Quando evelluntur a suis locis, audiatur et erit rumor magnur》〔それがその居場所から引き離されるときは、聞いているとわかる。大騒ぎがはじまるのだ〕Caridis filii Jazichi, *Liber Secretorum* in: *Art. Aurif.*, Vol. Duo, 1593, I, p. 343）本質的に海産物である。珊瑚と比較せよ。

つに至った。それはまた、彼らの石が、生き物（vegetabilia）と同じように、魂、身体、精神［霊］を含んでいるからでもあった。まったく懸け離れているというわけではない類似性をもとに、哲学者たちはこの質料を、処女の乳、祝福された薔薇色の血と呼んだ。そのようなものは預言者と神の子にしか相応しくないのだが。こうした理由から、詭弁家たちは、哲学の原料［質料］が動物の血か人間の血でできていると思い込んでしまった」[210]。ところで、ドルネウスは、悪い助言を受けた者たち―― frivolis nugis seducti ――が取り扱ったあらゆる物質を列挙している。尿、乳、卵、毛髪、さまざまな塩や金属などである。この「詭弁家たち」は象徴的な名称を具象的にとり、これら不適切な諸物質からマギステリウム Magisterium[211] を作ろうとする。そうした具象主義的な誤解にもとづき卑俗な材料を使って作業をしているのは、明らかに当時の化学者たちである。一方、だからこそ哲学者たちは「自分の石を有魂化されたものと呼んだ。というのも、最後の操作において、その最も高貴な火の神秘が持つ力により、血のような黒ずんだ（obscurus）赤い液体が質料と容器から一滴ずつ浸み出てくるからである。彼らはそれにもとづいて予言した。終末のとき、世界を救済する最も純粋な人[212]が地上にやってきて、薔薇色もしくは赤色の血の滴を垂らし、それによって世界を堕罪から解放するだろう。同様に、その石の血もみずからのやり方で、ハンセン病に罹った金属[213]と伝染病の人間を解放するだろう、と[214]。つまり、彼らは、石が有魂化（animalem）されていると根拠なく述べたわけではない。このことをめぐって、

210　［*Congeries Paracelsicae Chemiae de Transmutationibus Metallorum* in: *Theatr. Chem.*, 1602, I, p. 583］

211　**マギステリウム**　錬金術の究極の目標。哲学者の石、媒染剤などと同義。もしくは、秘術としての錬金術そのものや最終段階のオプスを指す。

212　**原註95**　《putissimus》putus は「ほんものの」もしくは「偽でない」ともとることができる。argentum putum は「純粋な」銀である。purus［無垢の］でなく putus であることに意義がある。

213　**原註96**　「ハンセン病に罹った金属」leprosa metalla とは、純粋でない金属、酸化物、塩のこと。

214　**原註97**　ここで言う人間の病は、金属のハンセン病 leprositas に相当する。原書には《liberabat》［解放した］と書かれている。しかし、意味から言うと、これは《liberabit》［解放するだろう］でなければならない。というのも、ここでは、熟達者たちのまだ実現していない予言が問題とされているからである。

メルクリウスはハリド王 König Calid に次のように語っている。すなわち、『この神秘を知ることは、ただ神の預言者たちにのみ許されている』[215]と。これこそ、石が有魂化されたものと呼ばれる根拠である。つまり、この石の血にはそれの魂が隠されている。この石もやはり、身体、精神〔霊〕、魂からなる。[216]これと似た理由から、彼らは〔それを〕自身の小宇宙と呼んだ。というのも、それがこの世界の万物の似像（similitudinem）を含んでいるからである。そして、そのためにまた彼らは、それが有魂化（animalem）されていると言う。さて、石が三重になっていて三つの様態（genere）で、すなわち植物的、動物的、鉱物的〔な形態〕で隠されていると思い込む、無知な者たちが現れて、そのためおのずと鉱物を探求するということが起きた。しかし、この教え（sententia）は、哲学者たちの意見からは懸け離れたものである。〔彼らは〕彼らの石が、同じ一つの姿（uniformiter）において植物的、動物的、鉱物的であることを確認している」[217]。

この注目すべき文書は、木を秘密物質の隠喩的形態として説明している。それは、ある植物のように、自身の法則に従って生まれ、育ち、開花し、実を結ぶ。その植物とは、海綿のようなものである。海綿は海の深みで育ち、マンドラゴラとなにがしかつながりがあるように思われる（既述の註〔原註94〕を見よ）。ここでドルネウスは、自然の生命体 vegetabilia naturae を質料的なそれから区別している。質料的な生命体という語で言おうとしているのは、明らかに、具体的で物質的な

215 **原註98** この引用は、字句どおりのものではない。ハリドは次のように言っている（*Liber Secretorum*, l. c., p. 325）。《Scias frater, quod hoc nostrum magisterium de lapide secreto et officium honoratum, est secretum secretorum Dei, quod celavit suo populo, nec voluit ullis revelare, nisi illis, qui fideliter tanquam filij meruerunt, et qui eius bonitatem et magnitudinem cognoverunt.》〔兄弟よ、このわれらがマギステリウムと、秘密の石にまつわる名誉ある仕事は、神の秘密中の秘密であると知れ。彼はそれを自身の民に対して秘密にし、彼の子として忠実に仕え、彼の品位と偉大さを理解していた者以外には明かそうとしなかった〕。ドルネウスはここの語り手をヘルメス（トリスメギストス）と解している。これはなさそうなことではない。この語り手は、後で次のように言っている。《Discipulus meus proprius, Musa》〔私の弟子、モーゼよ－l. c., p. 326〕（錬金術師として知られていたモーゼ〔ムーサ〕Moses は、オルフェウスの師であるムサイオス Musaios と同一視されていた。）

216 **原註99** ドルネウスはここでも、次のように語るハリド（l. c., p. 342）に関連づけているのかもしれない。「石ではなく石の性質を持ったものでもない、この石を取れ。これもまた一つの石であり、その原質は山々の頂上において（in capite montium）

生き物たちのことである。しかし、自然の生命体がどういうものであるかを理解するのは難しい。引き抜かれると血を流す海綿と叫び声をあげるマンドラゴラは、質料的な生命体 vegetabilia materiae ではなく、博物学のなか、つまり私たちが知っている自然のなかには存在しないが、ドルネウスが理解しているような、もっと包括的なプラトン主義的な自然のなかになら、つまり心的な生き物たち、すなわち諸々の神話素ないし元型を含む自然のなかになら存在するだろう。要するに、そういうものがマンドラゴラやそれに類する生き物なのである。ドルネウスがどれほど具体的にそう考えていたかはわからない。いずれにせよ、「石ではなく石の性質を持った石でもない石」はこの範疇に入る。

産出される。かの哲学者は、『生き物』（animalia）と言わずにあえて『山々』と言ったのだ」。その石はたぶん蛇や竜の頭に見つかるか、もしくはゾシモスが言うように「頭という元素［Ω］」そのものである。世界山、世界軸、世界樹、最大の人間 homo maximus は同義語である。これに関しては以下を参照せよ。Uno Holmberg, *Der Baum des Lebens*, Annales Academiae Scientiarum Fennicae, Helsinki, 1922-23, Ser. B. T. XVI, p. 20, 21, 25.

217 ［*Theatr. Chem.*, 1602, I, p. 584f.］

第七章　薔薇色の血と薔薇

秘密に満ちた「薔薇色の」（rosei coloris, rosaceus）血は、他の著述者たちにも見られる。ハインリッヒ・クーンラート Heinrich Khunrath[218]（*Confessio*, 1597, p.93）[219]によると、「サトゥルヌスの山からおびき出されたライオン」は「薔薇色の血」をしている。このライオンは、「すべて、そしてすべてを征服すること」omnia; et vincens omnia（l. c.）を意味するので、ゾシモスの言う πᾶν［pan］あるいは πάντα［panta］、つまり全体性に相当する。さらに、クーンラートはこう述べている（l. c., p. 276）。「カトリックの高価な薔薇色の血とエーテル的な水／それは、大いなる世界の神のひとり子から／業の力で脇腹を開かれてアゾート Azoth[220]のように[221]溢れ出した。それを通してのみ／他の何ものをも通さずに／植物的／動物的、鉱物的なものが、その不純物を洗浄されることによって／自明な業の最高で自然な完全さへと高められる」。

「大いなる世界の息子」（大宇宙の息子 filius macrocosmi）は、「小宇宙の息子」filius microcosmi キリスト[222]の等価物となっていて、彼の血は第五元素 quinta

218　**ハインリッヒ・クーンラート**　一五六〇年～一六〇五年。ドイツの医師、錬金術師。パラケルススの信奉者のひとり。銅版図に多くの標語が書かれた『永遠の智恵の円形劇場』*Amphitheatrum Sapientiae Aeternae* などを著す。

219　**原註100**　Ebenso l. c., p. 197.［*Confessio* in: *Von hylealischen Chaos*］

220　**アゾート**　アラビア語の al-zauq からきた語。全体性を象徴し、秘密物質を表す。とくに金属の第一元素と思われていた仮説上の水銀である「われらが水銀」のこと。

221　**原註101**　これについては、以下におけるアゾートの説明を参照せよ。*Symbolik des Geistes*, p. 110.［Der Geist Mercurius, *GW* 13, paragr. 271］

222　**原註102**　Christus comparatur et unitur cum lapide terreno...《eximius typus et viva Incarnationis Christi imago est》［キリストは現世の石と比べられ、結びつけられる。……それは最高に選り抜かれた類型であり、キリストの受肉の生きた似像である］（*Aquarium Sapientum* in: *Mus. Herm.*, 1678, p. 118） essentia[223]、赤い媒染剤であり、《verus rectusque duplex Mercurius, vel Gigas geminae[224] substantiae...[225] Deus à natura homo heros etc. qui coelestem spiritum in se habet, qui omnia vivificat...Unicus perfectusque Salvator omnium imperfectorum corporum et hominum est, verus coelestisque animae medicus...Triuna universalis essentia quae Jehova[226] appellatur[227]》である。

錬金術師たちのこうした（よくある）讃美の爆発は、哀れむべき悪趣味だと非難されたり、空想的で大げさだと嘲笑されたりした――このことは私には不当に思われる。それはこの人々にとっては真剣なことである。真剣に受け取るのでなければ、彼らを理解することはできない。手前勝手な偏見があるとひどく難しいだろうが。つまるところ、錬金術師たちは、自分の石を世界の救済者に任命しようともくろんだわけではないし、それのなかに多くの既知の神話や未知の神話を内緒で持ち込もうと意図したわけでもない。夢で私たちがそういうことをしないのと同じである。彼らは、四つの元素から構成されていて究極の対立し合うものを合一させる物質をめぐる自身の観念のなかにそうした特徴を見出し、この発見に驚いたのだ。まるで、奇妙で印象深い夢を見た後に、偶然その夢のモチーフにぴたりと一致するそれまで知らなかった神話素を発見した人のように。それゆえ彼らが、実際に作り出せると思った石や赤い媒染剤に、そのようなものの観念をめぐってすでに発見していた特性をも割り当てたことは、不思議ではなかった。これで、錬金術的な考え方の特徴を見せているある一節を理解するのが容易にな

223　**第五元素**　四つの元素から生じる秘密物質。アルカヌムと同義。

224　**原註103**　「詩編」一八章六節《Exultavit ut gigans》［ルター訳聖書「……勇士［巨人］のように喜び勇んで」］、これはキリストに結びつけられた。

225　**原註104**　ここ［二重の実質でできた巨人（勇士）］は、「マタイによる福音書」二六章を指す。明らかに、二六章以下、つまり最後の晩餐を組み入れようとしている。

226　**原註105**　「三位一体的な本質」triuna essentia は、『賢者の水槽 *Aquarium Sapientum*』の匿名の著者にとっても全面的に確かなものというわけではない。だから彼はこう書いている。それは「一に、つまり神的な本質に由来するが、それはさらに二に、神と人間に由来し、つまりは三つの位格からできている。それは四から、すなわち三つの位格と一つの神的な本質からできており、同様にそれもまた五から、つまり三つの位格と二つの本質」、すなわち一つの神的な本質と一つの人間的な本質からできている（In: *Mus. Herm.*, p. 112）。「大宇宙の息子」は、かのドグマを少なからず放埒なものにしたように思われる。

227　**原註106**　l. c., p. 111f.「真の正当な二重のメルクリウス、もしくは二重の実質でできた巨人［勇士］である。……万物を活気づける天上的な精神［霊］を有する、神でもあ

る。それは上記の引用文と同じページにあり、こうなっている。「言っておくが、話題になっているように、この現世の（terrenus）、かつ哲学の石は、その原料ともども多種多様な名前を、ほとんど千の名前を持っており、それゆえ不思議なものとも呼ばれるのであるが、同様に、これらの名前や上述の数々の称号と名前を使えば、全能の神と最高善をいっそう、ほんとうに最高度に言い表しうるだろう」。私たちの偏見をもってすれば、神への讃辞が石に転移されていたと思いがちだが、明らかにこの著者はそういう可能性を考えてはいない。

　この状況は、錬金術師にとって石がまさに宗教的原体験を意味しているということを示す。彼はよきキリスト教徒として、自身の信仰をもってそれと折衝し調和させなければならない。というわけで、小宇宙の息子つまりキリストと大宇宙の息子ないし哲学者の石 Lapis Philosophorum との、あの明確には答え難い入れ替え、同一性、類似性が生じた。

　ラピスとキリストの類似性は、おそらく薔薇の神秘が錬金術に入ってくる掛け橋となった。このことは、『薔薇園 *Rosarium*』とか『薔薇の園丁 *Rosarius*』などといった書名が使われたところに何よりもよく表れていた。一五五〇年に初版が出た最初の『薔薇園』（一連の同名のものがある）は、その大部分がヴィラノヴァのアルナルドゥス Arnaldus de Villanova[228] の手になるものとされている。その構成諸要素がまだ歴史的観点から区分されていない編纂本である。アルナルドゥスは一三世紀後半に活動していた。『薔薇の園丁』の他、『像のある薔薇園 *Rosarium*

り生まれながらの人間でもあり勇士でもある。……すべての不完全な物質と人間の唯一の完全な救済者は、真に天上的な魂の医師である。……エホヴァと呼ばれる三位一体的な宇宙の本質」

228　**ヴィラノヴァのアルナルドゥス**　一二三五年頃～一三一三年。スペインの医師、哲学者、錬金術師。

cum figuris』が彼によるものとされている。そのなかでは、薔薇が王家の人々の関係性の象徴となっていた。このことの詳細については、『薔薇園』の挿画も転載してある拙著『転移の心理学 *Die Psychologie der Übertragung*』(一九四六)をご覧いただきたい。

マグデブルグのメヒティルト Mechthild von Magdeburg[229]の薔薇にも、同じ意味がある。(主が彼女に言った)。「私の心臓に目を向け、そして見よ」。五弁の非常に美しい薔薇が彼の胸全体を覆っていた。主はこう言った。「この薔薇で示されている五感で私を讃えよ」。後で詳しく述べられているように、五感は、人間に対するキリストの愛の媒体である(たとえば《per olfactum semper habet quandam amatoriam dilectionem erga hominem》［嗅覚を介して、彼はいつも一定の愛を人間に向けている］[230])。

薔薇は、精神的［霊的］な領域では、《rosa mystica》[231]［神秘の薔薇］としての《hortus aromatum》[232]［芳香植物の園］や《hortus conclusus》[233]［閉ざされた園］のように聖母マリアの寓喩の一つとなっており、世俗的な領域では、最愛の人、詩人の薔薇、当時の言い方をするなら「愛の信者 fedeli d'amore」である。聖ベルナルド Bernhard により《medium terrae》[234]［大地の中心］として寓意される聖母マリア、またラバヌス・マウルス Rabanus Maurus により《civitas》[235]［都］として、修道院長ゴデフリドゥス Godefrid により《castellum》[236]［要塞］、《domus divinae sapientiae》[237]［神の知恵の館］として、インスリスのアラヌス Alanus de Insulis に

229 **マグデブルグのメヒティルト**　一二〇七年〜一二八二年。ドイツの女性神秘家。自分のヴィジョン体験と思想を『神性の流れる光』*Das fließende Licht der Gottheit* 全七巻に著す。

230 **原註107**　*Liber Gratiae Spiritualis Visionum et Revelationum Beatae Methildis Virginis devotissimae etc.*, 1522, fol. L. VI, v.

231 **原註108**　*Laurentanische Litanei.*

232 **原註109**　Alanus de Insulis [, *Elucidatio in Cant. Cant.*, VI] (Migne, Patr. Lat. T. CCX, col. 95)

233 **原註110**　l. c., col. 82.

234 **原註111**　[*Sermo II In Festo Pentecostes*] (Migne, P. L. CLXXXIII, col. 327)

235 **原註112**　[*Allegoria in Sacram Scripturam*] (Migne, P. L. CXII, col. 897)

236 **原註113**　[*Homilia III in Dominicam I Adventus*] (Migne, P. L. CLXXIV, col. 32)

237 **原註114**　[*Homilia LXIII in Vigiliam Assumptionis*] (l. c., col. 957)

より《acies castrorum》[238]［将旗を掲げる軍隊］として寓意される聖母マリアと同じく、薔薇もマンダラとしての意味を持っている。そのことは、ダンテの「天堂篇」［『神曲』の］に出てくる天上の薔薇を見れば明らかである。薔薇には、それと等価なインドの蓮華と同じように、非常に女性的な意味がある。メヒティルトの場合、あの薔薇は、彼女自身の女性的なエロスをキリストに投影したものとして理解しなければならない。[239]

かの錬金術的な救済者の[240]「薔薇色」の血は、錬金術に入り込んだ薔薇の神秘主義に由来しているかに見え、赤い媒染剤という姿になってある種のエロスが持つ癒す力ないし十全にする力を表しているかに思われる。この象徴の独特な具象性は、心理学的な概念用語をまったく欠いているということで説明がつく。ドルネウスにあっては、この血は、「質料的な生命体」を表す卑俗な血とは反対に、「自然の生命体」として理解しなければならない。ドルネウスが言うように、この血のなかには石の魂が隠されている。石はまさしく人間の全体性を表しているので[241]、この著者が秘密物質やその血性の浸出液について論じる際に「最も純粋な人間putissimus homo」に言及するのは筋が通っている。なにしろ、まさにそのことが問題になっているのだから。彼こそはかのアルカヌム［秘密物質］である。そして、かの石とその類似物ないし予兆がゲッセマネの園のキリストなのである。[242] この「最も純粋な」あるいは「最も真なる」人間は、argentum putum［純粋な銀］が混じりけのない銀であるのと同じように、自分以外の何者でもない者でなけれ

238 **原注115** ［*Elucidatio*］(Migne, P. L. CCX, col. 91, 94)

239 **原注116** 《De osculo domini》の章を参照せよ。よく似た投影がある (l.c., fol. I, IVr)。

240 **原注117** つまり、［クーンラートの言う］ライオンの。このライオンは、「ユダのライオン」leo de tribu Juda（キリスト）に類比しうる。

241 **原注118** 以下を参照せよ。*Psychologie und Alchemie* ［《Die Lapis-Christus-Parallele》］, *Aion* ［《Christus, ein Symbole des Selbst》］

242 **原注119** 「ルカによる福音書」二二章四四節《Et factus est sudor eius sicut guttae sanguinis.》［チューリッヒ版聖書「そして、彼の汗は血の滴のようになった」］［イエスは最後の晩餐の後、ゲッセマネの園で「父よ、御心なら、この杯をわたしから取りのけてください。しかし、わたしの願いではなく、御心のままに行なってください」と祈る。すると、天使が現れてイエスを力づけた。イエスは苦しみもだえ、汗が血の滴るように地に落ちた］

ばならない。つまり、人間的なものごとをすべて知っており有していて、外からの影響や混ぜものによって質が落とされていない、ひとりの人間そのものでなければならないのである。この人間は、「終末の日々に in postremis temporibus」、つまり未来に、はじめて地上に現れるだろう。彼はキリストではありえない。なぜなら、キリストはみずからの血によって世界をその堕罪の結果から救済したのであり、誰もキリストの血が「薔薇色」だったと聞いたことはないからである。キリストはなるほど「最も無垢な人間 purissimus homo」だが、「最も純粋な人間 putissimus」ではない。キリストはなるほど人間だが、同時に神であり、「純粋な」銀ではなくて黄金でもある。つまり「純粋である putus」とは言えない。ここでは、未来のキリストと小宇宙の救済者 Salvator microcosmi ではなく、錬金術的な宇宙の維持者 Servator cosmi が問題とされている。明らかにキリストの犠牲の死では成し遂げられなかったこと、すなわち悪からの世界の解放を実現させる全体的な人間という、いまだ無意識的なままの観念が問題とされているのである。彼はキリストのように、救済の血を溢れさせるだろう。しかし、それは「自然の生命体」として「薔薇色 rosacei coloris」をしていて、自然の「当たり前の」、すなわち卑俗な血ではなく象徴的な血、魂の実体であり、薔薇のしるしのもと個人と多くの人々を合一させ全体的にさせるがゆえに万能薬（medicina）や解毒剤（alexipharmacum）となるある種のエロスの顕れである。

私たちは一六世紀の後半、薔薇十字団の出現の前夜にいる。その標語――「十字架を経て薔薇へ per crucem ad rosam」――はすでに姿を見せていた。こうしたエロスにまつわる気分を、ゲーテは、『神秘 *Geheimnissen*』のなかでうまく表している。このような現象は、キリスト教の慈愛 caritas（アガペー ἀγάπη）[243] という観念と感情の出現もそうであったように、その現象が補償している相応な社会的欠陥を示すのが常である。古代におけるこの欠乏状態がどのようなものであったかは、時間的に遠望してみるとはっきりわかる。中世においてもまた、残酷で当てにならない裁判と封建的な環境のため、人間の権利と尊厳はひどい状態にあった。そのような状態に対してキリスト教の隣人愛はじつに相応しい立場にあった、と考えるべきである。しかしながら、それが盲目的で分別のないものだったら、何が起きるだろうか。トルケマダ Torquemada[244] のような者がしたことですら、迷える人間の魂の救済に対する気遣いということで釈明できてしまう。悟性も伴っていないと、愛だけでは役に立たない。悟性を適切に用いるためには、拡大された意識と、地平を広げる高度な立脚点が必要である。だからキリスト教はその歴史的現実において、人間に隣人愛を持つよう諭すことでよしとせず、いくら評価しても足りないほどの精神的な文化的課題も達成してきた。それによって、人間をより高い意識化と責任へと教育してきたのである。たしかにそのためには愛が要る。ただし洞察や悟性と結びついた愛でなければならない。それらの機能は、いまだ暗い領域を明るくすること、そして「理解」を通して意識へと導くことだ。外側、周囲を取り巻いている世界においても、内側、魂の内面の世界においても

243 **原註120**　「コリントの使徒への手紙一」一三章四節以下。

244 **トルケマダ**　トマス・デ・トルケマダ Tomas de Torquemada は、スペインの最初の異端審問官。イスラーム教徒やユダヤ人への苛烈な弾圧を行なった。

である。愛は盲目的であればあるほど衝動的になり、破壊的な結果で脅かすものとなる。なぜなら、愛は形式と方向性が必要な動力であるからだ。それゆえ、補償的なロゴスが、暗闇のなかで輝く光としてそれに付け加わったのである。自分自身に対して無意識的である人間は、衝動的にふるまう。さらには、彼自身にとって無意識的なものが一見外側から、すなわち隣人に投影されたものとしてやってくる際に生じる、ありとあらゆる幻想に騙されてしまう。

第八章　錬金術師の霊的状態

錬金術師たちは、上述の状況を漠然と感じているように思われる。いずれにせよ、それは彼らのオプスに混入していた。彼らはすでに一四世紀には気づいていた。自分の探し求めているものが、あらんかぎりの秘密の物質や治療薬や毒物のみならず、さまざまな生き物、すなわち植物、動物をも、そしてしまいには神話的な未知の人間、小人、土や金属の精、あるいは神人のようなものまで想起させる、ということに。だから、一四世紀前半、フェラーラのペトルス・ボヌス Petrus Bonus von Ferrara[245]は、ラシスがある手紙のなかでこう述べたと書いている。「この赤い石で、哲学者たちはいっさいを凌駕し、未来を予言しました」。「彼らは一般的なことだけでなく、個々のことも預言しました。だから彼らは、審判と終末の日が来るにちがいないことや、死者たちの復活のことを知っていたのです。そこでは、すべての魂がかつての体と結びつき、永久に互いから離されることがなくなります。そして、そのときにはどの体も栄光化されて、腐敗せず、光に満ち、信じ難いほど精妙なものとなり、あらゆる固体を通り抜けるでしょう。[246]とい

245　**フェラーラのペトルス・ボヌス**　イタリアの錬金術師。一三三〇年頃に、錬金術の重要な編纂書の一つ、『新しい高価な真珠 *Pretiosa Margarita Novella*』をまとめた。

246　**原註121**　『エメラルド板 *Tabula Smaragdina*』からの引用《Hic est totius fortitudinis fortitudo fortis, quia vincet omnem rem subtilem, omnemque solidam penetrabit.》［これは、すべての強いもののなかでも強い力。なぜなら、それはすべての精妙なものを凌駕し、すべての固いものを通り抜けるだろうからである］（*De Alchemia*, 1541, p. 363）

うのも、そのとき、その特性には、物質の性質がありながら霊〔精神〕の性質もあるからです」云々。さて、こうしたことを前提に、ボヌスはアルカヌムに話題を転じ、次のように記している。「それは、湿気もしくは燃焼を強いて幾晩もそのなかに放置すると、死者のように思われる性質を示す。そのときそれは、墓のなかの人間のように、その身体の霊が引き抜かれ幾晩も放置されて灰燼に帰すまで火の仕事を必要とするのだ。こうしたことがすべてなされると、神は身体に魂と霊を返すだろう。病気が取り去られたら、そのものはより強くなり、燃えきる（coruscationem）とよくなるだろう。人間が、復活後には、この世にいたときよりも強く若くなるのと同じように」。「このように彼ら〔哲学者たち〕は、この業のなかに、すなわちその石の発生と誕生のなかに、最後の〔審判の〕日を見ていた。〔その日〕この石は合理的なものというより驚異的なものになる。なぜなら、〔そのなかでは〕授福されるべき（beatificandae）魂とかつての身体との霊の媒介による結合や、その栄光の永遠の持続が成就されるからである」。「同じように、この業に関わったいにしえの哲学者たちは、ひとりの処女が受胎し出産しなければならないと知っていて、そう主張していた。なぜなら、彼らによれば、石はみずからを受胎し、妊娠し、みずからを出産するからである」。「彼らはつまり、この非常に驚異的な石の受胎、妊娠、出産、養育を見ていたので、〔そのことから〕処女である女が男なしに受胎し、妊娠し、不思議な出産をして、それまでと同じように処女のままでいなければならない、と結論づけた」。アルフィディウス Alphidius が言うように、「この石は、路上に放り出され、雲のなかへ引き上げられ、空中に宿り、川で養育され、山の頂に置かれている。それの母親は処女であり、父親はその妻と交わっていない」[247]。くわえて、彼らは次のようなことも知っていた。《quod Deus fieri dedeat homo die novissima hujus Artis, in qua est operis complementum, generans et generatum fiunt omnino unum, et senex, et puer, et pater, et filius, fiunt omnino unum: ita quòd omnia vetera fiunt nova.》[248] 神自身が「このマギステリウムを、天国に魂を呼び集めた彼の哲学者たちや預言者たちにゆだねた」[249]。

この一節が明確に示しているように、ペトルス・ボヌスはいわば、錬金術のオプスが救済者の受胎、誕生、復活という聖なる神話をもれなく先取りしていることを見出している。というのも、彼から見ると、この業の源である古い権威、ヘルメス・トリスメギストス、モーゼ、プラトンらがそのプロセスをすでに昔から知っていて、その結果キリストにおける救済というできごとを予見していたのは、まちがいのないことだったからである。ボヌス自身は、事実が場合によっては逆でありうること、錬金術が教会の伝承を取り込み、諸々の作業を後から聖なる伝説に同化させたということを、まったく意識していない。彼の無意識さの度合いには驚くほかない。それは教訓的である。この並はずれた盲目さは、そこにそれ相応の強力な動機があるにちがいないことを示している。そうであればこそ、それは、最初にして一度かぎりの信条の表明にとどまらなかったのだ。この見解は

247 **原註122** アルフィディウスについては何も知られていない。よく引用される、一二〜一三世紀の著述家である。(以下を見よ。Kopp, *Die Alchemie*, 1886, II, p. 339, 363)

248 **原註123** 「……神は、作業の完了がなされるこの業の最後の［審判の］日に、人間になるのでなければならない。生み出されたものと生み出したものが、まったく一つになる。老人と子どもが、そしてまた父と子が、まったく一つになる。かくして、すべての古いものが新しくなる」

249 **原註124** Mangetus, *Bibliotheca Chemica Curiosa*, 1702, II, p. 30. 執筆の時期としては一三三〇年が考えられる。この論説を最初に出版した (*Pretiosa Margarita Novella*, 1546, fol. 1ff.) ヤヌス・ラキニウス Janus Lacinius は、ボヌスについて次のように述べている (fol. 71r)。彼は一三三八年頃には《in civitate Polae stipendiatus in provincia Histriae》［ヒストリエン州イストリアのポーラという都市で給料生活者］をしていた。そして (fol. 46V)、ライムンドゥス・ルリウス Raymundus Lullius（一二三五年頃〜一三一五年）の「同時代人」(coaetaneus) だった。

その後の三〇〇年間にますます広まり、それによる不快感が引き起こされたのである。ボヌスは学識のあるスコラ哲学者だったし、知的で——宗教上の信仰にはまったく縛られることなく——自分の明らかな誤りに気づくには充分な立場にあった。彼がそうした見解に至ったのには、次のような状況があったのだ。すなわち、じつのところ彼は、教会の伝承の源泉よりも古い源泉から汲み出していたのである。オプスの経過のなかで生じる化学的現象を観照することによって、元型的、神話的な類例や解釈が彼に流れ込んだ。すでに最早期の異教徒の錬金術師たちの場合にも同じだったように。そして、今日でもなお、無意識のある種の産物を観察し研究するなかで自由にファンタジーをめぐらせるときに起きているように。つまり、そうした状況下ではさまざまなかたちのイメージが言葉になろうとしており、実際、そうした言葉のなかにある神話的モチーフとの、とりわけキリスト教的モチーフとの類似性や同一性は、後になってからでないと見出せない。一見しただけではたぶん夢にも思いつかない近似性や類同性なのである。化学物質に関する無知のため始終困惑に陥っていたいにしえの熟達者たちの場合も、ことは同様である。彼らは否応なしに、悟性の闇の虚空を埋め尽くすヌミノースなイメージの圧倒的な力に身をゆだねなければならなかった。その深みから、一つの光が、そのプロセスの性質についても目標についても照らし出すようになる。彼らは化学物質の諸法則を知らなかったので、化学物質のふるまいから彼らの元型的な物質観に対する反駁が生じることもなかった。必然的なことだが、たしかに彼らは付随的にいくつかの化学的発見をした。しかし、彼らがほんとうに見出したもの、飽くことなくおおいに魅了され続けたものは、個性化のプロセスの象徴学にほかならなかった。ペトルス・ボヌスは、キリスト教の救済物語の諸象徴と、それとはまったく別の仕方で見出された錬金術の諸象徴とが、驚くほど一致していることを認めざるをえなかった、最初の人物となった。物質の秘密を究明するという努力によって、熟達者たちは予期せず無意識に遭遇し、はじめは意識することのないままそのプロセスの、とりわけキリスト教的象徴学の基礎をなすプロセスの発見者となった。その石にどのような事情があるのかが熟慮されて明らかになるのには、二〇〇年もかからなかった。最初はためらいがちにそれとなくだったが、その後は、まったくすばらしい明確さでもって石と人間自身との同一性が明らかになっていった。人間自身との同一性と言うよりも、人間のなかに存在するが人間に優先する要因、ドルネウスの言う「あるもの quid」との同一性である。私が他で紹介した[250]ように、今日の私たちならそれを難なく自己として認識することができる。錬金術師たちは、さまざまなやり方でキリスト教の類例に取り組もうとした。

　解決策は見つからなかった。彼らの概念的言語が物質への投影から解放されて心理学的なものにならないかぎり、見つかる可能性などなかった。自然科学の発展を見たそれ以降の諸世紀になってはじめて、物質は投影から解放され、投影は総じて魂とともに排除されたのである。しかし、今日でもまだ、この意識の発達

250　原註125　以下を見よ。*Aion*, I, Beitrag. Kap. IV f.

プロセスは目的地に至っていない。たしかに、もはや誰ひとり、化学物質に神話的特質を期待したりはしない。そうしたかたちの投影活動は過去のものとなった。それは今では、私的な関係性や共同体的な関係性、社会的ユートピアや政治的ユートピアなどに対するものに限られている。その後の自然は、神話的に解釈された姿で恐れられるものをもう何も持っていないが、かの霊［精神］の領域、とりわけ一般に「形而上学」と呼ばれる領域はたしかに残っている。そこではまだ、絶対的な真理に対する権利を主張しながら諸々の神話素が駆けめぐっているし、そのようなものをいくらか厳粛に言葉にする者は、それでもって価値あることを明らかにしたと思い、あまつさえ人間の限られた悟性に相応しい無知の知という謙虚さを持ち合わせていないことを勲功と考える。それどころか彼らは、誰かが思いきって自分の元型的な投影の数々をあるがままに捉えようとすると、つまり人間的な言葉として捉えようとすると、ほかならぬ神を脅かすと考えるのだ。分別のある人間なら、それらは何かを暗に示しているととるだろう。つまり、錬金術のこのうえなくばかげた言葉にも意味があるとわかるだろう。ただし、わずかな例外を除いて、熟達者たち自身がみずからの象徴に与えたかった意味ではなく、未来になってはじめて定式化されうるような意味が。私たちが諸々の神話素と関わっているところではつねに、それらはそれらが語っているように見える以上のことを意味している、と想定するのが賢明である。夢が、既知のものを隠したり覆ったりして表現するのではなく、まだ無意識的なある事実をできるだけ特徴づけようとするのと同じように、神話や錬金術の諸象徴もやはり、作為的な秘密を表現するためのエウヘメロス[251]的寓意ではない。反対にそれらは、自然の秘密を意識の言語に翻訳し、それによってすべての人のものである真理を明らかにしようとする。意識的になることを通して、その個人はますます孤立に脅かされるが、それは一方で意識の分化の必要条件 conditio sine qua non となる。この脅威が大きくなればなるほど、その危険は集合的な、すなわち誰もに共通の元型的な象徴の生産によって補償される。

　この事実は、宗教の存在ということのなかに広く姿を見せる。そこでは、神や神々に対する個人の関係が、その人が無意識の調節的イメージや本能的諸力との生き生きした結びつきを失わないために役立つ。もちろん、これが当てはまるのは、その宗教的諸観念がヌミノース性を、すなわち心を捕らえる力を失っていないかぎりにおいてである。一度その喪失が生じてしまうと、合理的な手段ではもはや埋め合わせることができない。すると、そうした状況では、象徴的表象という姿で補償的な原初的イメージ群が現れてくる。たとえば錬金術がそれらを豊富に生み出したように、あるいは、私たち現代人の夢がそれらをたっぷりと含んでいるように。これらの啓示に対して、個人の意識は、錬金術師の場合も現代人の場合も同様の特徴的なやり方で反応する。そうした象徴を、錬金術師は自身の前提に従って自身の取り扱う化学物質へと還元し、現代人は、フロイト Freud も夢の理解において行なったように個人の経験へと還元するのである。両者とも、ま

251　**エウヘメロス Euhemerus**　前三世紀頃、『聖物記録』を書き、神々とは過去の実在の英雄（人間）が誇張されたものにすぎないと主張した。神々をそのように解釈することを「エウヘメリズム」と呼ぶ。

るで自身の諸象徴の意味がいかなる既知のものごとに還元されうるかを知っているかに見える。錬金術師が錬金術の言葉のなかで夢想し、現代人が自我の偏見のなかで自身の心理学的問題とその表れ方に仕えているかぎりにおいては、両者は正しい。どちらの場合も、イメージの素材は、すでに手もとにある意識内容に由来する。しかしながら、こうした還元の結果は、ほとんど満足のいくものにならない。実際あまりにも満足がいかないため、フロイトもすでに、遡れるかぎり遡らざるをえないことを知っていた。そのなかで、ついに彼は尋常ならざるヌミノースなイメージに、すなわち近親姦の元型に行き当たったのだ。それによって彼は、象徴生成の意義に多少とも相応しいものに到達した。つまり、誰もが持っていて、それゆえに孤立した個人を超えたところに導いてくれる原初的イメージに気づいたのである。フロイトの教条的な硬さは、彼がみずから発見した原初的イメージのヌミノースな働きに圧倒されたという事実からはっきりわかる。もしも彼にならって、近親姦モチーフが現代人の問題と錬金術象徴の源にして基盤であると考えるなら、そうした諸象徴の意義に関して得るところは何もない。反対に、暗い袋小路に入り込む。というのは、現在と未来のあらゆる象徴的表現について、原初の近親姦に由来するとしか答えられなくなるからである。フロイトは実際にそう考えていた。彼はかつて私にこう言った。「神経症者の象徴が意味しているものが将来ひとたび知れわたったら彼らはどうなるのだろう、と思うばかりだよ」。

しかし象徴が意味しているものは、残念ながら、いやむしろさいわいにも、最初にわかる以上のことである。それらの意義は、不適応的な、すなわちその目的をはたさない意識の態度を多少とも補償することにあり、もしも理解されたならば全体性という意味において補ってくれるだろう。[252]還元してしまうと、その意味を解釈することは不可能になる。そうした理由から、後代のある錬金術師たち、とりわけ一六世紀の者たちは、あらゆる卑俗な物質を忌み嫌い、それらを、元型的な本質を透見させる「象徴的なもの」に置き換えた。これは、熟達者がもはや実験室で作業しなくなった、というようなことではない。変成の象徴的側面から目を離さなくなったのである。このことはまさに、現代の無意識の心理学における状況に当てはまる。個人的な問題が看過されることはなく（それが看過されないよう患者はたいてい自分で非常に気を遣う）、しかも医師は象徴的側面から目を離さない。というのも、患者を患者自身や自我の偏見を超えて導いてくれるものだけが癒しをもたらすからである。

252
原註126 元型的イメージはヌミノースなものなので、知的には把握されなくとも、なにがしかの作用を及ぼす。

第九章　木の諸相

木が錬金術師にとって意味していたものは、ある個別の解釈やある個別の文章からは推測できない。この目的をはたすには、多くの文献を比較検討しなければならない。だから、木についての言説をさらに見ていくことにしよう。中世の出版物のなかには、木の描写がよく見つかる。『心理学と錬金術』には、そのうちのいくつかを転載した。原型となっているのがかの楽園の木であることがあるが、ただし『ヘルメス学の博物館 *Musaeum Hermeticum*』（一六七八年、七〇二ページ）所収のミヒャエル・マイアーの論説における木のように、林檎ではなく太陽と月が果実としてついているもの[253]であったり、七つの惑星で飾られ七つの錬金術的プロセスの位相の寓意に囲まれたクリスマス・ツリーのようなものであったりする。木の下にはアダムとエヴァではなく、老人であるヘルメス・トリスメギストスと若者である熟達者が立っている。ヘルメス・トリスメギストスには、

253

原註127　《Symbolum Saturni》 in: Mylius, *Philosophia Reformata*, 1622, p. 313 より。「その場所から遠くない草原へと私は導かれる。そこには、特殊な木や見る価値のある木が植えられた特別な庭園があった。たくさんの木があったが、そのなかから彼は私に、変わった名を持つ七本の木を教えてくれた。それらのなかで抜きん出て高い二本の木に目がとまった。うち一本には、このうえなく明るく光を放っている太陽のような実が一つついており、葉はまるで黄金のようだったが、もう一本には、百合よりも明るく輝く雪のように白い実がたくさんなっていて、葉はまるで水銀のようだった。その二本の木はネプチューンによって、一方は太陽の木、もう一方は月の木と名づけられていた」[Maier, *Subtilis Allegoria Super Secreta Chymiae* (l. c., p. 702)]

ライオンの上に座し火を吐く竜を従えた太陽王 rex Sol が配されており、熟達者には、鯨に乗り鷲を従えた月の女神ディアナが配されている。[254] 木はたいてい葉を繁らせており、つまりは生きているのだが、しばしばまったく抽象的で――明らかに expressis verbis ――錬金術的プロセスとその諸相を表す。[255]

『リプリー・スクロウル *Ripley Scrowle*』を見ると、樹冠のなかにメルジーネ Melusine[256] の姿をした楽園の蛇――《desinit in 〈anguem〉 mulier formosa superne》[257] ――が住んでいるが、これはあらゆる点で、聖書的なモチーフにではなく、太古のシャーマニズム的なモチーフに結びついている。おそらくは熟達者であるひとりの男がその木に登っており、そこに上から降りてきたメルジーネもしくはリリト Lilith[258] と出会うところである。魔術的な木に登ることは、シャーマンの天上への旅と同じ意味を持つ。彼はそこで天なる妻と出会うのだ。中世のキリスト教では、そうしたシャーマニズム的なアニマがリリトのような姿になっている。[259] リリトは伝承によれば楽園の蛇であり、アダムの最初の妻だったとされていて、彼と彼女の間には悪魔たちが生まれた。この絵のなかでは、原始的な伝承がユダヤ・キリスト教的な伝承と交錯している。私は、これに相当する現代の個人の絵のなかで、［木を］よじ登るという表現を見たことはない。

254 **原註128** *Psychologie und Alchemie*, 2 Aufl., 1952, p. 480.

255 **原註129** l.c., p. 331, 551.

256 **メルジーネ** 西ヨーロッパの伝承に広く伝わる、上半身が女で下半身が蛇の半人半蛇の精霊。

257 **原註130** ［上半身は美しい女で、下半身は蛇になっている］。晩期ヘレニズムのあるイシス像では、上半身は攀城冠《とうじょうかん》を戴き松明を持つ美しい女神であるが、下半身はウレウス［蛇］になっている。《anguis》［蛇］は、《piscis》［魚］に代わる私の翻案である。

258 **リリト** あるいはリリス。もともとはバビロニア人の崇拝していた大地母神であり、その名は女性器を象徴する「百合」lily または「蓮」lilu に由来する。（池田紘一訳『結合の神秘』人文書院、一九九五 一〇七ページの図14参照）

259 **原註131** この古典的な描写は、イギリスの錬金術師でおそらく最も有名な、ブライドリントン聖堂参事ジョージ・リプリー卿 Sir George Ripley（一四一五年～一四九〇年）のいわゆる『スクロウル』に由来する。

夢のモチーフとして出会ったことがあるだけである。上昇と下降のモチーフは、現代人においては、たいてい山か建物と、そしてときには機械（エレベーター、飛行機）と結びついて現れる。

落葉した木や枯れた木のモチーフは、錬金術ではあまり知られていないが、ユダヤ・キリスト教的な伝承には堕罪の後に枯れた楽園の木として出てくる。古いイギリスの伝説[260]は、セト[261]が楽園で見たものについてこう伝えている。「楽園の中央には輝く泉が湧いており、そこから全世界を潤す四つの川が流れ出ていた。その泉の上には数多くの大枝と小枝を持つ大木が立っていたが、それは老木のように見えた。というのも、その木には樹皮も葉もなかったからである。セトは、それが両親が実を食べた木で、そのために今やまる裸でそこに立っているのだ、と悟った。さらに近づいて見つめると、皮膚のない裸[262]の蛇が一匹、その木に巻きついていた様子が見えた。それは、禁断の木の実を食べるようエヴァにそそのかした蛇だった」。そして、セトが再び園を見たときには、次のような光景が目に入ったのだった。「その木は大きな変化を遂げていた。今や樹皮と葉に覆われており、てっぺんには巻き布にくるまれた生まれたての赤ん坊がいたのだ。赤ん坊はアダムの罪のために嘆き悲しんでいた」、云々。このことから明らかなように、キリストは第二のア

260 **原註132**　A. Wünsche, *Die Sagen vom Lebensbaum und Lebenswasser*, 1905, p. 35f. ヴュンシェは以下から引用している。C. Horstmann, *Sammlung altenglischer Legenden* I, 1870, p. 124ff. この古いイギリスの詩は、一三七五年のものによる。

261 **セト Seth**　アダムとエヴァの息子。

262 **原註133**　木に樹皮がないことと蛇に皮膚がないことは、この木と蛇の同一性を意味する。

ダム Adam secundus と考えられていた。キリストは、よく知られた系統樹の表現によると、アダムの体から生い出た木のてっぺんに位置している。

切断された木は、錬金術的なモチーフであるように思われる。少なくとも一六〇〇年のフランス語版『ポリフィロの夢 *Poliphile*』[263]の口絵には、四肢を切断されたライオンと対になって、そうした木が描かれている。そのようなライオンは、一五八八年の『パンドラ』[264]にも同様に描かれていることから、錬金術的なものと認められる。[265]カバラの影響を受けたブラシウス・ウィゲネルス Blasius Vigenerus[266]（一五二三年～一五六九年？）は、破壊的な赤い光を放つ《caudex arboris mortis》（死の木の幹）について述べている。[267]「死の木」は「棺」と同義である。《Accipe arborem et impone ei magnae aetatis hominem》[268]という特殊な処方は、おそらくその意味で理解するべきだろう。このモチーフは、はるか昔に遡るものである。すなわち、早くも古代エジプトのバータメルヘンに出てくるのだ。それは第一九王朝のパピルスのなかに含まれる。そこでは、主人公が自分の「魂」をアカシア[269]のいちばん上の花のなかに置く。その木が不実な意図で伐り倒されると、それは一粒の種という姿で再発見される。これによって死せるバータは甦るのである。彼が牡牛の姿で二

263 **『ポリフィロの夢』** Francesco Colonna, *Hypnerotomachia Poliphili*, Venice, 1499. 主人公のポリフィロは眠りに落ち、夢のなかで恋人ポリアを探し求める冒険の旅をする。

264 **『パンドラ』** Reusner, *Pandora*, 1588.

265 **原註134** この口絵は以下に転載してある。Abb. 4 in: *Psychologie und Alchemie.* これに相当する原文部分は以下にある。*Allegoriae super Librum Turbae* (*Art. Aurif.*, 1593, I, p. 140, 151). この切断は、いわゆる去勢のモチーフとはまったく無関係で、八つ裂きのモチーフと関係がある。

266 **ブラシウス・ウィゲネルス** ルネサンス期のフランスのカバリスト。

267 **原註135** *De Igne et Sale* in: *Theatr. Chem.*, 1661, VI, p. 119.

268 **原註136** ［その木をとって、そのなかに、ひどく老いたひとりの男を寝かせよ］。ホゲランデは『哲学者の群れ Turba Philosophorum』（一一～一二世紀）からそう引用している（*Theatr. Chem.*, 1602, I, p. 162）。その教説五八に、こう述べられている。《Accipe illam albam arborem, et aedifica ei domum circumdantem, rotundam, tenebrosam, rore circumdatam, et impone ei hominem magnae aetatis, centum annorum.》［その白い木をとって、それを取り囲む館を建てよ。円くて暗く、露に覆われる家を。そして、そのなかに、ひどく老いたひとりの男を寝かせよ］（Hg. Ruska, p. 161）この「老いた男」は、サトゥルヌス＝第一質料としての鉛に関係がある。

269 **アカシア** 神々はヘリオポリスの北にあった女神サオシスの聖なるアカシアの木の下で生まれたとされる。『死者の書』では、死者が子どもたちによってこの木の下に連れてこられる。バータメルヘンは兄アヌプと弟バータの物語。兄の誘惑的な妻をめぐる誤解がもとで、バータはひとり離れて暮らすことになる。そして、心臓（魂）を木の上に隠しておく。バ

度目に殺されるときには、その血から二本の鰐梨《アボカド》の木Persea[270]が生えてくる。それらも伐り倒されると、その木片が女王［バータを裏切った妻］を懐妊させ、彼女は男の子を産む。それが再生したバータで、彼は今やファラオに、つまり神的な人間になったのである。木はここでは明らかに、変容の道具という役割を務めている。[271]ウィゲネルスの「死の木の幹」は、『ポリフィロの夢』（一六〇〇年）にある「切断された木」の描写をほのめかす。[272]あのイメージは、おそらくカシオドルスCassiodorにまでも遡るだろう。彼はキリストを「受難において伐り倒された木arbor in passione succisa」として寓意化している。[273]

木はしばしば花や実をつけた姿で登場する。アラビアの錬金術師アブル-カシム・ムハンマドAbu'l-Qāsim Muhammad[274]（一三世紀）は、赤、白と黒の中間、黒、そして最後に白と黄の中間、という四種類の花々を描写している。[275]この四色性は、錬金術の作業で組み合わされる四元素を暗に示す。全体性の象徴であるこの四位一体性は、作業がすべてを包括する一者性Einheitの回復を目的としていることを意味する。二重の四者性のモチーフ、つまり八者性Ogdoasになると、シャーマニズムのイメージ世界でも世界樹と結びついていた。最初のシャーマンの発生と同時に、八本の大枝がある宇宙樹が植え

ータを哀れに思った神々は、彼に妻を造って与えた。この美しい妻に目をつけたファラオが力と富にものを言わせて彼女をわがものとし、バータは殺される。真実を知った兄がバータの心臓（穀粒）を見つけて再生させ、牡牛となったバータは復讐に向かうが再び殺される。しかし、本文にもあるように王子として生まれ変わり、ファラオの跡継ぎとなった。

270 **鰐梨の木**　古代エジプトの聖木。

271 **原註137**　W. M. Flinders Petrie, *Egyptian Tales, Translated from the Papyri*, 2nd Series, XVIIIth to XIXth dynasty, 1895, p. 36ff.

272 **原註138**　既述箇所を参照せよ。

273 **原註139**　*Historia Tripartita* in: Migne, P. L. LXX, col. 990. アッティス神の松の類例である。

274 **アブル-カシム・ムハンマド**　一三世紀のアラビアの錬金術師で、卑金属を不完全で未熟な黄金と見るアリストテレスの説を信奉。物質的な変容を精神的［霊的］な変容と関係づけて捉える「精神的［霊的］錬金術」を実践した。

275 **原註140**　*Kitab Al-'Ilm Al-Muktasab etc*, Hg. E. J. Holmyard, Paris, 1923, p. 23.

られたのである。(この八本の大枝は、八柱の偉大な神々に相当する。[276])

実をつけた木については、『哲学者の群れ *Turba Philosophorum*』のなかでたくさん話題になっている。[277] その実は特別な種類のものである。『アリスレウスのヴィジョン *Visio Arislei*』[278] には、《...Qualiter haec pretiosissima arbor plantatur, cuius fructus qui comedit, non esuriet unquam》[279] と書かれている。次のようなその類例が『哲学者の群れ』にもある。[280]《Dico, quod ille senex de fructibus illius arboris comedere non cessat... quosque senex ille iuvenis fiat.》ここでは、それらの実が「ヨハネによる福音書」六章三五節にある panis vitae (命のパン) と同等視されているが、さらに(エチオピア人の)「エノク書」(紀元前二世紀末)にまで遡ると、西の国の木の実が選ばれし者たちの食事に供されるだろう[281]と書かれている。これが死と復活の暗示であることは明らかである。それはいつも木の実であるわけではなく、granum frumenti、つまり小麦の粒ということもあり、その小麦から不死の食物が用意される。『立昇る曙光 *Aurora Consurgens*』第一部には、こう述べられている。《Ex his enim fructibus grani (huius) cibus vitae conficitur, qui de coelo descendit.》[282] ここでは、マナ[神与の食物] Manna[283]、ホスティア[聖体、聖餅] Hostie[284]、パナケア[万能薬]

276 **原註141** M. Eliade, *Le Chamanisme*, 1951, p. 78, 173.

277 **原註142** *Turba Philosophorum* (Hg. J. Ruska), 1931, p. 127, 147, 162.

278 **『アリスレウスのヴィジョン』** 不毛の国を治める海の王のもとを訪れたアリスレウス一行の冒険を語る錬金術書。

279 **原註143** Cod. Berol. Qu. 584, fol. 2v (Ruska, p 324).「……この貴重な木が植えられると、その実を食べる者は二度と飢えることがないだろう、と言われている」

280 **原註144** Sermo LVIII, Ruska, p. 161.「申し上げましょう。老人は、自分が若者に戻るまでその木の実を食べるのをやめようとはしません」

281 **原註145** Kautzsch, Apokryphen und Pseudepigraphen des Alten Testaments, 1900, II, p. 254. 太陽の木の実と月の木の実からは、錬金術的な調整[調剤]によって《fructus immortalis, vitam habens et sanguinem》(生命と血を持つ不死の実)ができる。「血は、実を結ばないすべての木にかの林檎と同じ性質の実をならせる働きをする」(Mylius, *Philosophia Reformata*, 1622, p. 314)

282 [Hg. v. Franz, *Siebte Parabel*, p. 122, 123.「つまり、この小麦の実りから生命の食物ができる。それは天からやってくる」]

283 **マナ** 「出エジプト記」一六章で、イスラエルの民が荒野で飢えたとき、神が天から降らせた食べ物。

284 **ホスティア Hostie, Hostia** ホスティアは、神の怒りを静めるために贖罪の供物として捧げられる生け贄のことを意味する。キリスト教のホスティアはキリスト。ミサで聖体拝領として配られる小さく薄いパンは、キリストの身体を象徴しホスティアと呼ばれる。

285 **パナケア Panazee, Panacea** 「すべてを癒す者」を意味し、癒しの女神の名でもある。医師になる者が宣誓する「ヒポク

Panazee[285]が不可解な混合物をなす。不思議な霊的食物という同様のイメージは、『アリスレウスのヴィジョン』においても言及されている。そこには、こうある。「ピタゴラスの弟子」であり「栄養学の祖」（nutrimenti autor）であるハルフォレトゥス Harforetus（カルポクラテス Karpokrates）が、アリスレウスと彼の仲間たちを救いにきた、と。ルスカ編の『ベルリン写本 Codex Berolinensis』には、木の実を携えて、とはっきり書いてある（『哲学者の群れ』、一九三一年、三二四ページおよび『心理学と錬金術』第二版、一九五二年、四六七ページ以下）[286]。「エノク書」では、知恵の木の実が葡萄に較べられている。興味深いことに、中世においては哲学の木が、「ヨハネによる福音書」一五章一節の《Ego sum vitis vera》[287]［私は真の葡萄の木である］との関連で、ややもすると vitis（葡萄の木）と呼ばれた。この木の実と種は太陽と月とも呼ばれ[288]、その場合には、二本の楽園の木が太陽と月に相当した[289]。太陽と月の実は、おそらく「申命記」三三章一三節以下に遡るだろう。そこには、こうある。《...de pomis caeli et rore atque abysso subiacente, de pomis fructuum solis ac lunae, de vertice antiquorum montium, de pomis collium aeternorum.》[290]［天および下に広がる深淵の実、太陽と月の果実、太古の山々のよきもの、永遠の丘の実］ラウレンティウス・ウェントゥラ Laurentius Ventura（*Theatr.*

ラテスの誓い」でも唱えられる。健康の女神ヒェギエイアとともに乳房の擬人化されたものとされ、万能薬としての母乳をも指す。

286 ［*Psychologie und Alchemie*, *GW* 12, paragr. 449］

287 **原註146**　それゆえ、『リプリー・スクロウル』（Brit. Mus. M. S. Additional 10 302）には「葡萄の木 vitis arborea」とある。

288 **原註147**　M. Majer, *Symbola Aureae Mensae*, 1617, p. 269. 同様に、以下にもある。Iodcus Greverus, *Secretum*（*Theatr. Chem.*, 1602, III, p. 784）; Nicolaus Flamellus, *Summarium Philosophicum*（*Mus. Herm.*, 1678, p. 175）. これに関しては、以下のようなジョン・ポーディジ John Pordage の啓示を参照せよ（*Sophia*, Erste Engl. Ausg., 1675, Deutsche Ausg. Amsterdam 1699, p. 10）。「そこに私は楽園の果実と薬草を見た。私の永遠なる人間は今からはそれを食べ、それによって生きなければならない……」。

289 **原註148**　錬金術においてと同様、これらの木々は、アレクサンダー・ロマンスにおいても《sacratissimae arbores Solis et Lunae, quae annuntiant vobis futura》［汝らに未来のことを告げる、何よりも神聖な太陽の木と月の木］として登場する。（A. Hilka, *Der altfranzösische Prosa-Alexander-Roman* usw., 1920, p. 208）

290 **原註149**　錬金術師たちにとっては、もちろん本文にあげたウルガタ聖書が標準的である。以下に、その古いかたちをあげておく（チューリッヒ版聖書による）。「［……上は天からの、下は広がる深淵からの最も貴重なもの、］太陽が生み出す最も貴重なもの、そして月々が作り出す最も貴重なものでもって。［太古の山々の最もよきもの、そして永遠の丘の最も貴重なものでもって］」

291 ［*De Ratione Conficiendi Lapidis*］

Chem., 1622, II, p. 274)[291] は、《Dulce pomum est odorum, floridus hic pomulus》（このかぐわしい林檎は甘い。このかわいらしい林檎は美しい色をしている）と言い、錬金術師アリストテレス Aristoteles Alchymista[292]（*Theatr. Chem.*, 1622, V, p. 883）[293]は、《...collige fructus, quia fructus arboris seduxit nos in et per obscurum》（その実を集めよ。その木の実は私たちを暗黒へ導き、暗黒を通り抜けさせたのだから）と言っている。この両義的な助言は、現行の世界観とは明らかに相性のよくない認識があることを暗示する。

ベネディクトゥス・フィグルス Benedictus Figulus は、その実を《aureola Hesperidum poma ab arbore benedicta philosophica decerpenda》（祝福された哲学の木から摘み取るべきヘスペリデスの黄金の林檎）[294][295]と呼ぶ。そこでは、木が作業（オプス）を、実はその成果、つまり黄金を表す。この黄金については、いにしえの大家の言葉に《Aurum nostrum non est aurum vulgi》（われらの黄金は卑俗な黄金にあらず）[296]とある。実の意味に特別な光を投げかけてくれるのは、次のような『世界の栄光 *Gloria Mundi*』で言葉である。《Recipito ignem, vel calcem vivam, qua de Philosophi loquuntur, quod in arboribus crescat, in quo (igne) Deus ipse ardet amore divino.》[297] ヘスペリデスの黄金の林檎は、哲学の木の実でもある太陽を表している。太陽の灼熱

292 **錬金術師アリストテレス** 偽アリストテレスとも呼ばれる。主著に『アリストテレスの論説 *Tractatus Aristotelis alchemistae ad Alexandrum Magnum, De lapide philosophico*』がある。一〇世紀に出版された『秘密中の秘密 *Secretum Secretorum*』は後世に大きな影響を及ぼした。

293 ［*Tractatus*］

294 **ヘスペリデスの黄金の林檎** 前掲の註27「ヘスペリデスの木」を参照のこと。

295 **原註150** *Paradisus Aureolus Hermeticus*, Francofurti, 1600.

296 **原註151** Senior, *De Chemia*, 1566, p. 92.

297 **原註152** *Mus. Herm.*, 1678, p. 246.「汝は火をとるべきである。さもなければ，哲学者たちが語っている生石灰を。というのも，なかで神自身が神的な愛によって燃えている［その火］は，木の上に生い出るからである」

のなかには神自身が住まいしており、哲学の木の実として、つまり錬金術の作業の成果として姿を現す。その作業の経過が、木の成長を通して具体的に示されている。この大いなる作業 magnum opus の目的や目標が、被造物のなかに搦め取られたアニマ・ムンディ［世界の魂］anima mundi を、つまり世界を創造した神のプネウマ［気息］pneuma を「枷」から解放することにあるのを思い起こすなら、この風変わりな一文も異和感のあるものではなくなるだろう。この観念はここで、木からの誕生という元型を活性化する。それはとりわけ、エジプトやミトラ教のイメージ群を通してよく知られている。世界の主が世界樹のてっぺんに住んでいるというのは、頻繁に現れてくるシャーマニズム的イメージで[298]、系統樹の頂上の救済者というキリストのイメージも、ほぼその類例であると言ってよい。女の頭が木の花から出ている絵27に関しては、「花の果芽のごとく」に据えられている頭が、たぶんオスターブルケンのミトラの浅浮彫と比較しうるだろう[299]。

木は小さくて若い場合もあれば、大きく老いている場合もある。たとえば、前者は《grani tritici arbuscula》[300]として、後者は樫の木として[301]、いや、それどころか、太陽と月が実になっている点からするとそもそも世界樹として姿を現す。（以下を見よ。）

298　**原注153**　M. Eliade, *Le Chamanisme*, 1951, p. 78ff.

299　**原注154**　Cumont, *Textes et Monuments Figurés relatifs aux Mystères de Mithra*, 1899, T. II, p. 350; Eisler, *Weltenmantel und Himmelszelt*, 1910, II, p. 519.

300　**原注155**　「小麦の粒の小さな木々」。Instructio de arbore solari in: Theatr. Chem., 1661, VI, p. 168.

301　**原注156**　以下に登場する。Bernardus Trevisanus（*De Chemico Miraculo* in: *Theatr. Chem.*, 1602, I, p. 800f.）および既述の箇所。

第一〇章　木の在処と起源

哲学の木は、アブル－カシム（同書）によると、通常は単独で西の国の「海上に」、つまりおそらくは島の上に生えている。熟達者たちの秘密に満ちた月の植物は、一般に《ad modum arboris in mari plantata》[302]である。ミューリウス Mylius が語る寓話[303]では、「太陽の木と月の木 Solaris arbor, et altera Lunaris」が海上の島に生えており、太陽と月の光線の磁力で抽出された不思議な水から発生した。ハインリッヒ・クーンラートも、次のように似たことを言っている。「この小さな塩の泉から／ここでも、太陽と月の木が、われらの海の赤と白の珊瑚の木が育つ[304]」。塩と塩水（海水）は、クーンラートにおいては、とりわけ母なるソフィア、つまり知恵という意味があり、知恵の息子たち filii Sapientiae、つまり哲学者たちはその乳房から飲む。アブル－カシムはペルシアの伝承を知っており（彼の添え名アル－イラキ AL-IRAQĪ は、地理的にもペルシアに近かったこ

302　**原註157**　「一種の木のように海に植えられている」（Allegoriae super Librum Turbae in: Art. aurif. Vol. D., 1593, I, p. 141）。明らかに、孤島にあるヘスペリデスの木に依拠したもの。そこには甘露の泉があり、竜もいる。これの類例に珊瑚 Corallus がある（l. c., p. 143 および *Psychologie und Alchemie*, p. 477f [*GW* 12, paragr. 449], Abb. 186）。*Livre d'Heures du Duc de Berry* では、楽園が海上にある円い島として表されている。

303　**原註158**　*Philosophia Reformata*, 1622, p. 313.

304　**原註159**　一五九七年のいわゆる *Confessio*, p. 270 より。

とを示している）、さらに、とりわけ『ブンダヒシュン *Bundehesh*』[305]に記されているヴルカシャ湖 Meer Vourukasha[306]に育つ木、あるいはアルドヴィスーラ・アナーヒタ Ardviçura Anahita[307]の泉に育つ生命の木の伝承も知っていた[308]。

木（あるいは不思議な植物）は山々にも生えている。「エノク書」にあるイメージがしばしば範例とされてきたので、そのなかでは西の国の木が山の上に立っているとあることを述べておかなければならない[309]。『女預言者マリアの仕事 *Practica Mariae Prophetissae*』[310]には、不思議な植物が《crescens super monticulis》（丘の上に育つ）とある。『フォスルの書 *Kitâb el Foçoul*』[311]のなかのオスタネス Ostanes によるアラビア語の論説では、次のように言われている。《C'est un arbre qui pousse sur les pics des montagnes.》［それは山の頂に生える木である］。こうした木と山の関係は偶然のものではない。両者ともシャーマンの天への旅の手段であること[312]に見られるように、原初的で広く行きわたっている象徴的な同一性を基盤とする。別のところで示したように、山と木は、人格ないしは自己の象徴となる。たとえばキリストは、山[313]にも木[314]にも喩えられる。

木はしばしば、はっきりと「創世記」一章を想起させる園に立っている。かくして、聖なる島の「私的な園 peculiaris hortus」[315]には七

305 **ブンダヒシュン**　「原初の創造」を意味するゾロアスター教の宇宙創世神話の書。九世紀に編まれたとされ、『アヴェスタ』からの引用が多い。

306 **ヴルカシャ湖**　ペルシア神話における天上の雨の湖ヴルカシャには、生命の木が生えている。この木の種が湖水と混じって、雨となって降り、大地を肥やす。

307 **アルドヴィスーラ・アナーヒタ**　ペルシア神話における、泡から生まれた水と愛の女神。その泉には生命の木が繋っている。

308 **原註160**　これに関しては以下を参照せよ。Windischmann, *Zoroastrische Studien*, 1863, p. 90, 171.

309 **原註161**　Kautzsch, l. c., II, p. 254. ことによると、山上にあるセム族のアシュタルテ神殿が記念されたものか。

310 **原註162**　In: *Art. Aurif.*, Vol. D., I, p. 321.

311 **原註163**　Houdas 訳、Berthelot, *Chimie au Moyen Age*, 1893, III, p. 117.

312 **原註164**　M. Eliade, *Le Chamanisme*, 1951, p. 244f.

313 **原註165**　たとえば Epiphanius, *Ancoratus* 40, p. 557. S. Ambrosius, Mons exiguus et magnus.［小さくて大きな山］(*De interpellatione Job et David*, I, IV, 17 in: Migne, P. L., XIV, col. 818)

314 **原註166**　たとえば以下にある《arbor fructifera in cordibus nostris excolenda》［われらの心のなかで育てられるべき、実をつけた木］S. Gregorius Magnus (*Moralia in Job*, XIX, 1 in: Migne, P. L. LXXVI, col. 97)

315 **原註167**　Mylius, Symbolum Saturni, *Phil. Ref.*, 1622, p. 313 にある寓話。S. Theodorus Studites,《Hymnus de S. Paulo》の次のような箇所も似ている。《O beatissime, ex incunabulis sffloruisti plantae instar venustae, ex horto ascetico; tu adolevisti, onustus pomis Spiritus sancti exquisitissimis.》［おお、祝福されし者よ。

汝は、小さな庭［園］に花開くように、愛らしい植物として揺籃から生い出る。汝は聖霊の極上の実をつけて香っていた」(J. B. Pitra, *Analecta sacra*, 1876, I, p. 337)

つの惑星の木が見出される。ニコラス・フラメル Nicolas Flamel（一三三〇年?～一四一八年?）によると、《summa laudata arbor》（最も賞讃される木）は「哲学者の園 hortus Philosophorum」に育つ。[316]

すでに見てきたように、木は、水、塩水ないし海水と、そしていわゆる永遠の水 aqua permanens、つまり熟達者たちの真のアルカヌムと特別な関係にある。真のアルカヌムとは、周知のようにメルクリウスである。これを、Hg［水銀］、つまり mercurius crudus sive vulgaris［粗雑な、あるいは卑俗な水銀］と混同してはいけない。[317] メルクリウスは、それ自身、諸金属の木である。[318] 第一質料はメルクリウスであるか、[319] さもなければメルクリウスに由来する。[320] 木がそのなかで育つ水は、それを燃やしもする。[321] ヘルメス神（メルクリウス）は《cum ea <aqua> humectavit suam arborem, cum suo vitro, fecitque crescere in altum flores》[322] のである。私がこの箇所に言及するのは、そこで術師 artifex とアルカヌムとは同一のものであるという錬金術の精妙な観念が明らかにされているからだ。一方では木を育てるが他方では燃やしもする水、それがメルクリウスである。そこで、メルクリウスは二重のもの duplex と呼ばれる。というのも、みずからのなかで、対立し合うものを合一させているからである（それは金属でありながら液体でもある）。そのため、そ

316　**原註168**　[*Summarium Philosophicum* in:] *Mus. Herm.*, 1678, p. 177.

317　**原註169**　これに関しては、以下の私の論文を参照せよ。*Der Geist Mercurius*, in *Symbolik des Geistes*, 1948.

318　**原註170**　Flamellus [l. c.] in: *Mus. Herm.*, p. 177, 175.

319　**原註171**　*Symbolik des Geistes*, 1948, p. 99ff. [*Der Geist Mercurius*, *GW* 13, paragr. 255 ff.]

320　**原註172**　Abu'l-Qasim, l. c., p. 23.

321　**原註173**　ヘルメスの木は《humiditas maxime permanens》［極度に持続的な湿気］で燃えて灰になる。それは Georgius Riplaeus, *Opera*, p. 39 に（また四六ページにも）《Aqua ista habet intrinsecum ignem》［その水はみずからのなかに火を持っている］とあるとおりである（Mylius, *Phil. Ref.*, 1622, p. 314）。

322　**原註174**　Riplaeus, [*Duodecim Portarum Axiomata Philosophica* in:] *Theatr. Chem.*, 1602, II, p. 127; *Opera*, p. 86.「ヘルメスはその水を木に注ぎ、彼のガラス容器で花々を大きく育てた」

れは火とも水とも呼ばれる。だから、メルクリウスは樹液でありながら火でもあり（このことに関しては絵15を参照せよ）、すなわち木は同時に水と火の性質を持つ。グノーシス派には、シモン・マグス Simon Magus の、πῦρ ὑπερουράνιον（天よりも高い火）からなる「大木」がある。「それによって、肉体をもつあらゆるものが養われる」。それは、ネブカドネザルの夢に現れた木に似ている。この木の小枝と葉は焼かれて灰になるが、「その実は、稔ってかたちを保っていたなら、納屋（ἀποθήκη）に運び込まれる。火に〔投げ込まれは〕しない」[323]。このイメージは一方では、それより前のヘラクレイトス Herklit[324] による πῦρ ἀεὶ ζῶον（永遠に生きている火）と一致し、他方ではずっと後の、メルクリウスが火であるという意味づけ、自然全体に行きわたって生気を与えるが火の性質でもって破壊も行なう生きている霊 spiritus vegetativus であるという意味づけとも一致する。「火に投げ込まれはしない」実とは、もちろん、すでに試された人間、つまりグノーシス的な意味におけるプネウマ的[325]〔霊的〕な者を指す。まさに内なる全体的な人間を意味するラピスの同義語の一つは《frumentum nostrum》（われらの穀粒）である[326]。木はしばしば金属的なそれ[327]として、つまりたいていは黄金のそれ[328]として登場する。七つの金属との関係は、同

323　**原註175**　Hippolytus, *Elenchos*, VI, 9, 8ff., p. 137. これについては、以下がインドの類例にして引用である。Coomaraswamy, *The Inverted Tree*, Quart. Journal Myth. Soc. Bangalore. XXIX., p. 16. 著者は言う。《The Tree is a fiery pillar as seen from below a solar pillar as from above, and a pneumatic pillar throughout; it is a Tree of Light.》［その木は、下から見ると火の柱、上から見ると太陽の柱であり、隅から隅までプネウマ的［霊的］な柱である。つまり、それは光明の木である］。柱のモチーフに対するこの示唆は重要である。

324　**ヘラクレイトス**　前五〇〇年頃のギリシアの哲学者。

325　**グノーシス的な意味におけるプネウマ**　註159を参照せよ。

326　**原註176**　*Gloria Mundi* in: *Mus. Herm.*, 1678, p. 240.

327　**原註177**　メルクリウスは「金属の木 arbor metallorum」と呼ばれている。この象徴のもっと詳細な解釈については、以下を参照せよ。Dorneus, *Congeries Paracelsicae* in: *Theatr. Chem.*, 1602, I, p. 583.

328　**原註178**　《Arbor aurea》in: *Scriptum Alberti super arborem Aristotelis* (*Theatr. Chem.*, 1602, II, p. 524); Abu'l-Qāsim, l. c., p. 54; *Consilium Coniugii* in: *Ars Chem*, 1566, p. 211.

時に七つの惑星との関係も意味している。それによって、その木は世界樹となり、輝ける実が星々となる。ミヒャエル・マイアー（一五六八年～一六二二年）は、木部を☿［水星、水銀］に、（四つの）花を♄［土星、鉛］、♃［木星、錫］、♀［金星、銅］、♂［火星、鉄］に、実を☉［太陽、黄金］、☾［月、銀］に割り当てている。[329] 七本の大枝（＝七つの惑星）を持つ木は『立昇る曙光』[330]にあって、ルナティカ Lunatica あるいはベリッサ Berissa[331]と同一視される。《cuius radix est terra metallica, stipes eius rubicundus quadam nigredine perfusus: folia eius similia folijs maioranae, et sunt 30. secundùm aetatem lunae in crescentia et in decrescentia, flos eius citrinus.》この記述は、その木がオプス全体を象徴していることをはっきり教えてくれる。ちなみに、ゲラルドゥス・ドルネウスは次のように言う。《Plantetur itaque arbor ex eis <planetis sive metallis>, cuius radix adscribatur Saturno, per quam varius ille Mercurius ac Venus truncum et ramos ascendentes, folia, floresque fructum ferentes Marti praebent.》[332]ドルネウスが《natura radicem arboris <mineralium> in centro suae matricis》と、つまり自然が（金属の）木の根をみずからの子宮のまん中に据えたと述べている[333]ところでは、世界樹との関連があることも明らかである。

329 **原註179** *Symbola Aureae Mensae*, p. 269. 以下を参照したものである。Iodocus Greverus, l. c. [*Theatr. Chem.*, 1602, III, p. 784]

330 **原註180** *Art. Aurif.*, Vol. D. I, p. 222（「……その根は金属的な土、その幹はなにがしかの黒が混じった赤である。その葉はマヨラナの葉に似ており、月の満ち欠けに照応して三〇枚ある。その花は黄色い」）

331 **原註181** この植物は、つまるところ、ホメロスの言うモリュ μῶλυ［オデュッセウスに与えられた薬草］と関係がある。別のところで示したとおりである［*Mysterium coniunctionis*, *GW* 14, paragr. 152］。モリュに関しては、以下のすぐれた編纂書を参照のこと。Hugo Rahner, *Die seelenheilende Blume*, Eranos-Jahrbuch, 1945, p. 117ff.

332 **原註182** [*De Tenebris Contra Naturam* in:] *Theatr. Chem.*, 1602, I, p. 533.「それゆえ、その木が（植物や金属からとられて）植えられ、その根がサトゥルヌスの特性を持たんことを。あの気まぐれなメルクリウスとあのウェヌスが幹と枝を広げ、葉と実をつける花をマルスにもたらさんことを」。（すなわち、マルスの支配を受けている牡羊座に、春の最初の宮に、の意）

333 **原註183** *De Genealogia Mineralium*, p. 652.

第一一章　倒立した木

しばしば、この木は《arbor inversa》（倒立した木）として表現される。[334] ラウレンティウス・ウェントゥラ（一六世紀）は、次のように言う。《Radices suarum minerarum sunt in aere, et summitates in terra. Et quando evelluntur à suis locis, auditur sonus terribilis, et sequitur timor magnus.》[335]『世界の栄光』にも同様に、哲学者たちがこう述べたとある。《quod radix suorum mineralium in aere, et eorumdem caput in terra siet.》[336] ジョージ・リプリー George Ripley[337] は、その木が空中に根を持つと言っており、[338] また別の箇所では、それが「栄光に満ちた土 Terra gloriosa」に、つまり楽園の土ないし神々しい未来世界に根づいている、とも言う。[339] 明らかにウェントゥラは、魔力を持つマンドラゴラのことを念頭に置いている。それは、黒犬の尻尾に結びつけられて土から引き抜かれると叫び声をあげる。

同様に、ブラシウス・ウィゲネルスは次のように書いている。

334　**原註184**　おそらく、すでに以下のなかでも。Dante, *Purgatorio*, XXII, 131ff.

335　**原註185**　*De Rat. Conf. Lap.* in: *Theatr. Chem.*, 1602, II, p. 257. これは他に、マンドラゴラ（ないしアルラウネ）に関して言える。「……その基盤となるものである根は空中にあり、梢は地中にある。そして、それが生えている場所から引き抜かれると、ひどい叫び声がして、たいへんな恐怖に見舞われることになる」

336　**原註186**　「……その基盤となる根が空中にあって、その頭は地中にある、と」（*Mus. Herm.*, p. 240, 270）

337　**ジョージ・リプリー**　ラテン名はゲオルギウス・リプラエウス Georgius Riplaeus。**原註131**を見よ。

338　**原註187**　*Opera*, 1649, p. 270.

339　**原註188**　l.c., p. 279.

「ヨセフス・カルニトルス Josephus Carnitolus の息子である、あるラビ」が、「あらゆる下部構造の基礎は上方に根づいており、その場合、そのてっぺんは倒立した木のごとくに下方にある」[340]と言った、と。ウィゲネルスはある程度カバラに通じていて、ここでは哲学の木とセフィロートの木 Sefirothbaum[341]を比較している。セフィロートの木は、神秘主義的な世界樹を表現したものである。しかし、この木は、彼にとっては同時に人間も表す。彼は、人間が自身の頭髪を根として楽園に植えつけられているという奇妙な観念を、「雅歌」七章五節の《...comae capitis tui sicut purpura regis vincta[342] canalibus》という言葉によって裏づけている。ルター版聖書の訳に従うなら、「汝の頭の毛髪は、王の紫衣のように鬟をとって結びつけられた」となる。(《canales》は小さな管のことであり、この言葉から髪飾りのようなものを想像してもよいかもしれない。[343])クノール・フォン・ローゼンロート Knorr von Rosenroth になると、次のような見解である。かの「大いなる木」は、ティフェレト Tiferet を、すなわちマルクト Malchuth の花婿を表す。[344]上部のセフィラーであるビナー Binah は、「木の根」という名前である。[345]ビナーには生命の木が根づいている。それはかの園の中央に立っているので、《linea media》(中央の線)とも呼ばれる。セフィロート系のいわば幹とな

340 **原註189** 《Rabbi Joseph Carnitoli filius... inquit. Fundamentum omnis structurae inferioris supra est affixum, et eius culmen hic infrà est sicut arbor inversa.》[*De Igne et Sale* in:] *Theatr. Chem.*, 1661, VI, p. 39. 同様に *Prodromus Rhodostauroticus* (1620, fol. Vr) にも、いにしえの人たちは人間を「倒立した草」と呼んだ、とある。

341 **セフィロートの木** ユダヤ教とのつながりのなかで発達した神秘思想カバラは、ヘブライ語で「受けとられたもの」を意味するが、その中心思想として「セフィロートの木」と呼ばれる観念がある。セフィロートの木は、神の隠された「種子」から発出される一〇の神的な属性(セフィラー)と、それらを相互につなぐ二二本の通路としての枝々からできている。一〇のセフィラーとは、ケテル(王冠、第一原因に相当)、コクマー(知恵、一二宮に相当)、ビナー(理解、土星に相当)、ケセド(慈悲、木星に相当)、ゲブラー(峻厳、火星に相当)、ティフェレト(美、太陽に相当)、ネツァー(勝利、金星に相当)、ホド(栄光、水星に相当)、イエソド(基礎、月に相当)、マルクト(王国、四元素に相当)。この木はカバラ的な生命の木、世界樹であり、宇宙全体の成り立ちと構造の秘密を象徴的に表す。

342 **原註190** 『化学の劇場』の原文では、誤って《iuncta》と記されている。

343 **原註191** 原典からのより厳密な訳(チューリッヒ版聖書「七章六節」)では、次のようになっている。「汝の頭の編んだ髪は紫衣のようである。/その編まれた髪のなかには、ひとりの王が捕まっている」

344 **原註192** *Cabbala Denudata*, 1677, I, p. 165ff.

345 **原註193** l.c., p. 77.

346 **原註194** l.c., p. 629.

っているこの中央の線を通って、生命はビナーから下方へともたらされる。[346]

人間が倒立した木であるという観念は、中世には広く知られていたらしい。だからこそ、たとえば人文主義者アンドレアス・アルキアトゥス Andreas Alciatus（一五五〇年没）[347]による『エンブレム集』*Emblemata* の注解にはこう述べられているのだ。《Inversam arborem stantem videri hominem placet Physicis, quod enim radix ibi, truncus et fronds, hic caput est et corpus reliquum cum brachijs et pedibus.》[348] ここではそれが、プラトン[349]を経由してインド的な諸概念にまで至っている。つまり、『バガヴァッドギーター』で、神［クリシュナ］が、自分は「山々のなかでもヒマラヤのようであり、木々のなかでも菩提樹 Asvattha のようである」と言う。菩提樹（Ficus religiosa）は、上方からソーマという不死の飲み物を注ぐ。[350]『バガヴァッドギーター』(c. XV) では、かの神がさらに次のように言っている。《They say the inexhaustible Asvattha has (its) roots above, (its) branches below; the Khandas are its leaves. He who knows the Vedas. Upwards and downwards extend its branches, which are enlarged by the qualities, and the sprouts of which are sensuous objects. And downwards to this human world are continued its roots which lead on to action.》[351]

347　**アンドレアス・アルキアトゥス**　一六世紀にできたローマ市民法を一六世紀に再解釈した法学者。彼が『エンブレム集』を著したことから、エンブレムという文学ジャンルができた。エンブレムは、銘題、図絵、解説を一揃いにしたもので、これを集めたのがエンブレム集。

348　［「医師たちは、直立している人間を倒立した木として見ることを好む。なぜなら、こちらで根、幹、葉となっているものが、あちらでは頭と、手足のついた残りの体であるからだ」。*Emblemata cum Commentarijs*, p. 888b］

349　**原註195**　以下を参照せよ。Chwolsohn, *Die Ssabier und der Ssabismus*, 1856, II, p. 373. プラトン（『ティマイオス』90A）では以下の箇所しかはっきりしない。ὡς ὄντας (ἡμᾶς) φυτὸν οὐκ ἔγγειον ἀλλ᾽ οὐράνιον［私たちがこの世のではなく、天上の植物であるということを考慮して］Vettius Valens, *Anthologiarum*, IX, p. 330, 23. *Orphic fragment coll.* (Hg. Otto Kern) Nr. 228a: Ψυχὴ δ᾽ ἀνθρώποισι ἀπ᾽ αἰθέρος ἐρρίζωται［しかし、人間の魂はエーテルのなかに根づいている］

350　**原註196**　*Khândogya-Upanishad*, VIII, 5, 3 (*Sacred Books of the East* I, p. 132). *Śatapatha-Brâhmana* (*Sacred Books* XLIV, p. 317) には、次のように述べられている。「『たくさんの椀を持つニヤグロダ Nyagrodha［ソーマの原料となるイチジク科の灌木］』――というのは、神々が供儀を執り行なっていたとき、それらのソーマの椀を傾けて下向きにしたところ、それらが根を張ったからである。ニヤグロダは、下向きにされる（nyak）とそこで根を張る（roha）」。菩提樹は神々の座である（*Hymns of the Atharvaveda*, I, V, 4, *Sacred Books* XLII, p. 4）。以下を参照せよ。Coomaraswamy, *The Inverted Tree*, The Quarterly Journal of the Myth. Society, Bangalore, Vol. XXIX, Nr. 2, p. 12ff.

錬金術の挿画は、オプスを木として、オプスのさまざまな部分を葉として描く。それらは、かの「知」による救済、すなわち『ヴェーダ』に蓄えられている認識の獲得による救済という、非常にインド的な観念を想起させる。インド的なものにおいては、木は上から下へ向かって芽を出し、錬金術においては逆に（少なくともその描写においては）下から上に向かって育つ。一五四六年の『新しい高価な真珠 *Pretiosa Margarita Novella*』[352]の挿画では、アスパラガスのような姿をしている。同じモチーフが、私のすでに述べた事例のうちの一つ（絵27）にも見出される。若いアスパラガスの先端が印象深く突き出ているのは、事実上、それまで無意識的だった諸内容が多大なる具象性をもって意識のなかへと成長してきていることを表す。どちらにおいても、つまり東洋の心理学でも西洋の心理学でも、生のプロセスとともに認識ないし闡明の道程が問題とされている。闡明の道程は、たとえ知的な悟性で理解はできるとしても、それと混同してはならない。

宝物の守り手としての木は、錬金術的なメルヘン「瓶のなかの精霊」[353]に出てくる。木は実という姿をとる宝物を含むので、一般にクリュソポエイア Chrysopoee、つまり黄金製造術 ars aurifera の象徴となる。しかも、ヘラクレイオス Hercules[354]によって定式化

351 [「無尽蔵の菩提樹は、根が上方にあり枝は下方にあるという。カンダ［ヴェーダの一部となっている諸書］が葉である。そのことがわかっている者は、ヴェーダがわかっている。かの諸特質［グナ］によって広げられた枝々は上方へ下方へと伸び、その新芽は感覚の対象となる。そして、その根は下方に向かってこの人間界にまで届き、行為へと促す」。*Sacred Books* VIII, cp. 111, p. 15]

352 **原註197** Janus Lacinius, *Pretiosa Margarita Novella*, 1546, fol. ***V.

353 **瓶のなかの精霊** De Geest in de Fles, KHM 99.

354 **原註198** 東ローマ帝国の皇帝、ヘラクレイオス Herakleios（六一〇年～六四一年）。

された《Hoc autem magisterium ex una primùm radice procedit, quae postmodum in plures res expanditur, et iterum ad unum revertitur》[355]という原則に従う。ゲオルギウス・リプラエウスは術師 artifex を、葡萄の木を栽培するノアに喩えている。[356] 似たような意味合いで、ジャビルは「神秘家のミルテ」[357]、ヘルメスは《Vitis sapientum》[358]（知恵の葡萄の木）と表現している。ホゲランデ Hoghelande[359] は《Quidam fructus exeunt à perfectissima arbore primo vere et in exitus initio florent》[360]と言う。ここから、木の生が同時にオプスも表すことになる。それは周知のとおり、季節とともに進んでいく。[361] 春に実ができ秋に花が咲くことは、反転［倒立］のモチーフ（倒立した木 arbor inversa）や「自然に反する作業 opus contra naturam」と関係があるのかもしれない。『「群れ」の書に関する知恵の寓喩 *Allegoriae Sapientum supra librum Turbae*』には、次のような処方があげてある。《Item planta hanc arborem super lapidem, ne ventorum cursus timeat, ut volatilia coeli veniant et supra ramos eius gignant, inde enim sapientia surgit.》[362] ここでも木は、オプスの真の土台にしてアルカヌムであるものを表している。この秘密こそ、おおいに讃えられている宝庫のなかの宝庫 thesaurus thesaurorum である。金属の木 arbor metallorum には七本の大枝があるわけだが、『観照の木について *De Arbore Contemplationis*』

355 **原註199** Morienus Romanus, *De Transmutatione Metallorum* in: *Art. aurif.*, Vol. D. II, p. 25f.「しかし、このマギステリウムは、はじめは一本の根から現れ出る。その根は後でたくさんの物質へと広がり、再び一へと戻る」

356 **原註200** Riplaeus, *Opera*, 1649, p. 46.

357 **原註201** Berthelot, *La Chimie au Moyen Age*, III, 244f.

358 **原註202** ホゲランデによる引用［*De Alch. Diff.* in:］*Theatr. Chem.*, 1602, I, p. 164)。《vindemia Hermetis》［ヘルメスの葡萄の収穫］は、ゾシモスによるオスタネスの引用に遡る(Berthelot, Alch. Grecs, III, VI, 5)。

359 **ホゲランデ Theobald de Hoghelande**　一五六〇年～一六〇八年。オランダの錬金術師。主著は『錬金術の諸困難について *De Alchemiae difficultatibus*』など。

360 **原註203** l. c., p. 164.「なにがしかの実が早春に最も完全な木から現れ出て、終末の兆しに花を咲かせる」。ホゲランデは『哲学者の群れ *Turba*』(Sermo LVIII) を暗示している。そこでは、バルグス Balgus が次のように尋ねられる。《Cur arborem dimisisti narrare, cuius fructum qui comedit, non esuriet unquam?》［きみはなぜ、食べれば二度と飢えることのない実がなる木について話すのをやめてしまったのか」。(Hg. Ruska, p. 161)

361 **原註204**　この作業は春にはじまる。そこでは最適の条件が揃い（以下を参照せよ。*Paracelsica*, 1942, p. 121ff.［paragr. 190 ff.］、また《elementum lapidis magnis abundat》［石の元素が過剰に存在する］(Ventura,［*De Rat. Conf. Lap.* in:］*Theatr. Chem.*, 1602, II, p. 287)。オプスと黄道一二宮との関係は、以下に示されている。*Psychologie und Alchemie*, 2. Aufl., 1952, p. 266, Abb. 92.

362 **原註205**　*Theatr. Chem.*, 1622, V, p. 68.「同様に、この木を石の上に植えよ。それが風の吹きつけるのを恐れないように。天の鳥たちがやってきて、その枝に子を産むように。つまり、

という論説が示すところでは、観照［瞑想］の木にも同様に七本の大枝がある。[363] そこでは、その木は七本の大枝のある棕櫚であり、それぞれの大枝に次のような鳥がとまっているという。「孔雀 pavo、（判読不能）、白鳥 cignus、扇鷲《おうぎわし》（h）arpia、小夜鳴鳥《ナイチンゲール》 filomena、燕 hyrundo、不死鳥 fenix」。さらには、次のような花も一輪咲いている。「菫 viola、グラジオラス gladiola、百合 lilium、薔薇 rosa、クロッカス crocus、向日葵 solsequium、花 flos（...?）」。これらには、すべて精神的な意味がある。これらの諸表象は、錬金術師たちのそれとよく似ている。彼らはレトルトのなかに（『化学の結婚 *Chymischen Hochzeit*』[364] によると）天使が手にしている木を観照していた。

363　そこから知恵が発生するように」
原註206　フォン・フランツ博士が調べてくれた、バーゼル大学図書館の写本 AX. 128b。［孔雀 Pfau、鸛 Storch、扇鷲 Harpyie、小夜鳴鳥 Nachtigall、燕 Schwalbe、不死鳥 Phönix、菫 Veilchen、グラジオラス Gladiole、百合 Lilie、薔薇 Rose、クロッカス Krokus、向日葵 Sonnenblume、……花…?-blume］

364　『化学の結婚 *Chymische Hochzeit Christiani Rosencreutz Anno 1459*』一六一六年刊。ヨハン・ヴァレンティン・アンドレーエ Johann Valentin Andreae（一五八六年〜一六五四年）著。『薔薇十字団の伝説 *Fama fraternitatis Roseae Crucis oder Die Bruderschaft des Ordens der Rosenkreuzer*』や『薔薇十字団の信条 *Confessio oder Bekenntnis der Sozietät und Bruderschaft Rosenkreuz*』とともに、17世紀初頭にドイツで刊行された「薔薇十字三部作」の一つ。主人公クリスティアン・ローゼンクロイツが経験する錬金術的冒険を綴った小説。彼は謎の手紙によって招待された不思議な王宮で、王族の結婚式に参列することになる。

第一二章　鳥と蛇

すでに述べたように、鳥は木と特別な関係がある。『アルベルトゥス写本 *Scriptum Alberti*』には、こう述べられている。アレクサンダーは、その大いなる旅の途上で、輝かしい緑 viriditas gloriosa を内に持っている木を見つけた。それには鸛《こうのとり》がとまっていた。そこにアレクサンダーは黄金の宮殿を建て、《et posuit terminum itineribus suis idoneum》[365]。この鳥のいる木は、作業とその完成を表す。このモチーフは絵にも表現されている。[366] 木の葉（輝かしい緑）が内に向かって育つことは、やはり明らかに自然に反する contra naturam 倒立［反転］を表すとともに、観照の状態における内向の具体的説明にもなっている。

楽園伝説からも明らかなように、蛇は木と関係がある。まず一般的には、蛇がまさにほかならぬメルクリウス（メルクリウスの蛇 serpens mercurialis）であって、地下的な生きている霊 spiritus vegetativus として根から枝へ登っていく場合、そして特殊なところでは、蛇がやはり木のヌーメン［霊、神意］を表していて、メルジーネとして姿を見せる場合である。[367] このメルクリウスの蛇 draco mercurialis

365　**原註207**　*Theatr. Chem.*, 1602, II, p. 527.「そして、自身の旅をふさわしいかたちで締めくくった」

366　**原註208**　たとえば以下のなかに。Reusner, *Pandora*, 1588, p. 225; *Mus. Herm.*, p. 201.

367　**原註209**　以下における私の主張を参照されたい。*Psychologie und Alchemie* (Index, s. v.《Melusine》). 以下も参照せよ。Aniela Jaffé, *Bilder und Symbole aus E. T. A. Hoffmanns Märchen《Der Goldne Topf》*, das Kapitel,《Die Erscheinung im Holunderbaum-Sepentina.》(In: *Gestaltungen des Unbewußten*, 1950, p. 300ff.)［註256および258を見よ］

は、木のなかで変容しそれによって木の生命をなす秘密物質である。これは明らかに、先に引用した『アリストテレスの木に関するアルベルトゥス写本 *Scriptum Alberti super arborem Aristotelis*』に由来する。この文書はおそらく、ある絵に対する注解だろう。その絵は、残念ながら一六〇二年版には含まれていない。(今のところ私も、その絵をどこかの写本のなかに確認するのに成功していない。)この文書は、次のような明言ではじまる。《Haec est figura caeli, quae sphaera caeli nuncupatur, quae quidem sphaera continet in se octo nobilissimas figuras scilicet figuram primam, quae primus circulus appellatur et est circulus deitatis》[368]云々。この記述より、外から内に向かって数えられる同心円が問題になっているのだとわかる。第一の円は、神の言葉 verba divinitatis を、つまり神的な世界秩序を含んでいる。第二の円は惑星の数である七を、第三の円は「壊れやすく」(corruptibilia)「創造的な」(generabilia) 諸要素を、第四の円は七つの惑星から生まれ出る (emanantem) 怒れる竜を、第五の円はその竜の「頭と死」を含む。竜の頭は「永遠に生き」ていて、「栄光の生命 vita gloriosa」(事実上、救済に与ったものの生命) と呼ばれ、「天使たちが仕えている」。この竜の頭 caput draconis は、ここでは明らかにキリストと同一視されている。というのも、「天使たちが仕えている angeli serviunt ei」は、キリストがサタンをはねつけた「マタイによる福音書」四章一一節にまちがいなく関係しているからである。ここで主題となっているのは、私が『心理学と錬金術』において詳細に論じたラピスとキリストとの類似性である。しか

368 原註210 *Theatr. Chem.*, 1602, II, p. 524.「これは天の描写である。それは天球と呼ばれる。そのなかには、八つの最も高貴な形象が含まれている。すなわち、第一の形象は第一の円と呼ばれており、神の円である」

し、竜の頭がキリストと同一視されているとすると、竜の尾は反キリストないしは悪魔と同じでなければならない。この文書によれば、竜の体 corpus draconis 全体が頭に吸収される。すなわち、悪魔はキリストに統合されるのである。つまり、竜は神の似像 imago Dei と戦ったのだが、以下のように、その似像が神の力によって竜に植え込まれ、それの頭を形成することとなった。《totum corpus sequitur caput, et ipsum caput odit corpus, et interficit ipsum incipiendo a cauda cum dentibus ipsum corrodere, quousque totum corpus intret in caput, et in eo permanet sempiterne.》[369] 第六の形象［円］には、六つの facies（形姿）と二羽の鳥、つまり鸛《こうのとり》が描かれている。これらの形姿は、文書に書かれているように、そのうちの一つが「エチオピア人」のように見えるということから、おそらくは人間的な性質がある。[370] どうやら ciconia（鸛）というのは、ペリカン pelecanus と同様、（循環蒸留のための）循環容器 vas circulatorium のことらしい。[371] 六つの形姿のそれぞれは変容の三つの位相を表し、二羽の鳥とともに変容のプロセスの象徴である八つ組 Ogdoas をなす。第七の形象［円］は、この文書が示唆しているように、神の言葉 verba divinitatis や七つの惑星と、黄金の木が描かれた第八の形象［円］とのつながりを仲介する。第七の形象［円］の内容について、著者はむしろ黙していたいと考えている。というのも、神自身でなければ明らかにできない偉大な秘密がここにはじまるからである。そこでは、王がみずからの冠につける石が見つかる。「賢明な女たちはそれを隠す。（しかし）愚かな乙女たちはそれを見せびらかす。略

369　**原註211**　*Theatr. Chem.*, l. c., p. 526.「全身が頭に従う。頭は身体を嫌悪し、殺す。頭は尾からはじめて、体全体が頭のなかに入り永遠にそこにとどまるまで、かじっていく」

370　**原註212**　これに関しては以下を参照。Marie-Louise v. Franz, *Die Passio Perpetuae* in: *Aion*, 1951, p. 463ff.

371　**原註213**　この容器は、錬金術的な変容に非常に大きな意味を持っている。以下にある私の論述を見てもらいたい。*Psychologie und Alchemie*, 1952, s. v. vas.　ciconia ないし storca［鸛］とは、レトルトのことである。(Rhenanus, *Solis e puteo emergentis*, 1641, Lip. I, p. 22)

奪されることを望むがゆえに」。「法王、誠実な聖職者、修道士は、それを冒瀆する。神の掟によってそう命じられたがゆえに[372]」。

第八の形象［円］の黄金の木は《ad instar fulgoris》（稲妻のように）輝く。（ヤコブ・ベーメ Jacob Böhme が言うように）錬金術において、「稲妻」は、不意の歓喜と啓示を意味する。[373]その木には一羽の鸛がとまっている。前の形象［円］の二羽の鸛が、三段階ずつある二つの変成のための蒸留器を表すのに対して、この黄金の木にとまっている鸛には、当然もっと広い包括的な意味がある。昔からそれは《pia avis》（敬虔な鳥）であるとされている。「ハガイ書[374]」の伝承でもそうなっているとおりである。[375]もっとも、「レビ記」一一章一九節では、穢れた動物のなかに入れられているのだが。その敬虔さは、「エレミヤ書」八章七節に遡れるだろう。「空の鸛でさえ、みずからに定められた時を知っている。……それなのに、わが民は主の定めを何も知ろうとしない」。この鳥は、ローマの帝政期にはすでに敬虔 pieta の寓意になっており、キリスト教の伝統においては、蛇を殺すことから審判者キリスト Christus iudex の寓意である。蛇もしくは竜が木の地下的なヌーメンであるように、鸛は木の精神的な原理を表わしており、それによって原人間［アントローポス］を象徴する。[376]おそらく錬金術における鸛 ciconia の先駆けの一つは、ゲルマン神話のアデバール Adebar[377] という鸛だろう。この鳥は、フルダの泉で甦った死者の魂を地上へと連れ戻す。先ほどと同じようにここでも、鸛は魂の変容と結びついている。[378]『写本』をアルベルトゥス・マグヌス Albertus

372 ［*Theatr. Chem.*, l. c., p. 526］

373 **原註214**　これに関しては、以下における私の解説を見よ。*Gestaltungen des Unbewußten*. 1950, p. 102ff. ［*Zur Empirie des Individuationsprozesses*, *GW* 9/I, paragr. 533ff.］

374 **「ハガイ書」**　旧約聖書の一書。

375 **原註215**　M. Grünbaum, *Jüdisch-deutsche Chrestomathie*, 1882, p. 174.

376 **原註216**　以下を見よ。Picinellus, *Mundus Symbolicus*, 1689, s. v. ciconia, p. 281.

377 **アデバール**　霊魂を運ぶとされる鸛で、その名は「幸福をもたらすもの」の意。

378 **原註217**　August Wünsche, *Die Sagen vom Lebensbaum und Lebenswasser*, 1905, p. 85.

Magnus の手になるものとするのは、非常に疑わしい。それが哲学の木を説明している様式は、一六世紀以前に遡るとは思えない。

第一三章　木の女性的ヌーメン

変容と再生の場としての木には、女性的－母性的な意味が与えられている。木のヌーメン（『リプリー・スクロウル』）がメルジーネであることは、すでに見てきた。『パンドラ』では、木の幹が、王冠を戴き両手に松明を持つ裸の女性になっている。彼女の頭の上では、鷲が木の枝にとまっている。[379] ヘレニズム的なイメージにおいては、イシスは持物として松明を携え、メルジーネの姿をとる。さらなる持物には、葡萄の木と椰子の木がある。レトとマリア[380]は、椰子の木の下で子を産む。摩耶夫人がブッダ誕生の際に聖なる木から母性的な保護を得るのと同じように。かの古代エジプトのメルヘン［バータメルヘン］では、木がバータを再生させている。ヘブライ人たちによると、アダムは《arboris vitae gleba》（生命の木の土）から、いわゆる「赤いダマスカスの土」から創られた。[381] この伝説によるなら、アダムと生命の木の関係は、ブッダと菩提樹の関係に似ている。菩提樹はブッダと同時に世に現れた。

木の女性的－母性的な性質は、知恵 Sapientia とのつながりにおいても見られ

379 **原註218** *Pandora*, 1905, p. 225.［「監訳者による序」のパンドラの挿画（本書九ページ）を参照せよ。］

380 **原註219** 『コーラン』一九章。

381 **原註220** I. Ch. Steebus, *Coelum Sephiroticum*, 1679, p. 49.

る。知恵の木（「創世記」二章）は、「エノク書」では、その実が葡萄に似た知恵の木になっている。[382] エイレナイオス Irenaeus[383]（*Contra Omnes Haereses*, Lib. I, 29, 3）によると、バルベロ派[384]の教えでは、創造主は最後に、アダマス Adamas とも呼ばれる《hominem perfectum et verum》〔完全かつ真正なる人間〕を創造した。それと同時に完全な知識〔グノーシス〕も創り出され、彼に結びつけられたのである。《Ex Anthropo autem et Gnosi natum lignum, quod et ipsum Gnosin vocant》（この人間〔完全なる者〕と知識から木ができ、彼らはその木のこともやはりグノーシスと呼ぶ）[385]。ここにもまた、アダムやブッダの場合と同じような、人間と木の結びつきがある。これに似た関係は、以下のように『アルケラオス行伝 *Acta Archelai*』にも見られる。《Illa autem arbor quae est in paradiso, ex qua agnoscitur bonum, ipse est Jesus et scientia eius quae est in mundo.》（しかし、それによって善が認識される楽園の木は、イエスであり、この世界にある彼の知識である。[386]）『知恵の寓喩 *Allegoriae Sapientum*』には《Inde <i. e. ex arbore> enim Sapientia surgit》（そこから〔つまりその木から〕知恵が出てくる）と述べられている。[387]

錬金術にも、木に関する同じような表象がある。錬金術が人間を「倒立した木 arbor inversa」として捉えていることは、すでに見てきた。それはカバラと共通の見解である。『ラビ・エリエゼルの聖なる諸章 *Pirkê R. Elieser*』には、次のように述べられている。「ゼヒラ Zehira 師はこう教える。彼は『木の実りについて』語っているが、木のそれについてではなく、人間のそれについてである。人間は

382 **原註**221　Kautzsch, *Apokryphen und Pseudepigraphen des Alten Testaments*, II, p. 256.

383 **エイレナイオス**　一三〇年頃～二〇二年。最初期のキリスト教の教父で、『異端反駁』を著しキリスト教を強力に擁護しようとした。「異端」のなかにはグノーシス派も含まれていて、彼らの信仰、神話、儀礼の内容などが詳細に報告されており、ヒッポリュトスの『全異端反駁』と並んでこの領域での貴重な資料となっている。

384 **バルベロ派**　グノーシス主義者の一派。原初に単一の至高神「見えざる処女の霊」があり、そこから父なる霊とその思考であるバルベロに分化していったとする。バルベロは万物の胎で、両性具有の聖霊である。

385 [*Contra omnes haereses*, I, 29, 3] アダマス adamas は diamond と同根で、「征服し得ないもの」「断固たるもの」を意味するギリシア語が起源。堅固なもの、硬いものを表す。

386 **原註**222　Hegemonius, *Acta Archelai*, ed. Ch. H. Beeson, 1906, p. 18, Z. 15ff.

387 **原註**223　*Alleg. Sap. Supra libr. Turbae*, *Theatr. Chem.*, 1622, V, p. 68.

388 **原註**224　R. David Ganz, *Chronologia Sacro-Profana*, 1644. このなかに《Pirke vel capitula R. Elieser. Ex Haebraeo in Latinum translata per Guilielmum Henricum Vorstium》が含まれている。この格言集は七世紀から八世紀のもので、ラビのエリエゼル〔Eliezer ben

木に似ている」(qui similis est arbori)[388]。グノーシス派のユスティノス Justin-Gnosis においては、エデンの園の木々は天使であり、生命の木は父の第三の天使バルク Baruch[389]、善悪の知恵の木は母の第三の天使ナアス Naas である[390]。このように木の魂を男性像と女性像とに分けることは、木の生命原理である錬金術的メルクリウスに符合する。なぜなら、彼には、両性具有者 Hermaphroditus として二重性があるからである[391]。幹が女の姿で描かれていた前述の『パンドラ』の挿画は、知恵という性格をその一部に持つ女性的役まわりのメルクリウスを示唆している。たとえそれが、セネックス Senex(老人)ないしはヘルメス・トリスメギストスの姿で具象化される男性的側面の一部でもあるとしても。

Hyrcanus」は二世紀の人である。

389 **バルク** ナグ・ハマディ文書の一つ「バルクの書」によれば、宇宙には三つの始原があった。至高の男性的始原「善なる者」、デミウルゴスとなる男性的始原「万物の父エロヒム」、そして女性的始原「万物の母エデン」である。エロヒムとエデンの欲情から父の一二天使と母の一二天使が生まれ、楽園を構成する。彼らは木と呼ばれていた。父の第三の天使が生命の木に相当するバルクで、救済の導き手となり、母の第三の天使が知恵の木に相当するナアス(「蛇」の意)で、悪の起源となる。

390 **原註225** Hippolytus, *Elenchos*, V, 26, 6, p. 127. ナアスつまり蛇は拝蛇派の第一質料であり、タレス Thales の水[タレスによれば「万物の根元(アルケー)は水である」]と同様、「湿った物質」である。それは万物の基礎をなしており、いっさいを含む。それは、エデンの川のように四つの源に分かれている(l. c., V, 9, 13ff.)。

391 **原註226** 以下を見よ。*Symbolik des Geistes*, p. 103ff. [*Der Geist Mercurius*, *GW* 13, paragr. 268 ff.]

第一四章　石としての木

木と人間は錬金術の中心的な象徴だが、第一質料 prima materia にして最終質料 ultima materia という二重の意味を持つラピスもやはりそうである。すでに述べたように、『寓喩』では次のように言われている。《Item planta hanc arborem super lapidem, ne ventorum cursus timeat》［同様に、この木を石の上に植えよ。それが風の吹きつけるのを恐れないように］云々。これは、「マタイによる福音書」七章二六節以下を、すなわち雨が降り風が吹いて倒壊した砂上の家を暗示しているように思われる。それゆえ、まさにこの石は何よりもまず、ほんものの第一質料における確かな基盤と解せるだろう。しかし、ここでの文脈には、先行する二文[392]から明らかなように、石の象徴的意味が示されている。

「第一質料は aqua unctuosa（油性の水）であり、そこから枝が無限に増殖する哲学の石である」[393]。ここでは石自体が木であると、そして「湿った物質」（グノーシス派で言う、水性の存在 ὑγρὰ οὐσία）ないしは「油性の水」（水と油は混じらない！）であると理解されている。油性の水は、二重のメルクリウス

392　**原註227**　［同様に、この木を石の上に植えよ。それが風の吹きつけるのを恐れないように］－《Item accipe sapientiam vi intensissima [m] et ex ea vitam hauries aeternam, donec tuus 〈lapis〉 congeletur, ac tua pigredo exeat, tunc inde vita fit.》［それゆえ、全力で知恵を捉えよ。そうすれば、汝の〔石〕が固まり汝の怠惰が消え去るに至るまで、その知恵から永遠の生命が創造できるだろう。そのとき、そのなかから生命が生まれるだろう］ *Theatr. Chem.* V, p. 68.

393　**原註228**　私は《rami infiniti multiplicantur》のかわりに《infinite》と読む。Mylius, *Philosophia Reformata*, 1622, p. 260.

Mercurius duplex の二重性や対立性を表す。

同様に、セニオル Senior を注解した『結合の会議 *Consilium Coniugii*』には、次のように書かれている。「かくして賢者の石はそれ自身からなっており、それ自身で完全になる。つまり、それは木である。その枝、葉、実は、木から、木によって、木のために存在していて、木はそれ自身で全体的である。つまり、全体的なもの (tota vel totum) であって、それ以外の何ものでもない」[394]。このように木は石と同じであり、石のように全体性の象徴である。ハインリッヒ・クーンラートはこのように言う。「それ自身によって／それから／それのなかで、それ自身を通して／賢者の石は完全になり、完成される。／それはたった一つのものだからである。(セニオルが言うには) 一本の木と同様である。その根、茎、幹、大枝、小枝、葉／花、実は／それによって／それを通して／それから／それのもとにあり／いっさいが一つの種子に由来する。木はそれ自身ですべてであり／他に木を作れるものはない」[395]。

アラビアの『オスタネスの書 *Buche des Ostanes*』には、さまざまな姿をした秘密物質あるいは水についての記述がある。最初は白の、次に黒の、それから赤の、最後には可燃性の液体になる。もしくは、ペルシアの（とある）石で燃える火になる。この文書は次のように続く。

C'est un arbre qui pousse sur les pics des montagnes; c'est un jeune homme né en

394　原註229　*Cons. Coniug.* [in: *Ars Chem.*,] 1566, p. 160.

395　原註230　*Confessio* [in: *Von hyl. Chaos*,] 1597, p. 20f.

Egypte; c'est un prince sorti de l'Andalousie, qui veut le tourment des chercheurs. Il a tué leurs chefs ... Les savants sont impuissants à le combattre. Je ne vois contre lui d'autre arme que la résignation, d'autre destrier que la science, d'autre bouclier que l'intelligence. Si le chercheur se trouve vis-à-vis de lui avec ces trois armes et qu'il le tue, il redeviendra vivant après sa mort, il perdra tout pouvoir contre lui et il donnera au chercheur la plus haute puissance, en sorte que celui-ci arrivera au but de ses désirs.[396]

この一文が入っている章は、次の言葉ではじまっている。《Le Sage a dit: Ce qu'il faut d'abord à l'étudiant, c'est qu'il connaisse *la pierre*, objet des aspirations des Anciens.》［賢者は言った。学徒に何よりも必要なのは、かの石について知ること、いにしえの人々の熱望の的について知ることである、と］。水、木、若いエジプト人、アンダルシアの王子は、石とつながりがある。水、木、人間は、ここではラピスの同義語となっている。王子は、じつのところさらに詳細な解明が必要な、意義深い象徴である。つまり、ここは、『ギルガメッシュ叙事詩[397]』で私たちがすでに出会ったことのある元型的モチーフと響き合っているように感じられるのだ。あのなかにはエンキドゥが登場する。地下的な人間でありギルガメッシュの影である彼は、侮辱を受けたイシュタルのたくらみでギルガメッシュを滅ぼすべく神々の手で創られた――《il veut le tourment des chercheurs》［彼

396　**原註231**　Berthelot, *Chimie au Moyen Age*, 1893, T. III, p. 117.［それは山頂に育つ木である。それはエジプト生まれの若い男である。それはアンダルシア出身で、探求者たちへの責め苦を望む王子である。彼は彼らの導き手たちを殺した。……学者たちには、彼を打ち負かす力がない。私は彼に対して、忍従以外の武器を知らない。科学以外の軍馬を知らない。悟性以外の盾を知らない。探求者がこれら三つの武器で対抗して彼を殺せば、彼は死後に再び生き返るだろう。彼は探求者を凌ぐ力をすべて失い、探求者に最高の力を授けるだろう。その結果、探求者は自分の望む目標に達するだろう］

397　**『ギルガメッシュ叙事詩』**　バビロニアの英雄譚。ギルガメッシュ大王の冒険が語られる。彼は宿敵エンキドゥと死闘を繰り広げるが、それを通じてよき友となり、ともに怪物フンババ退治に挑む。後には、傷ついて死んだエンキドゥを再生させるための薬草を探す旅に出る。

「王子」は探求者たちへの責め苦を望む」。彼は彼らの敵であり、彼らの「導き手たち chefs」、つまり師と権威者を殺した。

この敵対的なラピスというモチーフは、『知恵の寓喩』では次のように表現されている。《Nisi lapis tuus fuerit inimicus ad optatum non pervenies.》[398] この敵は、悪意ある竜ないし火を吐く竜として、あるいはライオンとして、錬金術のなかでは至るところに姿を現す。ライオンは足を切り落とされないといけない[399]。竜は殺されるか、さもなければみずからを殺したり食い尽くしたりするのでなければならない。それは偽デモクリトス[400]の原理「自然は自然を克服する」[401]に従っている。

こうした権威者の殺害については、『パンドラ』のなかの怪しげな絵を思い起こさないわけにはいかない[402]。メルジーネが槍でキリストの脇腹を刺している絵である。このメルジーネはグノーシス派[403]のエデムにあたり、メルクリウスの女性的側面を表している。つまり、楽園で蛇として人祖を誘惑した女性的なヌース［理智］（拝蛇派の言うナアス）[404]である。これの類例としては、先に言及した錬金術師アリストテレスからの引用箇所がある。「……その実を集めよ。その木の実は私たちを暗黒へ導き、暗黒を通り抜けさせたのだから」[405]。この指示は、聖書と教会の権威に対して明らかに異議を唱えている。そうした伝統に対する意識的な対立を感じていた者でなければこのような発言はできない、と考えなければなるまい。

『ギルガメッシュ叙事詩』との関連は、その点、オスタネスがペルシア人であ

398 **原註232** 「汝の石が敵（でない）なら、汝は望みの（目標）まで達しないだろう」*Theatr. Chem.*, 1622, V, p. 67.

399 **原註233** これに相当する挿画が以下にある。*Pandora*, 1588, p. 227. ［以下に転載してある。*Psychologie und Alchemie*, Abb. 4］

400 **偽デモクリトス** 前二五〇年頃。自然の感化能力を説明する『自然学と神秘学』などを著す。**原註234**にあげられている格言がつとに有名。

401 **原註234** 《ἡ γὰρ φύσις τὴν φύσιν τέρπει καὶ ἡ φύσις τὴν φύσιν κρατεῖ καὶ ἡ φύσις τὴν φύσιν νικᾷ.》［自然は自然を享受し、自然は自然を克服し、自然は自然を制圧する］Berthelot, *Alch. Grecs*, I, III, 12.

402 **原註235** p. 249. この絵は以下の拙著に転載してある。*Paracelsica*, 1942, p. 99. ［*Paracelsus als geistige Erscheinung*, *GW* 13, Abb. 5］

403 **エデム Edem** 『エッダ』に登場する人祖のひとり。

404 **拝蛇派のナアス** ナアスは救済者としての蛇。拝蛇派（オフィス派）の神話によれば、物質世界の創造者にすぎないデミウルゴスを至高神だと信じ込んでエデンの園に幽閉されている人祖を哀れんだ「名もなき神」（真の至高神）は、人祖にグノーシスを与えて救済するためにナアスを遣わし、知恵の木の実を食べるよう仕向けた。

りアレクサンダー大王と同時代人であると見なされているため、興味深くないはずがない。エンキドゥの、およびアンダルシアの王子やラピスの（初期の）敵対性に関するさらなる類例として、一般にハディル Chadir の伝説[406]があげられる。アラーの使者であるハディルは、はじめにその悪行によってモーゼを恐れさせる。ヴィジョン体験ないしは象徴的な教訓話と捉えるなら、この伝説は、一方ではモーゼと彼の影、つまり従者ヨシュア・ベン・ヌーン Josua ben Nûn との関係を、他方ではモーゼと自己、つまりハディルとの関係を語っている。[407]後者も、ラピスおよびその同義語に相当する。これは心理学的には次のようなことを意味する。すなわち、自己との最初の出会いは、まったくもって否定的な性質を示しうる。それは無意識との不意の衝突にあっては、ほぼつねに特徴的なことなのである。[408]それがはらんでいる危険は、無意識的なものの致命的な氾濫の可能性という点にあり、それは悪くすると、つまり意識が知的にも道徳的［精神的］にも無意識内容の侵入を受けとめることができないと、精神病性のものとなる。

405　**原註236**　［*Tractatus Aristotelis alchymistae ad Alexandrum* in:］ *Theatr. Chem.*, 1622, V, p. 883.

406　**原註237**　『コーラン』一八章。［アル・ハディルは「緑の人」と呼ばれるアラーの天使で、アラーから逆説に満ちた神的な知恵を伝授されている。モーゼと従者ヨシュア・ベン・ヌーンは旅の途中でハディルに行き会う。ハディルは一見、非情なふるまいをして、モーゼの信仰の深さと辛抱強さを試す］

407　**原註238**　以下にある私の分析を参照せよ。*Über Wiedergeburt.* (*Gestalt. d. Unbew. Psych. Abh.* VII, p. 73ff.) ［*GW* 9/I, paragr. 240ff.］［ヨシュア・ベン・ヌーンはムーサー（モーゼ）の旅の従者で、「ヌーンの子、ヨシュア」を意味する。ユングによれば、この愚かな従者は、ヌーン（魚の名前）の血を引くことからしても、下なる劣等な存在として位置づけられている］

408　**原註239**　以下にある私の論述を見てもらいたい。*Aion*, p. 22ff. ［*GW* 9/II, paragr. 240ff.］

第一五章　業の危険性

『立昇る曙光』は、術師を脅かす危険性に関して次のように言う。「賢者たちの教えを理解していない」多くの者が、「精神的［霊的］な洞察に欠けていたため、みずからの無知ゆえに破滅した」[409]。テオバルド・デ・ホゲランデ Theobald de Hoghelande は、次のように見ている。「この術はその全体が、当然ながら困難で危険だと捉えられている。無分別でない者なら誰でも、きわめて有害なものとして避けようとするだろう」[410]。アエギディウス・デ・ワディス Ägidius de Vadis も同様に感じて、こう言っている。「私は、そこで作業をする人々の大多数を混乱させるこの科学については黙っておく。というのも、（その目的のものを）見つける者はまったく稀なのに、それによって破滅に陥る者は無数にいるからである」[411]。いにしえのハリュ Haly は次のように言う（Libr. Secr. Alch. c. 7)。《Lapis noster est vita ei qui ipsum scit et eius factum: et qui nesciverit et non fecit, et non certificabitur[412] quando nascetur, aut putabit alium lapidem, iam paravit se morti.[413]》そこでは中毒[414]や爆発の危険だけが問題とされているわけではないことが、同じ著

409　**原註240**　《...Quam multi non intelligunt dicta sapientum, hi perierunt propter eorum insipientiam, quia caruerunt intellectu apirituali.》（*Aurora Consurgens* I in: Hoh. Rhenanus, *Harmoniae imperscrutabilis chymo-philosophicae Decades*,1625, p. 192.[Hg. M. - L. v. Franz, p. 100, 101].《Hoc est ergo magnum signum, in cuius investigatione nonnulli perierunt.》［つまり、これは、その研究において少なからぬ人々が破滅したという大きな証拠である］（*Rosarium Philosophorum* in: *Art. Aurif.*, Vol. Duo, 1593, II, p. 264)《Scitote sapientiae investigatores, quod huius artis fundamentum, propter quod multi perierunt, unum quidem esse omnibus naturis fortius et sublimius...》［汝ら，知恵の探求者たちよ。そのために多くの者が破滅したこの術の基盤が、すなわち他のどんなものよりも強く崇高なそれであると知れ］（*Turba Phil.* in: *Art. Aurif.*, I, p. 83)

410　**原註241**　［*De Alch. diff.* in:］*Theatr. Chem.*, 1602, I, p. 146.

411　**原註242**　*Dialogus inter Naturam et Filium Philosophorum* in: *Theatr. Chem.*, 1602, II, p. 117.

412　**原註243**　certificare = 確信を与える。Du Cange, *Glossarium Med. et Inf. Lat.*, 1733, s. v. certificatio.

413　**原註244**　「われらの石は、それを知ってい

者の発言からわかる。それは明らかに、精神面での合併症が起きる危険があることを教えている。《Cautus sit in diaboli illusionibus dignoscendis et praecavendis, qui se chemisticis operationibus saepius immiscet, ut operantes circa vana et inutilia detineat praetermissis naturae operibus.》[415] 彼はアルフィディウス Alphidius を引用して、この危険の根拠としている。そこにはこうある。《Hic lapis a loco gloriosissimo sublimi maximi terroris procedit, qui multos sapientes neci dedit.》[416] 彼はモイセス Moyses からも引証する。「この（変容の）業は、天から現れてくる雲のように不意に生じる」。そして、こう付け加えている（ミクレリス Micreris の引用）。「このプロセス（オプス）を不意に見ると、汝は、驚嘆、怯え、震えに襲われるだろう。それゆえ慎重に操作せよ」[417]。

同様に、『プラトンの四つのものの書 *Liber Platonis Quartorum*』も、悪魔的な諸力による危険にこう言及している。「調製［調剤］の期間中は、ある種の霊たちが作業の邪魔をするときもあるし、そうした邪魔がないときもある」[418]。オリュンピオドロス Olympiodor（六世紀）はこのことをいちばんはっきりと述べている。「そして、悪魔であるオフィウコス Ophiuchos はそこに不注意を流し込み、私たちを目指すものから遠ざからせ、内外の至るところを這い回らせたり、中断や不安や準備不足を生じさせたりする。あるいは、（私たちの）試みのなかで不幸や損害を引き起こして、私たちを遠くへ追いやろうとすることもある」[419]。彼はまた、鉛には人を狂わせる悪魔が取り憑いているとも述べている[420]。

414

る者、それの製造方法を知っている者にとっては、生命［生］である。それを知らず製造したこともなく、（その石が）できても確信がない者、つまりちがう石だと思ってしまう者は、すでに死の準備をしていることになる」（Hoghelande, l. c. in: *Theatr. Chem.*, 1602, I, p. 204）

原註245　この危険はよく知られていた。『立ち昇る曙光』には《odores et vapores mali mentem laborantis inficientes》［実験者の精神を汚染する不快な臭気や蒸気］について述べてある（l. c., p. 179）。ただし、特徴的なことに、危険にさらされるのは実験者の精神である。《〈Opus〉 propter igneos, sulphureosque quos secum adfert halitus, periculosissimum.》［〔この作業は〕それのもたらす、火のごとき硫黄質の蒸気ゆえに、非常に危険である。］（Johannes Dee Londinensis, *Monas Hieroglyphica* in: *Theatr. Chem.*, 1602, II, p. 222）《〈Aqua divina:〉 do plagam in faciem suam: id est, laesionem, quae edentatos facit, et multas infirmitates generat per fumum.》［私〔神の水〕は彼の顔を殴りつける。つまり、歯を失わせたり蒸気で多くの苦悩を引き起こしたりするような傷を与える］（*Rosinus ad Sarratantam* in: *Art. aurif.*, Vol. Duo, 1593, I, p. 293）彼らは水銀中毒を知っていたものと思われる。《A principio lapis est sicut toxicum mortificans.》

錬金術師が期待したり経験したりした石や奇跡は、きわめてヌミノースな重大事件だったにちがいない。だから、その秘密に対する彼らの畏れや、それが世俗化されるかもしれないということへの恐れもわかる。ホゲランデは言う。《Nomen lapidis patefacere nemo potest sub animae suae condemnation, quia coram Deo rationem reddere non posset.》[421] この確信は、真剣に受けとめるべきである。彼の論説『錬金術の諸困難について *De Alchemiae difficultatibus*』は、誠実で理性的な人物の手になるものであり、他の諸論説、とりわけルリウスの論説の大言壮語な非開化主義とはまったくちがう。石の「千の名前 mille nomina」のうち彼がどれを明かしたくないのかははっきりしない。かの石はまさに、錬金術の大きな困難である。なにしろ、それは一度も作られたことがなかったのだから。それゆえ誰ひとり、それが実際にはいかなるものであるか言明することはできなかった。なぜかといえば――これはまずまちがいないと思われるのだが――その石が心的な経験であるからだ。繰り返し表明されてきた精神障害に対する不安の根拠もそこにある。

私たちの知っているなかで中国最古の錬金術師と思われる二世紀の魏伯陽 Wei Po-Yang[422] は、作業の際の一つの過失が招く危険な成り行きを非常に教訓的に語っている。そして、そのことを簡潔にまとめてから、「真人 chên-yen」について、すなわち真正なる人間ないし完全なる人間について述べている。以下のように、真人は作業のはじまりにして終わりである。《He is and he is not. He resembles a vast pool of water, suddenly sinking and suddenly floating.》[423]（ドルネウスの言う実体的

［もとよりその石は、致命的な毒のごときものである］（Laurentius Ventura, *De Ratione Conficiendi Lapidis* in: *Theatr. Chem.*, 1602, II, p. 293）

415 **原註246** 「彼は注意深く悪魔の欺きに気づき、それを避けるだろう。悪魔は、実験者たちを空虚な役にも立たないことで引きとめて自然の作業をほったらかしにさせようと、しばしば化学的操作のなかに紛れ込む」（l. c., p. 140）

416 **原註247** 「この石は、多くの賢者に死をもたらした、気高く栄光ある、たいへんな恐怖の場所に由来する」（l. c., p. 179）.

417 **原註248** l. c., p. 204.

418 **原註249** *Theatr. Chem.*, 1622, V, p. 141.

419 **原註250** Berthelot, *Alch. Grecs*, II, IV, 28.

420 **原註251** l. c., II, IV, 43, 64.

421 **原註252** 「みずからの魂が劫罰を受ける危険を冒さずして石の名前を明らかにできる者はいない。神の前では釈明などきかないのだから」［l. c., p. 179］

422 **魏伯陽** 後漢時代の人。『周易参同契』の著者。

423 ［以下に出てくる引用文をまとめて訳しておく。「彼は存在し、かつ彼は存在しない。彼は大きな水槽のようなもので、不意に沈み不意に浮かび上がる（Cp. XIX, p. 237）。――……抑制し合っている。彼は天地のはじまり以前から存在しており、高貴さに満

な「真理」veritas[424]に似て）物質的な実体として現れてくる彼［真人］のなかでは、四角いもの、円いもの、直径、数々の次元が混じり合い《and restrain one another. Having been in existence before the beginning of the heavens and the earth: lordly, lordly, high and revered》[425]。つまり、私たちはここでも、西洋の錬金術師たちをめぐって確認してきた、最高度のヌミノース性の痕跡に出会う。

　著者はさらに、壁で囲まれて全面的に閉ざされている領域［真人］のことを語る。その内部は、相互に連絡し合った迷路でできている。《The protection is so complete as to turn back all that is devilish and undesirable.》この状態においては、（どうせ決まりきった方向にしか動かない）考えを止めるのが望ましく《and worries are preposterous》。「神聖な気 ch'i（エーテル的な精髄）が諸区画（おそらく、その内的領域の諸区画）を満たす。その気は押しとどめてはおけない。それをつねに押しとどめておける者は栄え、それを空費する者は身を滅ぼす」。すなわち、後者は「誤った方法」を用いるだろう。つまり、彼は何ごとにつけても恒星と惑星の経路に従い、自分の生を太陽の経路により方向づけるだろう。別の言葉で言えば、中国的な諸概念によって理性的に秩序づけられた生を送るだろう。しかし、陰（女性的なもの）のタオ［道］Tao は、そのことにまったく賛同しない。つまり、私たちの言葉で言うなら、無意識は意識の方向づけ原理と一致しない（無意識は男性においては女性的な特徴を持つ）。もしも術師がそれ以降、自分の生を伝統的な理性を旨とする規範に合わせるなら、彼は危険のなかに入り込む。

ち満ちて、気高く、崇敬されている（l. c., p. 238）。——その守りは、悪魔的な望ましくないことをまったく寄せつけないくらい完全である。あれこれ心配するのはばかげている（Cp. XX, p. 238）。——その黒い塊には災いが待っているだろう（Cp. XXI, p. 238）」

424　**原註253**　*Aion*, p. 235ff., 249f.［ドルネウスの言う veritas はアルカヌムを指す］

425　**原註254**　Lu-Ch'Iang Wu and Tenney L. Davis, *An Ancient Chinese Treatise on Alchemy entitled Ts'an T'ung Ch'i*（紀元一四二年頃の魏伯陽の著書［『周易参同契』］）, Isis XVIII, p. 237ff.

《disaster will come to the black mass.》この「黒い塊」とは、「混沌塊 massa confusa」、西洋錬金術で言う「カオス」と「ニグレド nigredo」を指す。つまり、鉛のような、外側が黒くて内側が白い第一質料である。それは、暗闇に隠された真人、理性的で正しい生の秩序に脅かされている全体的な人間、すなわちそれによって個性化が妨げられているか道をはずれるかしている全体的な人間である。気、第五元素（ヨーロッパの錬金術における薔薇色の血）は、「押しとどめて」はおけない。つまり、自己は強引に顕現しようとし、意識を圧倒しそうになる。[426] このことは重大な結果をもたらす。この危険は、西洋の熟達者にはとりわけ大きい。というのも、キリストのまねび imitatio Christi のなかでの、そしてまたそれを通しての歴史教育が、キリストに倣って魂の実体ないし薔薇色の血を滲出させることが自身の課題であるとまで思わせるからである。言い換えれば、顕現しようとする自己がつきつけてくるのは過大な要求であるのに、彼はそういう点には頓着せず、自己の要求を実現することが道徳的［精神的］な責務だと感じてしまう。つまり彼からすれば神が、ということはこの「自己犠牲」という至高の道徳的［精神的］原理が、まさに彼に要求をしてきているように思われるのだ。実際、人間がこうした圧迫に抗うことなく従って身を滅ぼすならば、それは一つの自己犠牲、まぎれもない自己の供儀 θυσία となる。というのは、そうなると、みずからの容器になるはずだった人間を破滅させることで、自己も勝負を落としてしまうからである。この中国の師が非常に正しく気づいているように、社会的な生以外のこ

426 原註255　これに関する詳細は以下を見よ。*Aion*, p. 45f. [*GW* 9/II, paragr. 45]

と、つまり無意識の統合、個性化が問題となっているときにまで、伝統的、道徳的、理性的な原理を伴う意識的な生の秩序が貫かれると、こうした危険が生じる。

ところで、魏伯陽は、生理学的および心理学的な続発症状を徹底的に記述している。「消化ガスが胃と腸のなかで雑音を生ぜしめる。人は正しい精髄（気）を吐き出し、悪いそれを吸い込む。眠れないまま、昼と夜とが何か月も過ぎる。身体は疲弊し、気がふれたと見なしうる根拠が現れてくる。頻脈で安定せず、非常に激しく煮えたぎりはじめるため、精神と身体はもはや調和を見出せなくなる」。たとえ、（意識にある道徳に従って）「寺院を建てたり、そこに熱心にこもって、朝な夕なに祭壇に供物を持っていっても」、やはり効果はない。「亡霊のようなものたちが彼の前に現れ、彼は夢のなかでまでそれらを讃美する。彼はそのことを歓喜し、それによって長寿を保証されたと思い込みたい誘惑にやられる[427]。しかし、彼は突然、早すぎる死に襲われる」。この著者は、「一つのわずかな誤りがこのように大きな不幸へと導く」という教訓を添えている。西洋の錬金術には、この洞察がそこまで深くは染みわたっていない。それでも、作業にまつわる微妙な危険の数々は意識しており、熟達者の知性ばかりか道徳的［精神的］特質にもなにがしか高度なものが要求されることは知っている。それゆえ、クリスティアン・ローゼンクロイツ Christian Rosecreutz[428]は、王族の結婚式への招待の場面で次のように述べている。

427　**原註256**　これらは典型的なインフレーションの症状である。ある名の知れた人が、自分はおおいに長生きするだろう、少なくとも一五〇年は、と私に請け合った。翌年に彼は亡くなった。このインフレーションは素人目にも明らかなものだった。

428　**クリスティアン・ローゼンクロイツ**　ヨハン・ヴァレンティン・アンドレーエが著した『化学の結婚』の主人公にして、著者自身の偽名（筆名）。註364を参照のこと。

警戒を怠らず、
汝自身をじっと見つめよ、
念入りに入浴しておかなければ、
この結婚式は汝に災いをなすかもしれない。
ここで遅れをとる者には災いがある、
軽はずみな者には気をつけさせよ。[429]

『化学の結婚』で起きるできごとからわかるように、ここでは、王族のペアの変容と結合だけでなく、それと並行して進む熟達者の個性化も問題となっている。影やアニマとの合一は、たしかに軽々しくは引き受けられない難事である。その際には対立の問題が現れてくるが、この投げかけられた問いに答えることが不能性であるがゆえに、補償的な元型的内容が布置される。すなわち、ヌミノースな経験に至ることになるのである。後に私たちがコンプレックス心理学[430]のなかでようやく発見したことについて、錬金術は、その知性の持っている手段が限られていたにもかかわらず、ずっと昔から「象徴的に」symbolice はっきり認識していた。ラウレンティウス・ウェントゥラは、この洞察を次のようなわずかな言葉で表現した。《<Operis perfectio> Non est enim in potestate artificis, sed cui vult ipse Deus clementissimus largitur. Et in hoc puncto totum est periculum.[431]》これに関して、おそらく《clementissimus》［善意の者たちの］という言いまわし

429　原註257　*Chymische Hochzeit*, 1616, p.3.
430　**コンプレックス心理学**　ユングが創始した心理学体系の別名。
431　原註258　「［作業の成就は］熟達者の力によるのではない。善意の者たちの神が、自身のこれと思う者に力を与えるのだ。そして、危険のすべてはこの点にもとづいている」（［*De Rat. Conf. Lap.* in:］*Theatr. Chem.*, 1602, II, p.338. Erste Ausgabe, Basileae 1571）

は厄祓いの婉曲語として用いる必要があったことを注釈しておこう。

第一六章　防御手段としての悟性

熟達者を脅かす危険について詳述したところで、もう一度、あのオスタネスの文書に戻ろう。熟達者たちは、アンダルシアの王子の姿をしたラピスには抵抗できないことを知っている。はじめのうち、ラピスは彼らより強く見える。しかも、この文書には、彼らがわずか三つの武器、つまり、第一に「忍従」、次いで「軍馬」としての「科学」、「盾」としての悟性［理解］しか持たない、とある。この言明から、彼らが一方では無抵抗 non-resistance という方策を適切と捉えていたこと、他方では知識や知性、あるいは悟性に避難場所を求めていたことがわかる。ラピスの威力は、次の格言から確認できる。《Philosophus non est Magister lapidis, sed potius minister.》[432] つまり、明らかにこの威力には服従することが重要である。ただし、とっておいた悟性という手段を携えての服従が。それがあれば、熟達者は最終的にこの支配者を殺すことができる。熟達者たちはみずからの知識にもとづいて、その克服不能と思われるものを理解し、それによってその呪縛を破ることを目指さざるをえなかった、と思ってまちがいないだろう。これは、ある有名

432 **原註259**　「哲学者は石の主人ではなく、むしろそれに仕える者である」［*Ros. Phil.* in: *Art. Aurif.*, II, p. 356］

なメルヘンのモチーフになっている（「ルンペルシュティルツヒェン」[433]）だけでなく、秘密の名前を言い当てた者はその名前を持つ者に勝る力を得るという、非常に古くからある原始的な信念でもある。心理療法において、難攻不落に見える神経症的諸症状が、その根底にある内容の意識化と理解（および経験）によってしばしば無害化されることは、よく知られた事実である。それまでその症状を維持してきたエネルギーがもう意識の意のままに使えるようになったら、それが一方では生命感の増加という姿をとって現れ、他方では無用な抑制やその他の諸障害の軽減ないし消失という姿で現れるのは、もっともなことである。

オスタネスの文書を理解したければ、この種の諸経験について考えなければならない。それらは、まさにそれまで無意識的だったヌミノースな内容が、自発的にであれある方法によってであれ何らかの仕方で意識に現れてくるところなら、どこにでも生じる。

魔術の諸文献がいつもそうであるように、オスタネスの文書でも、拘束された悪魔の力は完全に熟達者に移ると想定している。そのように考えたいという誘惑には、現代人の意識もほとんど抵抗できない。そのため人は、洞察によって心的内容を完全に「片づける」ことができると思いたがる。しかしながら、いずれにせよ、それはあまり重要でない内容に関していくらか当たっているにすぎない。ヌミノースな観念複合体《コンプレックス》にその姿を変えさせることはできるとしても、いろいろなかたちでみずからを表現しうるそのヌミノースな内容が、まったく無効なも

433　ルンペルシュティルツヒェン Rumpelstilzchen『グリム』KHM55。

のになるという意味で消失することはない。つまり、それは自律性を持っており、抑圧されたり体系的に無視されたりすれば、否定的な兆候をもって、すなわち破壊的な兆候をもって、どこか別の場所に再び姿を現す。魔術師が自分に仕えているものと思い込んでいる悪魔は、しかし最後には彼を虜にする。すなわち、悪魔を自分の目的のために使い魔 familiaris として利用しようとしても、割が合わない。それとは反対に、この多義的な像の自律性に対しては「宗教的に」目を離さずにいなければならない。つまり、運命を決める力はそれから出てきているのであって、その力が個性化を強いるのだ。錬金術師たちはこの点に関して、彼らの石に対して率直に神的な特性を付与し、かつ小宇宙にして人間であるものとしてキリストと等価と考えることをためらわなかった――《et in hoc puncto totum est periculum》[434]。自身の魂を破壊する危険があるからといって、このヌーメンを人間の手の届く狭い領域に押し込めようとしてもできないし、するべきでもない。というのも、それは少なくとも人間の意識以上のものであり、また意識を基盤とする意志以上のものでもあるからである。

ときに錬金術師が、無意識によってもたらされた諸象徴を強制的な呪文の言葉として使おうとしがちなように、現代人も逆の目的のために、すなわち無意識的なものを否定するために、よく似たやり方で知的な概念を用いている。あたかも、理性と知性でもって、無意識による自律的な現象を世界から取り除くことができるかのように。滑稽なことに、ある批評家たちは、私が生きている魂を知的な諸

434 ［危険のすべてはこの点にもとづいている］。**原註258を参照せよ。**

概念に置き換えていると信じ込んでいる。私の諸概念が経験的事実にもとづくものであって、ある経験領域に対する名称以外の何ものも表してはいないということを、これらの人々がいかにして見過ごせるのか、私には理解できない。私が引き合いに出している諸事実を示すのを怠っていたのならば、この種の誤解もわからないではない。しかし、私が事実について、そしてほんとうの魂について話していて、哲学的な概念の曲芸をやっているのではない、ということをこれらの批評は故意に見過ごしている。

第一七章　責め苦のモチーフ

　このアラビアの文書は、錬金術師たちが個性化のプロセスをどう経験したか、という現象学に価値ある洞察を与えてくれる。とくに興味深いのは、ラピスが術師に用意している責め苦への言及である。西洋の諸文献にも同様にこのモチーフが現れるが、反対のかたちをとっており、責め苦を受けるのは実験者ではなく、むしろメルクリウス、すなわちラピス－木－王子のほうである。この反転は、術師が、自身が責め苦を受ける者であるにもかかわらず責める側だと思い込んでいる、ということを示唆している。もちろん、そのことを後には意識化する。そのときになって、害を被る作業の危険性を発見したのだ。投影された責め苦の例としては、『ゾシモスのヴィジョン』が特徴的である。[435]『哲学者の群れ』には、「かの歳経た黒い霊をとり、それでもって諸々の物を破壊し責めなさい。[436]それらが変化するまで」[437]とある。別の箇所では、集いに参加しているある哲学者が、「それゆえ、責め苦を受けている物質（cruciata res）がその物のなかに埋め込まれれば、その物は不変で不滅の性質に変わるのです」[438]と答えている。教説一八におけるム

435 **原註260**　これについては、本書[*Von den Wurzeln des Bewusstseins*]で私が詳しく論じているところを見よ。[同書に収められた *Die Visionen des Zosimos*［*GW* 13］を指している]

436 **原註261**　《Diruite et cruciate》

437 **原註262**　*Turba* ed. Ruska. 1931, p. 152.

438 **原註263**　l.c., p. 168.

439 **原註264**　この《applicationes》[Anwendungen 薬]という語は、（秘密）物質と解しうる。この文書中に出てくる《gumma》[「ゴム」]（＝永遠の水 aqua permanens）と同様に。

ンドゥスの答えは、次のように両義的なものである。「そうした薬 Anwendungen[439]を探求し（さらに）あるものを見出しているのに、その責め苦（poenas）[440]に耐えられない者が、いかに多いことでしょうか。そのために、それら（薬）は力が弱まってしまうのです」[441]。

これらの引用から、責め苦という概念が一義的なものではないとわかる。最初の例では、物（corpora）、つまり改善されるべき原料が「責め苦を受ける」。第二の例では、責め苦を受けているものが、「物 res」と呼ばれることの多いかの秘密物質であることが明らかだが、第三の例になると、それは「責め苦」に耐えることができない探究者自身である。この特有の曖昧さは偶然のものではなく、深い基盤がある。

『哲学者の群れ』（のラテン訳版）と時期的に近い諸々の古文書のなかには、『魔法パピルス *Zauberpapyri*』に見られるような様式[442]で記された、恐ろしい処方がある。たとえば、生きた牡鶏の羽根をむしったり[443]、熱い石で人間を干涸らびさせたり[444]、手足を切断したり[445]、といった具合である。そこでは、責め苦が肉体に与えられている。これに対して、同じように古い『ミクレリスの論説 *Tractatus Micreris*』[446]では別のかたちに出会う。そこには、こうあるのだ。創造主が魂を肉体から引き離して、審判にかけ、報いを与えるのと同じように、「私たちもまた、これら私たちに対峙している魂に対して甘言をささやいたり（adulatione uti）[447]、重い罰（poenis、傍注に laboribus とある）を与えたりしなければならない」と。こ

440　原註265　ゾシモスの言う κολάσεις［kolaseis 罰］に相当する。
441　原註266　l.c., p. 127 f.
442　原註267　生きている牡鶏の臓物を取り出すこと。Pap. Graec. CXXII, Brit. Mus. Preisendanz, *Pap. Graecae Mag.*, 1928～31, I, p. 79.
443　原註268　*Allegoriae sup. libr. Turbae* in: *Art. Aurif.*, Vol. Duo, I, p. 140.
444　原註269　l. c. I, p. 139.
445　原註270　*Aenigm. Phil.*, l. c. I, p. 151.
446　原註271　「ミクレリス」Micreris は、おそらく Mercurius という綴りがアラビア語の音訳の際に一部損なわれたものだろう。
447　原註272　アドゥラティオ adulatio とは、王族の結婚式における愛の戯れを示す表現。ここでは、それが魂を「おびき出すこと」に役に立つのである。

こで、この対話のなかの聴き手は、まさに「稀薄」（tenues）で肉体にもはや宿っていない魂をはたして人はこのように扱うだろうか、と疑問を述べている。師は次のように答える。「それ（アニマ［魂］）は、この上なく微細な霊的なもの（tenuissimo spirituali）でもって、つまりそれ自身に似た火のごとき性質のものでもって、責め苦を与えられなければならない（puniri）。すなわち、それの肉体が責め苦を与えられてい（punitum est）ても、それが責め苦を与えられている（puniretur）ことにはならないだろう。その責め苦（cruciatus）はそれには届かないだろう。というのも、それは霊的な性質を持っており、それに触れうるのは霊的なものだけだからである[448]」。

この場合、原料を責め苦にさらすのではなく、そこから魂（アニマ）を先に引き出しておいて霊的な苦難にさらすのでなければならない。「魂」とは通常、秘密物質のことで、秘匿された第一質料か、第一質料を変容させる手段に相当する。すでに見てきたように、ペトルス・ボヌスは、この業の射程について考えをめぐらせた最初の中世錬金術師のうちのひとりだが、彼は次のように言っている。ゲベル Geber[449]がこの業を獲得していくなかで数々の困難に遭遇したように、「やはりわれらも同様に長らく闇に落ち込み（in stuporem adducti）、絶望の覆いの下に隠されていた。われらは、こうしてわれに返って、自分の考えの際限のない熟慮という責め苦で自分自身を苛むことによって、肉体［物］を見つめてきた」。同時に彼はアヴィセンナを引用している。アヴィセンナはこう言った。「われら自

448 **原註**273 In: *Theatr. Chem.*, 1622, V, p. 105.

449 **ゲベル** 八世紀末〜九世紀初頭。アラビア最大の錬金術師、ジャビル・イブン・ハヤン Jābir ibn Hayyān のこと。『マギステリウム完成大全 *Summa perfectionis magisterii*』など、多数の著作がある。一七世紀末までほぼ一〇〇〇年にわたって強い影響力のあった硫黄－水銀理論を広めた。この理論によれば、諸金属は硫黄と水銀の合一によって形成される。その硫黄と水銀が不純なものだったり誤った結合をしていたりすると卑金属になってしまうが、霊薬で治療すれば黄金へと純化できる。ゲベルはまた、諸金属には相互に補償的な内的性質と外的性質があるとも考えていた。

身を通して（per nos ipsos）、この操作（ソルティオ［溶解］solutio）を見出すこと」が欠かせない。「これらのことは、われらには実験前にわかっていた。（詳しく言うと）細部にわたる集中的な長い熟慮の結果わかっていたのである」[450]。

ボヌスは責め苦を探求者に移す。その痛みに満ちた思索の苦しみを彼は強調する。それによって彼は正鵠を射ている。というのも、錬金術の特異で最も意義深い諸発見は、みずからの心的過程の黙想から生まれているからである。この心的過程は、それ自身の元型的な諸形象を化学物質に投影し、それによって数々の法外な可能性があるように感じさせる。その成果と同じ内容が前もってわかっていたことは、多くの者が認めている。たとえばドルネウスも「誰であれ死すべき者は、前もって神の光に照らされているのでなければ、この業を理解することができない[451]」と言っているとおりである。

ジョージ・リプリー卿もやはり、次のように物質の責め苦を認識している。《Ignis contra Naturam debet excruciare corpora, ipse est draco violenter comburens, ut ignis inferni.[452]》この著者の場合も、他の多くの著述家たちの場合と同じく、地獄の責め苦の投影にはどう見ても綻びがない。一六、一七世紀の著述家たちになってようやく、ペトルス・ボヌスの洞察が再登場してきた。たとえばドルネウス（一六世紀後半）は、次のように明確に説く。《Unde Sophistae ... ipsum Mercurium varijs torturis persecute sunt, aliqui sublimationibus, coagulationibus, praecipitationibus, mercurialibus aquis fortibus, etc. quae omnes erroneae viae vitandae sunt.[453]》ドルネウスは、

450　原註274　Janus Lacinius, *Pretiosa Margarita Novella*, 1546, fol. 45v.［傍点はユングによる］

451　原註275　［*Physica Trismegisti* in:］*Theatr. Chem.*, 1602, I, p. 413.

452　原註276　「自然ならざる火が物に責め苦を与えなければならない。それは、自身が地獄の業火のように激しく燃える竜である」［*Duodecim portarum* in:］*Theatr. Chem.*, 1602, II, p. 128.

453　原註277　「そのため、詭弁家たちは、ありとあらゆる拷問でもってこのメルクリウスを責め立てた。昇華、凝固、沈殿、濃い水銀溶液などで責め立てる者もいた。これらはいずれも、避けるべき誤ったやり方である」［*Congeries Paracelsicae* in:］*Theatr. Chem.*, 1602, I, p. 585.

「『偉大なる』と冠される cognomento Magnus」と揶揄的に添えて、ゲベルやアルベルトゥスもそうした詭弁家に含めている。彼はその著『トリスメギストスの自然学 *Physica Trismegisti*』のなかで以下のように述べて、古くから知られている「黒化」(メラノシス melanosis、ニグレド)が一つの投影であるとも説くのである。《<Hermes> dicit enim a te fugiet omnis obscuritas,[454] non dicit a metallis. Per obscuritatem nihil aliud intelligitur quam tenebrae morborum et aegritudinum corporis atque mentis.》[455]

『立昇る曙光』第一部においては、これと同じ経験が多くの箇所で意味深く表現されている。オスタネスの文書では、他の石のなかに閉じこめられている石に哲学者たちが涙を落とす。すると、その石は涙で湿らされて黒さを失い、真珠のように明るい色になる。[456]『哲学者の薔薇園 *Rosarium Philosophorum*』におけるグラティアヌス Gratianus の引用には、次のようにある。《In Alchimia est quoddam corpus nobile, ... in cuius principio erit miseria cum aceto, sed in fine gaudium cum laetitia》[457]『結合の会議』では、ニグレドがメランコリーと同一視されている。[458]ブラシウス・ウィゲネルスは、サトゥルヌスの鉛についてこう言う。「鉛とは、かの神がそれをもって私たちを悩ませ狂気(resipiscentiam)へと至らせる、責め苦(vexationes)と苦難を意味する」[459]。ここから、この熟達者が、昔から秘密物質と考えられてきた鉛と抑うつの主観的状態との同一性を意識していたことがわかる。同様に、『隠された黄金 *Aurelia Occulta*』のなかの擬人化された第一質料も、同胞であるサトゥルヌスについて、その精神[霊]が《melancholica passione obrutus》[460]

454 **原註278** *Tabula Smaragdina.*

455 **原註279** 「(ヘルメスは)要するに『汝からすべての闇が逃げ去るだろう』と言っているのであって、『金属から』とは言っていない。闇という言葉は、病気の艱難と心身の苦悩としてしか解し得ない」[*Theatr. Chem.*, 1602, I, p. 433]

456 **原註280** Berthelot, *Chimie au Moyen Age* III, p. 118.

457 **原註281** *Art. Aurif.*, 1593, II, p. 278. 「錬金術には、ある高貴な物が存在する。それのはじまりにおいては酸の混じった惨めさが支配するが、それの終わりにおいては喜びと明るさが支配する」

458 **原註282** In: *Ars Chem.*, 1566, p. 125f.

459 **原註283** *De Igne et Sale* in: *Theatr. Chem.*, 1661, VI, p. 76.

460 **原註284** *Theatr. Chem.*, 1613, IV, p. 573. 「メランコリーの苦悩に襲われる」

と語っている。

責め苦や悲嘆のモチーフがこれほど大きな役割を演じる状況下では、木がキリストの十字架と結びつけられても不思議はない。この類比は、あの十字架の材が楽園の木だったという伝説が昔からあったことを承けたものである。[461] 同様に、十字架をその象徴とする四位一体性[462]も、このつながりに寄与していた。というのも木は、それ自身が四要素を一つにするプロセスを表すという事実ゆえに、すでに四者性の特質を備えているからである。木の四位一体性は、キリスト教の時代以前に遡る。それはたとえば、黄金、銀、鋼鉄、鉄合金の四本の枝を持つ木というツァラトゥストラのヴィジョン[463]にすでに見出せる。[464] このイメージが、金属の木 arbor metallorum という後の錬金術的観念に再登場し、今度はキリストの十字架の類例とされた。だからこそ、『リプラエウスの古歌 *Cantilena Riplaei*』では、キリストの木 arbor Christi[465] の助けによる王の更新が生じているのだ。これはもちろん磔のことを指す。別の箇所では、それが（王家の）ペアになっている。つまり、合一と再生を目指して磔になる、至高の対立し合うものである。キリストが語ったのと同じように、リプリーはこう描写している。《si exaltatus fuero, omnia ad me traham. Ad eo tempore, quo partes sunt desponsatae, quae sunt crucifixae et exanimatae contumulantur simul mas et foemina et postea revivificantur spiritu vitae》（「私が［高みに］上げられたら、私は万人を私のもとに招き寄せるだろう。十字架にかけられ命を奪われた者同士が結ばれたなら、それ以降、男女はともに埋葬され、しかる

461　**原註285**　Zöckler, *Das Kreuz Christi*, 1875, p. 5. および、とくに C. Beold, *Die Schatzhöhle*, 1883, p. 35.

462　**原註286**　Joannes Dee, *Monas Hieroglyphica* in: *Theatr. Chem.*, 1602, II, p. 219.

463　**ツァラトゥストラのヴィジョン**　ツァラトゥストラは「ゾロアスター」のドイツ語読み。あるとき、ゾロアスターが至高の善神アフラ・マズダに不死を願ったところ、神は彼にこの木のヴィジョンを見せた。その四つの枝はこれから来る四つの時代を表すもので、四本目の鉄合金の時代には悪魔族が支配することになるというのであった。ついでゾロアスターは、世の終末についての啓示を受ける。

464　**原註287**　これについては以下を参照。Reitzenstein und Schaeder, *Studien zum antiken Synkretismus aus Iran und Griechenland*, 1926, p. 45.

465　**原註288**　*Opp. Omnia Chemica*, 1649, p. 421ff. また、以下にある、更新の浴槽のなかの樫の木も参照せよ。Bernardus Trevisanus, *Von der Hermatischen Philosophia*, Straßburg, 1574, IV. Teil.

後に生命の霊によって生き返ることになるだろう」）[466] と。ドルネウスにおいても、その著『思弁哲学 *Speculativa Philosophia*』の宗教心理学的に非常に興味深い箇所で、木が変容の象徴として現れてくる。《<Deus> conclusit angelo gladium irae suae de manibus eripere, cuius loco tridentem hamum substituit aureum, gladio ad arborem suspenso: et sic mutata est ira Dei in amorem》云々[467]、と。「黙示録」一章一六節（《gladius utraque parte acutus》「鋭い両刃の剣」）によると、ロゴスとしてのキリストは両刃の剣であり、そこでは神の怒りを表している。

466 **原註289** G. Riplaei, *Opp.*, 1649, p. 81.

467 **原註290** *Theatr. Chem.*, 1602, I, p. 284.「（神は）みずからの怒りの剣をかの天使の手から取り上げることを決意した。そして、その剣を一本の木にかけてから、そこに黄金の三叉の釣り針を置いた。かくして、神の怒りは愛に変容した」

第一八章　責め苦と結合問題との関係

今、引用した一文における釣り針は、キリストと関係がある。というのも、この父なる神の中世的寓喩は、彼が十字架にかけられている者 Crucifixus を餌としてレヴィアタンを捕らえることを表していたからである。黄金の三叉なるものは、三位一体を暗示する。ここでの黄金は、錬金術的な暗示としても登場している。この特異な寓喩における神の変容の観念がそもそも錬金術の神秘といかに深い関係にあるか、を示しているのだ。神が釣り針を投げるという観念は、マニ教[468]に起源を持つ。すなわち、神は、闇の諸力を捕まえるために原人間を餌として投じた。この原人間は「心 Psyche」と称され、ボストラのティトゥス Titus von Bostra においては ψυχὴ ἁπάντων（世界魂）と呼ばれる。[469] ここでの心は集合的無意識に相当し、ひとりの原人間により単一のものとして表現されている。

この観念複合体は、エイレナイオス『異端反駁 *Adversus Haereses*』I 4 にあるソフィア‐アカモートというグノーシス的観念と密かにつながっている。そこにはこうある。「上なるソフィアのエンテュメーシス ἐνθύμησις（想い、考え）

468　**マニ教**　ササン朝ペルシアのマニ（二一〇年～二七五年頃）を開祖とするグノーシス的宗教。ユダヤ教、キリスト教、ゾロアスター教、グノーシス主義などの流れを汲んでいる。かつてはユーラシア大陸で広く信仰されたが、消滅したとされる。

469　**原註291**　以下を見よ。W. Bousset, *Hauptprobleme der Gnosis*, 1907, p. 178.

が、苦難（πάθει）ゆえに、必然に迫られて上なるプレローマから離れ、影の世界へ、空虚な領域へと去っていった。光とプレローマの外に出ると、彼女には形相も姿もなくなった。まるで流産のように。というのは、彼女が何もわからなくなった（つまり無意識的になった）からである。しかし、上なるキリスト、磔にされているキリストが彼女を哀れに思い、その力をもって（彼女に）形相を与えた。その姿は（なるほど）ただ存在するにはよかったが、意識のためには（充分では）なかった」[470]。ここでは、闇に落ち込んでそのなかで釣り針ないし餌として使われるのは、原人間だけではない。必然に迫られて、そしてエンテュメーシスから、闇に沈潜しようとプレローマとその光を後にする、かの知恵、つまり一つの女性像も、そのように使われるのである。磔にされているキリストは、彼女がそこで陥っていた姿の喪失から部分的に彼女を救う。少なくとも形相のあるあり方を彼女に与え、しかしながら相応の意識は与えないということによって。「それを成し遂げた後、キリストはみずからの力を撤収して（プレローマに）戻り、彼女を置き去りにした。それによって彼女が、自身のなかにキリストと聖霊が遺していった不死の匂いのようなものを保持しつつ、プレローマからの分離に伴う苦難（πάθους）を感じて、よりよきものを熱望するように、である」。

　こうしたグノーシス主義者にあっては、闇に消えていくのは単に原人間ではない。ここでは分化が生じて、原人間の立場が、知恵の女性像（ソフィア－アカモート）によってある程度肩代わりされた。その結果、男性的なものは、呑

470　註159を見よ。

み込まれる危険から逃れ、プネウマ的［霊的］な光の領域にとどまった。それに対して、女性的なものは、一部は想うという行為によって、また一部は必然性（κατ᾽ ἀνάγκην）によって、外なる闇と結びついたのである。彼女を襲った苦難は、悲嘆、恐怖、狼狽、困惑、切望といった一連の情動からなっていた。彼女は笑ったかと思えば泣いていた。世界の創造はすべて、こうした「感情」（διαθέσεις）からはじまったのだった。

この特異な創造神話は、明らかに「心理学的」なものである。それは、宇宙への投影というかたちをとって、男性的で精神的な方向づけを持つ意識から女性的なアニマが分離していくさまを描写している。その意識は、当時の諸々の異教的哲学においてはグノーシス主義の場合と同様、精神の絶対性を、すなわち感覚世界［物質世界、現象世界］に対する精神の最終的な勝利を目指していた。意識のそうした発達と分化は、アプレイウス Apuleius[471] の『変身譚 *Metamorphose*』に、なかでも彼のメルヘン「アモールとプシケー Amor und Psyche」に文学的な痕跡を残した。エーリッヒ・ノイマン Erich Neumann が「アモールとプシケー」の分析で示したとおりである。[472]

無意識（アグノイア［無明、無知］ἀγνοία）のなかに消え去るソフィアの情緒状態、彼女の方向性や形相のなさ、完全に道を見失ってしまう可能性といったものは、一面的な理性と精神性に同一化している男性のアニマの性質を詳細に描き出す。彼は自分のアニマから乖離し、そのために補償的な無意識とのつなが

471　**アプレイウス**　一二三年～一八〇年頃。二世紀に活躍したローマの著作家。魔法によって驢馬に変わった青年が女神イシスに救われるまでを描いた小説『変身譚』で知られる。この小説は、アプレイウス自身のイシス秘儀への参入経験が下敷きになっているとされる。「アモールとプシケー」は『変身譚』のなかの挿話。青年神エロス（アモール）は美しい王女プシケーに恋をし結婚するが、自分の姿を見てはならないと花嫁に禁止する。彼女がその禁止を破って花婿の美しい姿を目にしたとき、彼は彼女を置き去りにして飛び去ってしまう。プシケーはエロスを探して長い旅をし、数々の試練を乗り越えて再会をはたす。アプレイウスの時代は、くしくもグノーシス主義の全盛期と重なっている。

472　**原註292**　E. Neumann, *Amor und Psyche: Ein Beitrag zur seelischen Entwicklung des Weiblichen*, 1952.

りをまったく失うという危機に陥っている。このような場合、無意識は、自己批判の乏しさや判断のまちがいや過誤や盲目性を伴う、苛立ち、抑制の欠如、傲慢、劣等感、気まぐれ、抑うつ、怒りの爆発といった極端な質の情動を生み出すのが常である。

　そうなると、この精神的方向性は現実とのつながりを失う。それは傍若無人で、傲慢で、独裁的になる。みずからのイデオロギーが不適応的なものになればなるほど、一般的な承認を要求し、必要とあらば力ずくで強要するつもりでいる。この状態は、まぎれもない魂のパトスπάθος、苦難である。ただし、それは、はじめのうちは内省の乏しさゆえにそのようなものだとは捉えられず、漠然とした不快感によってしだいに意識化されてくる。この不快感によって、何かがうまくいっていない、じつは何かに苦悩しているのだ、という気づきが生じ、それを確認するのである。まさにこの瞬間に、意識からもはや追い出すことのできない身体症状もしくは精神症状が現れてくる。これが神話の言葉では次のように語られる。すなわち、（男性的精神性の原理としての）キリストがソフィアの（つまりは心の）の苦難「熱情」を認め、彼女に形相を、つまり存在（κατ' οὐσίαν）を与えるが、それから彼女をひとり置き去りにする。そのことで彼女がはっきり責め苦を感じるように、である。すなわち、男性的な意識は魂の苦難に気づくことで満足するが、その理由を意識化することはまったくなく、アニマを無明ἀγνοίᾳに、すなわち無意識性にゆだねてしまう。

こうした経緯は典型的なものであり、今日でもなお男性的な神経症のすべてに見られる。そして、そうした神経症の場合のみならず、なにがしかの（たいていは知的な）一面性や心理学的盲目性ゆえに無意識との葛藤を生ずるに至った、いわゆる健常者にも見られる。

この心理学的神話においては、なるほどなおも原人間（キリスト）が暗闇を克服するための手段ではあるけれども、彼は自分の役割をみずからと並存する女性的本質と、つまりソフィアと分かち合っている。そして、十字架にかけられている者 Crucifixus も、もはや神の釣り竿につけられた餌として登場してはこない。彼はその女性的半面とその形相なき姿を「哀れに思い」、自分は「十字架によって引き延ばされている者［磔にされている者］」だと彼女に打ち明ける。ギリシア語の原文では、ここで ἐπεκταθέντα という強い表現を用いており、広げられることと引き延ばされることをとくに強調している。彼が苦難のソフィアに差し出すのは、ほかでもない、この責め苦の状態のイメージである。だとすれば、彼女は彼の苦難を、彼は彼女の苦難を、認識することができよう。ところが、この認識が生じる前に、かの男性的な精神性はみずからの光の国へ戻っていってしまう。この特徴的な移動は、次のような場合にいつも生じている。すなわち、光が闇を見つけ、そこに結びつきの可能性が出てくるや否や、光にも闇にも宿っている権力衝動が頭をもたげ、自身の立場にひどく固執するのである。明るい世界はその光を和らげようとしないし、暗い世界もその潤沢な諸々の情動を放棄しようとしない。一方も他方も、その苦難が同一のものであることに、そして意識化のプロセスと関係があることに気づかない。つまり、そこでは、原初の一体性が二つの相容れない半分ずつに、一方と他方に分割されている。この根本的な弁別なしに意識は存在しない。この二者性が、意識の消滅なしににわかになくなってしまうことはない。しかし、もともとの全体性は一つの願わしいもの Desideratum として残るのであり、この文書のなかでは、グノーシス的なキリストが切望する以上にソフィアが切望する、絶対的に願わしいもの（ὀρεχθῆ τῶν διαφερόντων）となっている。今日でもなお、合理的で知的な（いわば精神的な）意識にとって、区別は全体性を目指しての統一よりも重い。それゆえ、全体性の象徴を生み出すのは無意識のほうである。[473]

そうした象徴はたいてい四要素構成で、二つの十字状に交差する対立し合うペアからなっている（たとえば、上－下、左－右）。これら四つの点によって一つの円が規定される。それは、点を除いては最も単純な全体性の象徴となり、それゆえ最も単純な神イメージにもなる。[474] この考えは、ここでの十字架をとくに強調する解釈（διὰ τοῦ σταυροῦ ἐπεκταθέντα）をめぐっては考慮に入れておきたい。というのは、木においてそうであるように、十字架においても合一が生じるからである。だからこそ、聖アウグスティヌス Augustinus は十字架を初夜の床に喩えることができたし、かのメルヘン［バータメルヘン］のなかでも主人公が大木のてっぺんで花嫁を見出す。これは、シャーマンがそこで天なる妻

473 **原註293** これについては以下を参照せよ。*Psychologie und Alchemie*, 2 Aufl., 1952, p. 133ff. [*GW* 12, paragr. 122ff.]; *Gestaltungen des Unbewußten*. 1950, p.95ff. [*GW* 9/I, *Zur Empirie des Individuationsprozesses*]

474 **原註294** 《Deus est circulus, cuius centrum est ubique, cuius circumferentia vero nusquam》［神は、その中心がいたるところにあるのに円周がどこにもない円である］

を見つけ、錬金術師もまたそうであるのと同様である。コニウンクティオ［結合 coniunctio］は生の頂点であり、同時に死でもある。そのため私たちの文書では、そうした関係で「不死の匂い」（ὀσμὴ ἀφθαρσίας）に言及がなされている。アニマは一方では、生き生きとした永遠なる原初的イメージに満ちた彼岸の国への橋をかけ、他方では、情緒性［情動性］によって男性を地下的世界とその無常さに巻き込む。

以上のような考察をふまえて、私たちの出発点に、つまり《gladius ad arborem suspensus》[475]に戻ろう。このいくぶん風変わりなキリストの寓喩 allegoria Christi は、おそらくあの十字架にかけられている蛇[476]との類比のなかから生まれたのだろう。《serpens in ligno suspensus》は、すでに聖アンブロシウス Ambrosius において一つの「キリスト類型 typus Christi」になっているし[477]、同様にアルベルトゥス・マグヌスの言う《anguis aëneus in cruce》もそうである[478]。ロゴスとしてのキリストは、拝蛇派におけるナアス、つまりヌース［理智］の蛇と同義であり、アガトダイモン Agathodaimon[479]（よき霊）も蛇の姿をしていた。しかも、蛇はすでにフィロン Philo[480]において、「最も霊的［精神的］な」（πνευματικώτατον）動物とされていた。一方、蛇の冷血と低級な脳構造は、そのままでは特別な意識の発達など思わせるものではなく、逆に、人間との関連性のなさや明らかな無意識性から、なじみがなく、恐れさせ、魅了する、人間に対立する存在という烙印が押されている。そのため、蛇は無意識を表すすぐれた象徴となる。一方では、その

475　**原註295**　「木にかけられている剣」
476　十字架にかけられている蛇　「ヨハネによる福音書」三章一四節。
477　**原註296**　「木にかけられている蛇」 *De XLII mansionibus filiorum Israel* in: Migne, Patr. Lat. XVII, col. 34.
478　**原註297**　聖母への彼の讃歌《Ave praeclara maris Stella》より。以下を参照せよ。Rémy de Gourmont, *Le Latin mystique*, 1913, p. 129f.「十字架にかけられている青銅の蛇」
479　**アガトダイモン**　agathos（善い）と daimon（霊）の合成語。キリストと同一視された、グノーシス派の神なる蛇。
480　**フィロン**　古代アレクサンドリアのユダヤ人哲学者。ユダヤ教思想の解釈にギリシア哲学をはじめて適用した。

冷たく非情な衝動性を、他方では、諸元型に含まれるソフィア的な性質や自然の知恵を表現できるからである。地下的な蛇によって表されるキリストのロゴス性は、聖母の母性的な知恵なのであり、それは旧約聖書のサピエンティア［知恵］Sapientia として予示されている。[481] キリストは実際この象徴ゆえに、そうした無意識のあらゆる面が人格化されたものとしての特質を持っており、そのようなものとして犠牲となり木にかけられる（そして、オーディンと同じく「槍で傷つけられる」）。

心理学的に見ると、蛇の犠牲は一方では無意識の克服を意味し、他方ではなおも子どものように無意識的に母にすがる態度の断念と放棄を意味する、と解せる。錬金術師たちは、まちがいなく無意識を擬人化したものであるメルクリウスの変容[482]を表現しようとして、同様の諸象徴を用いたのである。[483] 現代人の夢のなかで、私は同じモチーフに何度も遭遇した。一度めは（福音書における比喩との意識的なつながりがある）十字架にかけられている蛇、二度めは十字架に変化した杭にかけられている黒い蜘蛛、三度めは裸で十字架にかけられている女の体である。

481 **サピエンティア** 旧約聖書（とりわけ「箴言」など）では、知恵が擬人化されて女神として登場し、その姿を通して神による救いの現存が表現される。一般に、知恵の女神としての擬人化は古代エジプトからの影響とされるが、ユングは『結合の神秘』において「ソフィアないしサピエンティアは、無意識のなかに女性の姿で現れることが多い」と述べている。

482 **原註298** *Symbolik des Geistes*, 1948, p. 129. [*Der Geist Mercurius*, *GW* 13, paragr. 284 ff.]

483 **原註299** 以下のなかの挿画。R. Abrahami Eleazaris, *Uraltes Chymisches Werck*, 1760.（フラメルの『菩提樹の書』*Rindenbuch* を模したもの）。

第一九章　人間としての木

ツァラトゥストラのヴィジョン、ネブカドネザルの夢、そしてインド人の神についてのバルデサネス Barudesanes（一五四年〜二二二年）の報告[484]が、哲学の木 arbor philosophica と人間の関係についての隠れた原型であるように、楽園の木は人間であるといういにしえのラビの観念も、やはりそうした原型の一つである。[485] 最古の諸観念によれば、人間は木あるいは植物から生まれてくる。[486] 木はいわば人間の変容した姿である。一方では木が原人間から生じ、他方では木が人間になるのだから。[487] 最も大きな影響を持った観念の一つは、もちろん、木もしくは vitis（葡萄の木）としてのキリストにまつわる教父神学のそれだった。[488] すでに言及したように、『パンドラ』では木が女の姿で描写されており、本論文の冒頭に提示した個々の絵とあらゆる点で一致している。ただし、あれらの絵は、錬金術書の挿画とはちがって、大部分が女性によって描かれたものである。そこで、

484　**原註300**　Stobaeus, *Anthologium* I, 3.［I, p. 67f.］ある洞窟には、（十字架にかけられている者のように）両腕を広げた立像がある。それは木材のようなものでできており、右側は男で左側は女である。それは汗や血を流すことがある。

485　**原註301**　Ganz, *Chronologia Sacro-Profana*, Lugd. Bat., 1644, p. 47, c. XXI: Docet R. Zahira, dicens:《ex fructu arboris》non vero arboris huius, sed hominis, qui similis est arbori, etc.［ザヒラ師は次のように説いて語る。「木の実から」‒ただし、こうした木の実ではなく、木に比べられる人間の実なのだが、云々」《As is a tree, just such is the Lord of Trees, so indeed is man.》［木々の主もちょうどそのようなのだが、じつのところ、人間は一本の木があるようにある］（A. K. Coomaraswamy による引用 *The Inverted Tree*, Quart. Journ. Myth. Soc. Bangalore, Vol. XXIX, Nr. 2, p. 28）

486　**原註302**　イランの言い伝えによると，七つの金属が原人間ガヨマルトの体から大地へと流れ込んだ。そこから灌木が生え、この植物から人祖、マシュヤグ Mahryay とマシュヤーナグ Mahryanay が生まれた。これに関しては、『エッダ』の人祖、アスク Ask とエンブラ Embla と比較せよ（A. Christensen, *Les Types du Premier Homme et du Premier Roi dans l'Histoire Légendaire des Iraniens*, Archives d'Etudes Orientales, Vol. XIV, p. 35）。ギルバート諸島では、人間と神々は原初の木から生まれた。

487　**原註303**　以下を参照のこと。Christensen, l. c., p. 18; Bundehesh, 15, 1. 古代エジプトのバータメルヘンでは、同様の役割を杉と鰐梨の木 Perseabaum がはたす。以下を見よ。Jacobsohn, *Die dogmatische Stellung des Königs in der Theologie der alten Ägypter*, Ägypt. Forsch. Hg. v. A. Scharff, 1939, p. 13. ジェームス・B・プリチャード James B. Pritchard がオリエントの古文書大全（*Ancient Near Eastern Texts*, 1950）に訳出したバータメルヘン

こうした女性的な木の本質をいかに解すべきか、という疑問がわいてくる。歴史上のマテリアルに関する私たちの研究の成果によるなら、木はアントローポスないしは自己として理解しうる。この解釈は、とりわけ『アルベルトゥス写本』の象徴学において明らかであり、あれら女性の手になる絵それぞれに伴うファンタジーによって確かめられる。つまり、それを女性的な木のヌーメンであるとする解釈は、女性の場合にはもっともである。しかしながら、錬金術師や人文主義者の場合はそうではない[489]。あの女性的形象は、明瞭なアニマ像の投影を表している。アニマは男性の女性性を人格化したものであって、自己を人格化したものではない。それに照応するのだが、絵29と30の描き手の女性は、木のヌーメンをアニムスとして描いている。どちらも、異性の象徴が本来の自己を覆い隠している。これは通常、男性の女性性、つまりアニマが、あるいは女性の男性性、つまりアニムスが、いまだ充分に分化しておらず、意識に統合されていない場合である。すなわち、自己は直観として潜在的に存在しているのみで、まだ実現されていない[490]。

木がオプスや変容のプロセスを「精神的にも身体的にも」(tam ethice quam physice) 象徴する以上、それが一般に生のプロセスを意味していることも明らかである。木がメルクリウスと、つまり生

で、まさにこの宗教心理学的に興味深い変容の過程が削られてしまったのは、残念なことである。［本書第九章および註269、270を参照されたい］

488 **原註304** arbor fructifera［実をつけた木］としてのキリストは、以下に出てくる。［Gregorius, *Super Cantica Canticorum*］(Migne, Patr. Lat. LXXVI, col. 97; XXIX, col. 495) 既述の箇所でも葡萄として登場（「ヨハネによる福音書」一五章一節）。タターガタ Tathâgata（如来）も a tree of paradise［極楽の木］として描写されている。(Ashvagosha, *Buddha-Karita* in: *Sacred Books of the East* XLIX, p. 157)

489 **原註305** ここでは、ウリッセス・アルドロウァンドゥス Ulysses Aldorovandus（一五二二年～一六〇五年）と彼の「ボローニャの謎 Enigma Bolognese」に対する解釈（*Dendrologiae, Libri. Duo*, 1671, I, p. 146）を参照されたい。私は *Festschrift von Dr. Albert Oeri* (1945) のために書いた寄稿のなかで「ボローニャの謎」について手短に描写し、まとめた。［以下を参照せよ。*GW* 14, *Mysterium Coniunctionis*］［ボローニャで発見されたとされるこの逆説に満ちた古代の墓碑銘に関して、アンドロウァンドゥスは、この墓碑を建てた者が一本の樫の木のニンフに魅惑されたことに由来すると推測している］

490 **原註306** これについては、以下を参照せよ。*Traumsymbole des Individuationsprozesse* in: *Psychologie und Alchemie*, 2 Aufl., 1952, p. 69ff.［*GW* 12, paragr. 44 ff.］

きている霊 spiritus vegetativus と同一視されることは、この見解の証拠となる。その場合、木によって表現されるオプスは、生と死と再生の秘儀である。だから、哲学の木 arbor philosophica にもやはりそうした意味合いがあるし、さらには知恵という本質を持ち合わせている。それは心理学に貴重な示唆を与えてくれる。すでに古くから、木はグノーシスと知恵の象徴とされてきた。それゆえエイレナイオスは次のように言う。バルベロ派の考えによれば、木は人間（アントローポス）とグノーシスから生まれたもので、彼らは木のこともグノーシスと呼んでいた、と。[491] グノーシス派のユスティノスにおいては、啓示の天使バルクが生命の木 τὸ ξύλον τῆς ζωῆς と呼ばれている。[492] ここで、アレクサンダー・ロマンスにある、未来を知っている太陽と月の木が想起される。[493] 世界樹、世界柱、世界軸としての木の宇宙とのつながりは、錬金術師の場合も、現代人の個々のファンタジーにおいても背景に退いている。というのも、ここではすでにはっきりと個性化の過程が問題になっていて、もはやその過程が宇宙に投影されてはいないからである。この法則に当てはまらない稀な例外として、ネルケン Nelken が述べたある統合失調症患者の事例がある。この患者の世界体系のなかでは、世界の「原父」の胸に「生命の木」が生えていた。それには赤と白の実か

491　**原註307**　*Adversus Haereses*, I,29,3 [, p. 82]. これとよく似た観念が、シモン・マグスの火の木である。(Hippolytus, *Elenchos*, VI,9,8, p. 137)

492　**原註308**　Hippolytus, l. c., V,26,6 [, p. 127].

493　**原註309**　これについては、拙論 *Der Geist Mercurius*, in *Symbolik des Geistes*, 1948, p. 71f. で論じた、瓶のなかの霊にまつわるグリムのメルヘンも参照せよ。[*GW* 13, paragr. 239]

球体がついており、諸々の世界を意味していた。その木の上方には一羽の鳩がとまっており、さらに高いところには鷲がとまっていた。赤と白は錬金術的な色で、赤は太陽に、白は月に相当する。『アルベルトゥス写本』の鸛《こうのとり》と同様、ここでは鳩と鷲が木の上方にとまっている。この事例では、錬金術における範例を知っていたということは考えられない。[494]

ここまでにあげた証拠をまとめてみると、次のようなことが明らかだろう。現代人の無意識がおのずと生み出したもののなかには木の元型が描き出されており、歴史の上で見られる木の姿との類似性がはっきりわかる。これに関して私の観察するところでは、意識にある歴史上の範例として注目すべきものは、聖書の楽園の木と一、二のメルヘンくらいである。しかし私は、描き手が意識的に楽園の木という観念に依拠したとみずから申し出た例を、一つとして思い出すことができない。どの例においても、木の表象はおのずと現れてきた。ある女性的存在が木に結びつけられているような例で、その女性的なものを知恵の木の蛇と関連づけて当該の絵を描いた者は誰もいなかった。それらのイメージは、聖書の範例との関連よりも、木のニンフという古代的な観念との関連をより強く示している。ちなみに、ユダヤの伝承においては、蛇はリリトとも解される。ある表現形式がその地域に存在するのは、かつて当該の文化圏にその範例が成立していたからにほかならない、という考え方にはおそらく強い先入観が入っている。もしもその考え方がほんとうなら、この種の例のほとんどは楽園の木の類型に従っているはず

494 原註310 I. Nelken, *Analytische Beobachtungen über Phantasien eines Schizophrenen*, Jahrb. f. psychoanalyt. u. psychopath. Forsch. 1912, Bd. IV, p. 541.

である。すでに見てきたように、実際のところはそうではない。もうずっと昔になじみのなくなった木のニンフという観念が、楽園の木やクリスマス・ツリーといった類型を圧倒している。そう、私たちからすると時代遅れと思える世界樹や、さらには倒立した木 arbor inversa の痕跡さえ見出されるのである。倒立した木は、なるほどカバラから錬金術へと入り込みはしたけれども、それを除けば私たちの文化圏ではどこにおいても役割を演じていない。ところが、私たちのマテリアルは、木と結びついたシャーマンの天なる妻という、広く見られる比較的原始的なシャーマニズム的表象とみごとに一致している。[495] この天なる妻は、典型的なアニマの投影である。彼女は、シャーマンの先祖である「アヤミ ayami」（使い魔、守護霊）と見なされている。そしてシャーマンの妻でもある。その顔は半分黒くて、半分赤い。ときには、翼のある虎として現れる。[496] シュピッテラー Spitteler も、貴婦人の魂を虎になぞらえている。[497] 本来、その木は、シャーマンの天なる妻の生命を表す。[498] 木には多面的な母親的意味合いがあるのだ。[499] ヤクート族においては、八本枝の木が最初の人間の生まれた場所である。この最初の人間はひとりの女によって養われるが、彼女は上半身だけが木の幹から生え出ている。[500] このモチーフは、先に示した私の事例（絵22）にも見られる。

木は女性的な存在とも結びつけられるし、蛇や竜やその他の動物とも結びつけられていて、たとえばユグドラシル[501]や、ペルシアのヴルカシャ湖 Vurukashasee[502] のガオケレナ樹 Gaokêrêna[503] や、ギリシアのヘスペリデスの木がそうである。今な

495　**原註311**　M. Eliade, *Le Chamanisme*, 1951, p. 81ff., 138, 173, 310, 312.

496　**原註312**　Eliade, l. c., p. 80.

497　**原註313**　*Prometheus und Epimetheus*, 1923, p. 25. 中国では虎が女性的な陰を象徴する。

498　**原註314**　Eliade, l. c., p. 83.

499　**原註315**　l. c., p. 118, 173.

500　**原註316**　l. c., p. 247.

501　**原註317**　栗鼠、鹿。ユグドラシルとは、「オーディン［ユグ］の馬」を意味する。ユグドラシルの母親的意味合いについては、以下を参照せよ。*Symbole der Wandlung*, 1952, p. 417, 419.［*GW* 5, paragr. 367 f., Abb. 150］

502　**原註318**　*Bundehesh*.

503　**ガオケレナ樹**　ペルシア神話で、ヴルカシャ湖に浮かぶ島に生えているとされる生命の木。ガオケレナは「牛の角」の意。豊穣の象徴で、長寿を授けるとされた。

お存在しているインドの聖なる木々は別格で、その木陰にはたくさんのナーガNaga（＝蛇）の石碑が立っていることが多い。[504]

倒立した木は、東シベリアのシャーマンたちの間では大きな役割を演じている。カガロフ Kagarow は、レニングラード博物館にある、ナカーシャ Nakassä と名づけられたその種の木の写真を出版した。それの根は頭髪を意味している。幹の根に近い部分に顔が彫り込まれており、そこから、この木が本来は人間を表していることが明らかとなる。[505] おそらくこれはシャーマン自身、ないしは彼のいっそう偉大な人格なのだろう。周知のとおり、シャーマンは天に、つまり上なる世界に至るために魔法の木に登る。彼はそこで本来の自己にたどり着く。シャーマニズムの全体像をみごとに描き出したエリアーデは、次のように言っている。《Le chaman esquimau ressent le besoin de ces voyages extatiques car c'est surtout pendant la transe qu'il *devient véritablement lui-même*: l'expérience mystique lui est nécessaire en tant que *constitutive de sa proper personnalité.*》[506] 忘我［法悦］のときには、シャーマンが自身の使い魔に、すなわち守護霊に「憑依」された状態になりやすい。エリアーデが述べているように、この憑依によって、彼は《organes mystiques, qui constituent en quelque sorte sa véritable et complète personnalité spirituelle》を手に入れる。[507] この見解は、シャーマニズムの象徴学から導き出される心理学的結論を、つまりそれが個性化プロセスの投影された表現であるということを確認してくれる。同じ結論はまた、ここまでに見てきたように錬金術にも当てはまるし、さら

504　**原註319**　たとえば、セリンガパタムの城砦の前にある。とくに以下を参照せよ。I. Ferguson, *Tree and Serpent Worship*, 1868.

505　**原註320**　E. Kagarow, *Der umgekehrte Schamanenbaum*, Arch. f. Religionswissenschaft, 1929, Bd. XXVII, p. 183.

506　**原註321**　M. Eliade, l. c., p. 265.［「エスキモーのシャーマンは、この忘我［法悦］の旅が必要だと思っている。というのも、トランスにおいて彼は最高の自分になるからである。言い換えれば、この神秘的要素は彼にとって不可欠である。なぜなら、それが彼の本来の人格の構成要素の一つとなっているからである」（独訳版281ページ）］強調［斜体字］は私によるもの。

507　**原註322**　l. c., p. 297.［「それがあってはじめて彼の真の完全な霊的人格がある程度できあがる……神秘的な諸器官」（p. 315)］

に現代におけるこの種のファンタジーになると、そうした絵の描き手が意識や意識されている思惟とは無関係な内的発達プロセスを描き出そうとしていることがその発言から証明できる。そのプロセスはたいてい、二つの対立し合うもの、つまり上なるもの（鳥、光、頭など）と下なるもの（水、黒いもの、動物、蛇など）の合一、右のもの（男性的）と左のもの（女性的）の合一のなかに存する。錬金術において非常に大きな、まさに決定的な役割を演じている対立し合うものの合一は、無意識への直面によって引き起こされる心的プロセスと同じ意味合いを持つ。したがって、似たような、もしくはまったく同じ諸象徴が選ばれたとしても、驚くにはあたらない。

第二〇章　無意識の解釈と統合

多くの場所で、しかも――こう言わざるを得ないのだが――残念ながらよりによって医師仲間から、理解を得ることができなかった。まず第一に、いかにして私が記述したような一連のファンタジーが生じるかの理解を、第二に、どうして私が彼らの知らない象徴学の比較研究にこれほど関心を向けているかの理解を、である。そのままになっているすべての偏見がここでの理解を妨げてはいないか、と私は懸念している。とりわけ、夢も神経症も抑圧された（幼児期の）記憶や性向に淵源するものでしかないという憶測、つまり心の内容は純粋に個人的なものであって、もしも非個人的であるとしても集合的意識[508]に由来するものだ、という憶測が理解を妨げてはいないかと思う。

　心の障害も身体の障害も非常に複雑な現象であり、混じりけのない一つの病因論ですべての説明がつくものではない。その原因と個人の気質Xの他にも、生物学的な合目的性という目的的側面を考慮に入れる必要がある。それは、心の領域では意味として定式化されるにちがいない。心の障害の場合、原因と思われるも

508 **集合的意識**　人間の集合体が持つ意識的な伝統や慣習、風俗、先入見、規則、規範の総体。社会における支配的なものの見方や考え方。

のやほんとうの原因の単なる意識化ではもはや充分ではなく、治療において意識から乖離している内容を統合することが重要になる。しかも、その乖離は必ずしも、ただの二次的現象であることが多い抑圧によるものではない。通常はこうである。すなわち、思春期以降の発達の経過においては、情動に満ちた内容、傾向、衝動、ファンタジーが意識に対して主張をしてくるのだが、意識はさまざまな理由のため、それらを同化する気になれない、もしくは同化することができない。そこで意識は、この厄介な侵入者を追い払うべく、多様なかたちの抑圧でもって反応するのである。その際、次のような原則が当てはまる。意識が否定的な態度をとればとるほど、つまり抵抗し、価値を貶め、不安を感じるほど、乖離した心的内容が使う表現は、より不快で、攻撃的で、恐れを引き起こすものになる。

　魂の分割排除された部分との意志疎通は、いかなるかたちのものであっても治療上有効である。そうした効果は、原因をほんとうに発見したり発見したと思ったりした場合にももたらされる。たとえ空想的な考えであったとしても、医師自身がそれを信じて真剣に理解しようとするならば、少なくとも暗示による治療効果があるだろう。反対に、医師が自分の病因論に疑いを持つと、うまくいく機会をただちに逸してしまう。そして、知的な患者も自分自身も納得がいくほんとうの理由をなんとしても見出すしかない、と悟るのだ。医師が批判的傾向を持っていると、この使命は場合によっては難題となり、自分の疑いから抜け出せなくなることも多い。そのため、治療の成功は疑問視される。フロイト正統派の熱狂的な教養至上主義は、このような難しさを考えると容易に説明がつく。

このことを、最近、遭遇した例で示そう。面識のない人物、X氏が、次のような手紙をくれた。彼は私の論文「ヨブへの答え *Antwort auf Hiob*」[*GW* 11] を読んだ。それは彼の興味をおおいに引き、いくばくかの刺激を与えた。彼が友人のYにもそれを読むように勧めたところ、Yがそれから次のような夢を見たというのである。「彼はまた捕虜収容所におり、その上空を巨大な鷲が獲物を探して旋回しているのを見る。状況は危険で不安なものになり、Yは、防御として何ができるだろうかと思案する。そして、この脅かしてくる猛禽を撃ち殺すためにロケット付き飛行機に乗れたら、と思いつく」。XはYのことを、合理主義的な考えを持ったインテリで、強制収容所で長期間すごした人だと書いている。XもYもこの夢を、前日に私の論文を読んだことによって引き起こされた情動に関連づける。Y氏は、この夢について助言をもらおうと、X氏のもとへ赴いた。Xはこういう意見だった。Yが見つけられてしまうと思った鷲は、彼自身（X）に関係があるのだろう、と。それに対してYは、自分はそうは思わない、鷲は私に、つまり本の著者に関係があると思う、と言った。

さて、X氏は、このことに関して私の意見を聞きたいと思った。[連想などで] ふくらまされていない夢を、しかも見ず知らずの人の夢を解明しようとするのは、一般的に言ってきわどい仕事である。それゆえ、手もとにあるマテリアルを通して投げかけられているいくつかの疑問を解明することで、よしとしなければならない。たとえば、どうしてX氏は、鷲が彼自身に関係していることはわかっていると思うのだろうか。この手紙から私が読み取れたのは、彼が友人Yになにがしかの心理学的知識の仲立ちをしているため、少しばかり教育係の役目をしているという思いがあって、この友人に対してはいわばその手持ちのカードを上から覗き見している、ということである。いずれにせよ彼は、Yが彼によって、つまり心理学者によってスパイされているのをなにがしか嫌がっている、という思いつきを弄んでいる。Xはこのように、神経症と夢の背後に何が隠れているかを性理論という手段によってはじめから知っている心理療法家、しかも卓越した洞察という高い監視塔にいて、見透かされていると患者に感じさせる心理療法家、いわばそういう立場にいるのである。彼は、「検閲」という謎の審級が作り出す何らかの偽装された姿で自分が患者の夢に登場するのを待ちかまえている。このようにして、X氏は安易に、自分がその鷲であるという推測に至った。

それに対して、Y氏は別の見解を持っている。彼はXに「監視されている」とか見透かされているなどと意識してはいないようで、自分の夢の明らかな源泉に合理的に立ち返っている。つまり、彼に何らかの印象を与えたと思われる私の論文に、である。彼はおそらくそうした理由から、未知の著者、すなわち私が鷲であると考えている。以上から、こう結論づけることができるだろう。彼は、誰かに自分の手持ちのカードを覗かれたときのように、つまり何か心に秘めていた点を知られるかわかられるかしてしまったときのように、どこか痛いところに触れられたと感じた――もちろんそれは彼にとって感じのよいやり方ではなかった。彼にとって、この感情はこれまでは意識化される必要がなかった。なぜなら、それが夢で彼に提示されたことは、たぶんこのとき以外にはなかったからである。

ここでは解釈と解釈が対立しており、どちらも同じくらい恣意的である。夢そのものは、どちらかの方向性をわずかながらも示唆しているというわけではない。ことによると、こういう意見も主張できるだろう。Yは友人Xの卓越した洞察になにがしかの恐れを抱いており、それゆえ彼のことをあらためて認識せずにすむよう鷲という仮面の背後に隠蔽したのだ、と。けれども、Yが自分でそんな夢を作ったわけではない。そこでフロイトは検閲の存在を仮定し、この変身という芸当をそれのせいにする。そうした仮定に対して、私は次のような見地に立っている。経験が示しているように夢は、そうすることが重要であるならば、夢見手の感情にはまったく配慮せずいちばん恥ずかしくて苦痛なことも躊躇なく言うことができる。夢がそうしない場合、夢がそれ自身の語っている以外の何かを言わんとしているとする仮定には充分な根拠がない。だから私は、私たちの夢が「鷲」のことを語っており、鷲のことを意図してもいる、という意見である。かくして私は、夢がまったくナンセンスだと理性に思わせるような、まさにそうした夢の観点に注目する。もしも鷲が単純にX氏であるとするなら、あまりにも単純で合理的すぎるだろう。

そこで私の意見だが、ここでの解釈には、鷲が私たちの個人的ファンタジーから離れたところで何を意味しうるか見出すという課題が負わされている。それゆえ夢見手には、鷲それ自体がどういうものであるのか、鷲に対していかなる一般的意味が割り当てられるのか、調べるように勧めたい。この課題をこなしたら、まっすぐに象徴の歴史へとつながっていくだろう。ここにこそ、私が医師の診察室には一見なじみがなさそうなこの領域に力を注いでいる、具体的な理由があるのである。

夢見手は、自分が部分的にしか知らなかった鷲の新奇な一般的意味（多くはすでに文学や言葉によって彼に伝わっている）の確認をすませたら、前日の経験、つまりこの場合は私の論文を読んだことが鷲の象徴とどう関係しているのか、調べてみなければならない。問題はこうなる。おとなの人間を拐《かどわ》かしたり傷つけたりできる巨大な鷲のメルヘンが生じるほど、その印象によって彼を動揺させたものは何なのか、と。天高く旋回しすべてを見通す目で地上を見渡す、明らかに巨大な（つまり神話的な）鳥のイメージは、じつのところ、私の論文の内容に関連して暗示的である。私の論文は神観念の宿命を扱ったものなのだから。

夢のなかでY氏は、「鷲の目」の統制下にある捕虜収容所に引き戻されている。これはただちに脅威的な状況を意味しており、懸命な防御を試みるのは納得がいく。まったくもって神話的な鳥に対して、夢見手は高度な近代技術の発明品を、つまりロケット付き飛行機を使おうとする。この機械は理性と知性の偉大なる戦利品の一つで、神話的動物とは正反対の立場にある。神話的動物による脅威は、合理的な悟性を用いて回避せざるをえないだろう。しかし、私の論文に即して言うとすれば、そのような人物にはいかなる危険が待ち受けているだろうか。これに対する答えは、Y氏がユダヤ人であることがわかればさして難しくはない。いずれにせよ、ここにおいて、個人的なルサンチマンとはまったく異なる領域へ至る問題の扉が開かれる。そこで扱われるのは、生と世界に対する私たちの態度を制御している、原理、主要因、上位概念、すなわち、経験が示すように避けては通れない心的現象である世界観と信仰である。避けては通れないどころか、その古い体系が役に立たなくなるとただちに新しいものが出てくるのである。

あらゆる病気と同様、神経症は適応不全を意味する。つまり人は、障害を起こす何らかの原因（体質上の弱点や欠点、まちがった教育、悪い経験、主体の不適切な態度など）ゆえに生がもたらす困難を避け、それによってかつての幼児的世界に戻ってしまう。無意識は、この退行を象徴によって補償する。そうした象徴は、客観的に、つまり比較研究によって理解されれば、この種のおのずと育ってくる体系すべての基盤となってきた一般的観念を甦らせる。このことを通して、今の自分とあるべき自分との乖離を架橋する態度の変化が生じる。

私たちの夢の例でも、似たようなことが問題となっている。つまり、Y氏にはおそらく、極端に理性的－知的な意識と、不安を感じて抑圧してきたやはり極端に非合理的な背景との間の乖離がある。この不安が夢のなかに現れている。それは、この人に属する実体あるものとして認知されないといけない。不安の理由が見つからないなら不安などない、と主張しても意味をなさないのだから。ところが、人は通常そうしてしまう。不安を受け入れることができれば、その理由を発見し理解できる可能性も出てくるだろう。私たちの例においては、鷲という象徴がこの理由を印象的に示している。

鷲が太古の神のイメージで、人間がそれに対して自由でない立場にあると考えるなら、彼が神の存在を信じていようといまいと、事実上ほとんどちがいはない。彼の心にはしかるべき性向があってそのような現象を生み出す、ということで充分だろう。彼は自分の身体をないことにできないのと同様に、心もないことにはできないからである。どちらも入れ替えはきかない。彼は自身の心理生理的所与という監獄にいるのであり、好むと好まざるとにかかわらず、その事実を斟酌しなければならない。もちろん人は、身体の要求に逆らって生きて健康を害することがあるし、周知のとおり、そういうことを心においてすることもある。生きていたいと思う者は、当然ながらそのような芸当をしないだろうし、反対に、そのつど身体と心が何を要求しているかに注意深く耳を傾けるだろう。意識と知性が一定の程度に達すると、そこから先はもはや一面的には生きられなくなる。未開の人々においては今もおのずから機能している、心身の諸本能の全体性を意識的に考慮していかなければならない。

身体は栄養を必要とする。しかも、何でもよいというのではなく、みずからに適した栄養だけを欲する。それと同じように、心はその存在の意味を必要としており、しかも、やはりどんな意味でもよいというのではなく、当然ながらみずからに相当するイメージや観念に関する意味を、すなわち無意識が提起してくるそれらに関する意味を欲している。無意識はいわば、それ自体は空っぽであるがゆえにイメージ不可能な、元型的形式をもたらす。しかし、それはただちに意識によって同質の、あるいは類似のイメージ素材によって満たされ、知覚可能になる。このような理由から、元型的イメージはつねに、場所、時間、個人による制限のついたものとなる。

おそらく、無意識の統合が自然に起きることはめったにない。通常、それには、無意識からおのずと生み出されてくる内容を理解するための特別な努力が必要となる。妥当ないし有効とされているなにがしかの一般的観念がすでに存在する場合は、それによって理解の方向が定められ、その新たに加わった経験は既存の体系に組み込まれるか支配されるかする。その好例が、私たちの国の聖人、フリューのニクラウス Niklaus von Flüe[509] の生涯である。彼は恐ろしい神のヴィジョンを、長期間にわたる瞑想のなかで、あるドイツの神秘主義者の著書に助けられながらしだいに三位一体に同化していった。そのようでない場合には、伝統的な体系のほうが、その得られた経験の立場から新たに理解されるということもありうるだろう。

言うまでもなく、夢の形成には、個人的なありとあらゆる情動とルサンチマンが関与しており、それゆえ夢からそれらを読み取ることができる。とくに治療の

509 **フリューのニクラウス** 一四一七年～一四八七年。スイスの聖人。一四六七年に家族を捨て、隠修士として断食や瞑想を行ない「生ける聖人」として崇められる。死後、彼のヴィジョンが公開された。

初期には、それで満足しておかなければならないことも多い。というのも、患者は、夢が自分の個人的な心から出てきているとするのが合理的だと思い込んでいるからである。夢イメージの集合的側面に彼の注意を向けさせても、はじめはそれをほとんど理解できないだろう。よく知られているように、フロイト自身は神話素を個人的な心理に還元しようとした。それは、夢が太古的なものを含むという彼自身の認識と矛盾していた。太古的なものは個人的な獲得物ではなく、少なくとも、かつての集合的な心の名残である。しかし、心理学的原則の反転性を証明するような患者も少なからずいる。彼らは、自分の夢象徴の普遍的意味をたやすく理解するのみならず、そのような側面も治療的な効果を持っていると感じるのである。同様に、心の癒しの大いなる体系、すなわち宗教も、普遍的に広まっている諸々の神話的モチーフからできている。それらの起源と内容には集合性があり、個人的なものではない。それゆえ、レヴィ-ブリュール Lévy-Bruhl[510] がそれらを「集団表象 représentations collectives」と呼んだのは妥当である。たしかに、意識的な心は個人的なものだが、それはけっして［心の］全体ではない。意識の心的基盤、つまり心それ自体は無意識的なものである。そして、その構造は身体のそれと同じように普遍的で、個々人の諸特徴は些細な変異を示すにすぎない。だからこそ、不慣れな目では、黒人や黄色人種の集団のなかで個々の顔を識別するのは困難、もしくはほとんど不可能なのである。

ここでの鷲のように、特定の人物を示唆するところのない象徴が夢に現れた場

510
レヴィ-ブリュール　一八五七年～一九三九年。フランスの哲学者、文化人類学者。「未開人の思考様式」について研究した。ユングが集合的なものへの同一化の意味でしばしば用いる「神秘的融即 participation mystique」は、レヴィ-ブリュールの用語。

合、そのような人物が隠されていると推測してよい根拠はまったくない。反対に、どうやら夢は、みずからが語っているとおりのことを言おうとしているらしい。夢が隠しているように思われるとすれば、すなわち、ある人物をほのめかしているように見えるとすれば、明らかに、その人物を登場させないという意志があるのだ。その人物が、夢の思うところでは、まちがった道や錯誤を意味しているからである。たとえば、これは女性の夢によくあるのだが、医師が調髪師として登場（医師は「頭を洗う」から）したとすれば、医師はそれによって隠されているのではなく、価値下げされているのである。つまり、その女性患者は、権威であれば誰でもおかまいなしに認めようとしているのだ。というのは、彼女が自分で頭を使う気がないからか、もしくは使えないからである。医師はもはや、彼女のために頭を整えて使えるようにしてやる調髪師としての意味しか持っていないことになる。このように、夢の象徴を、医師が知っていると思っている状況や事物や人物に還元するのではなく、はじめは知られていない何かを指し示す真の象徴として捉えると、分析的治療の性格全体が変わる。つまり、無意識はもう、既知のものや意識的なものに還元されなくなる。還元したとしても、意識と無意識との乖離はじつはなくならない。そうではなく、無意識はほんとうに無意識的なものとして認められるのだ。そして、象徴は還元されることなく、夢見手が提供する文脈や似通った神話素との比較によって拡充される。その結果、無意識の言わんとしていることが認識できるようになるのである。そうすれば無意識は統合され、乖離が克服されうる。しかしながら、還元は無意識から離れ、意識の一面性を強めるだけである。それゆえ、偏狭なフロイト派の人々はやはり、無意識を深く探究しようとした師の試みをそれ以上追求せず、還元することで満足してしまった。

すでに述べたように、無意識への直面は、たいてい個人的無意識の領域で、つまり（「道徳的に」）影となっている個人的に獲得された内容の領域ではじまり、集合的無意識を表象する元型的諸象徴を通って進んでいく。この直面には、乖離をなくすという目的がある。そうした治療目標に達するために、自然みずからが、さもなければ医療的援助が、対立し合うものの衝突と葛藤を引き起こす。それなしに合一はありえない。このことは、それら対立し合うものの意識化にとどまらず、次のような特殊な経験をすることも意味している。すなわち、私のなかの見知らぬ他者を認めること、客体として存在するもう一つの意志を認めることである。その理解し難いものを、錬金術師たちは、驚くべき的確さでメルクリウスと呼んだ。そうするにあたって彼らは、それに関して神話学と自然科学で言われているありとあらゆることをも自身の概念のなかに含めた。メルクリウスは、神、悪魔、人間、物であり、心的にも身体的にも人間の最内奥の秘密となっている。彼自身がすべての対立し合うものの源であり、二重で utriusque capax[511] である。この巧みに逃げ去る大いなるものは、あらゆる点で無意識を表しており、象徴の正しい把握がそれとの直面に導いてくれる。

511
原註323　どちらでもありうる。

無意識との折衝は、一方では非合理的な経験のプロセスであり、他方では認識の過程である。そのため、錬金術は二つの基本的部分からなっている。すなわち、情動的で悪魔的なありとあらゆる突発事態を伴う実験室でのオプスと、一方でオプスを査定し導きながら他方ではその結果を解釈し分類する知識 scientia ないし観想 theoria と、である。私たちが今日、心理的発達として理解しているこのプロセスの全体が、「哲学の木」と呼ばれていた。こうして心の自然な成長過程を植物のそれに詩的になぞらえると、的はずれならざる類似がある。それゆえ、そうした見地から、錬金術や現代の無意識の心理学の基盤になっている心的過程を詳細に述べていくことが適切なように思う。ちなみに、そこでは知的に理解するだけでは充分でないことを私は意識している。読者にもそのことが明確になっていればさいわいである。つまり、知的理解ではなにがしかの言語的概念しか得られず、自身に生じたプロセスの生き生きとした印象的な経験のなかにある真の内容は欠けている。この点では幻想を抱かないほうがよい。言葉による理解や共感では、実際の経験を補うことはできない。錬金術師のなかには、「実験室 laboratorium」から「礼拝堂 oratorium」へ移った者もいたし、礼拝堂から実験室へと移った者もいたが、そのときに錬金術は真の生きた実質を失った。前者は曖昧な神秘主義のなかで混乱し、後者は化学を発見した。私たちは前者を哀れに思い後者に感嘆するのだが、それ以来、何百年にもわたって姿を消したままの魂の運命を問うことは誰もしていない。

解説にかえて

臨床場面における「樹木」に関するイマジネーション

——その錬金術的側面がもたらす意義と「想像の木」法試行の覚書

工藤昌孝

〔1〕 はじめに

『哲学の木』の解説」にかえて、ここでは実際の心理臨床の場において見られる「樹木に関するイマジネーション」について取り上げたい。通常の事例研究のなかには報告されにくいセラピストの主観的世界も紹介しながら、そうした樹木イマジネーションがセラピストとクライエント両者にとってどのように生起し、語りや描画のなかにどのように表現され、治療関係のなかに働いているものなのかということを考察する。また、そのことを通して、ユングが『哲学の木』[1]において論述した樹木象徴の持つ錬金術的な視座がどのように現代の実際的な臨床場面のなかで生かされうるのかについて考えてみたい。ユングの視座は想像過程に意識を開いて生きようとする姿勢をとる者、意識を参入させてなおかつその流れのなかに巻き込まれることをよしとし、創造的に心理療法過程を歩む意志を持つ者にとっては、多くの道しるべを与える。そうした視座は、イマジネーションの流れに巻き込まれても押し流されるままにならないための杭や定点のような役割を持っているように思う。

だがその一方で、ユング派を名乗ったりユングの象徴研究に親しんでいる者のなかには、「ユングの本は、どの著書を読んでも同じようなことが書かれていてとくに目新しいものがない」という感想を述べる知性的な臨床家もいる。このように既存の象徴体系にすぎないものとして臨床家がこれらの体系を「頭」に入れてしまうこと（いわゆるユング心理学を学んだことになってしまうこと）で、多くの可能性が奪われてしまっているのは残念である。そうしたなじみ方によって失われたもの、生み出されている誤解は、計りしれない。本来、臨床家にとっての象徴体系は、つねに臨床場面で新しく生み出されるイマジネーションとして、自身の生きたイメージ体験となっていくべきものであろう。臨床家が他者との高いコミュニケーション能力や理解力などさまざまな臨床能力を持っている場合、また内界との一面的ではあっても高い接触力を発揮する能力やイメージに対するセンスを持っている場合、結局のところ、それによって逆に自身の内界へと向かうさらなる可能性を、その生々しい全面的接触に向かう可能性を奪われてしまっていると感じさせられることさえある。心理学やユングの象徴体系に触れることには、こうしたたくさんの矛盾や罠が満ちているのだろう。臨床家がユングの著作や他の心理学者が語る言葉など臨床心理学の大系を教科書どおり正確に取り込んで学び、実践と自己理解もそこそこに知識を正論のように周りに振りかざしはじめると、今度は本の著者やクライエントの意識的意図を正確に読みとれるか否かが決定的な臨床技能であるかのように感じられたりする。そこでは耳を傾けるべきほんとうのテキストが見失われており、その行為は歯止めなく続くことになる。そうした姿勢があるときにかぎって、臨床家は自分や他者のイマジネーションの流出の歯止めのなさを無意味に恐れていることがある。この歯止めのきかない自動化までも、流出してくるイマジネーションの起こしている所行と見なしていてほんとうによいのだろうか。流出するイメージが紡ぐイマジネーションは、その性質にのっとった独自の歯止めを持っている。たしかに、イメージを用いる技法はしばしば臨床家にとって慎重さが要求され、禁忌とされる場合すらある。このことは多くの臨床家にとって心に留め置かれるたいせつな原則である。そこでは、面接構造をしっかり設定し病態水準を吟味して、そうした技法を用いるべきかどうか判断すべきだというような側面を言われることが多い。だが他方で、そうした技法では、セラピストの側のイメージに対する構え、扱い方、関わる姿勢、またセラピストがそもそもどのような性質のイメージとなら向き合えているのかなどによっても事情が相当ちがってくることは、あまり書かれることはない。セラピストの心の事情によっては、クライエントによって表出されるイメージがしばしばセラピストにとっての不安や解離、魅惑の対象になって、ときには破壊性を生み出しもする。さらにまた、イメージ自体の性質や内容にも、表出を枠づける機能、自己限定的性質があるように思われる。イメージ表現を用いる技法を選択する際には、面接の流れに沿ってこうした背景をどこかで吟味している意識が働いていることが欠かせない。心理療法はイメージを共有する側の意識状況やイメージそのものの働きが大きく反映されて展開する。そのため、夢分析やアクティヴ・イマジネーションなど一般に重症例では禁忌ではないかと言われるような技法が、むしろ症状や現実、さらには内界に対する護りのように働くこともあるように思われる。

実際、相談に来たクライエントの多くは、問題発生時にすでに多くのイメージの流出、無意識的なものの流出の餌食となってしまっているのだということ、あるいはなっていたのだということも、見逃してはならない。そこを見逃すと、このような状況下ではしばしばセラピストが生身のイメージに触れて自分に揺さぶりがかかることを防衛するために、イメージを扱う技法をどこか小手先で用いるマニュアル化された方法にしてしまったり、クライエントに対して心の蓋を簡単には外させないようイメージに対する慎重さを促す態度や言葉によって、すでにその時点でクライエント側に生じているはずのイメージの経験の流れからセラピストだけが一方的に距離を置いてしまったりしている。そのことによって、じつはイメージの意図せざる無際限な流出やアクティング・アウトを促進してしまっていることがある。こうしたセラピストの配慮ある姿勢は、クライエントの心の守りを保つために必要だと確信されているためか、クライエントをむしろ激しく孤立させ、護りが生まれにくい面があることには気づかれにくい。他にも、セラピストが内的現実としてのイメージに添っていく姿勢を示していながら、セラピスト自身の個人的無意識の影響下にある一方的な解釈によってイメージそのものから離れ、まるで両者のどちらがイメージに添った魂の理解者なのかわからないような事態になっている場合もある。このようなことが起こるのは、セラピストがイメージに対する関心や親和性を示しながらもイマジネーションという現実を身をもって意識的に生きようとすることなく、クライエントの内的状況を職業人としての良心にもとづいて、ただ正確にアセスメントしてしまうからであろう。しかし、本来、心との全面的接触が指向されるような体験は、しばしば専門家が陥ってしまっているように、巷に溢れる臨床用語が抵抗なく駆使されてまことに流暢に語りつくされてしまうような、そういう性質のものではないだろう。そうなると、自分の在りようが見えないまま、まわりからは眉をひそめられる援助者になってしまうことさえ往々にしてある。セラピストの能力が自分自身やまわりの人たちを自覚なくむやみに脅かすものとならないために、内界との全面的な接触の可能性が奪われていることの痛みを知ったり、自身の背後に横たわっている手つかずの暗闇を振り返ったりする勇気を持っていたい。厳密にいうなら、クライエントだけにかぎらず、すべてのセラピストもまた、つねに流出物との積極的な折衝もやれば、その餌食になってもいる。こうした心の闇を照らす一助となるのが、ユングの臨床的象徴体系であろう。

ところで、ユング派の分析家ロバート・H・ホプケ[2]という人が、ユングの著作に関する読書案内[3]を書いている。それによると、本書『哲学の木』については、第一部から読みはじめると、認識的方向づけなしに、いきなり臨床資料である樹木シンボリズムの横溢のなかに投げ込まれてしまうことになるので、まずは第二部を読んでユングの意図をはっきり把握し、問題のシンボリズムにある程度なじみができたところで第一部に取りかかるべきであると言う。ホプケによると、錬金術に関するユングの著作を読むことは、「陽光と論理と直線性に導かれ、たえず上方向に登るという類のアポロ的な課題ではなく」、「一定の形をもたず、西洋の集合的無意識の大洋のほの暗さに下降してゆくというヘルメス的な課題」である。それゆえ、必ずしも順序立ててはじめから直線的に読むというのではなく、読者が平均的に理解しやすく納得できそうなところから読みはじめられる方法を示すと言っている。彼は一つの方向づけを与えてくれているが、また同時に、「それぞれの読者が、しかるべく導かれることを私は望んでいる」とも言っている。

筆者自身の場合は、十数年ほど前、本書の図版をはじめて目にしたときにじわじわと経験された独特な感覚があって、そのことが今回の翻訳に至るきっかけとなっている。絵が示すその感覚は、筆者にとって地下水脈のごとくに流れ続けるものであった。そうでなければ、筆者が長い時間を経て今回のような翻訳と出版に至ることはなかっただろう。

さて、本書でまず目を引くのは、やはり第一部の樹木描画の圧倒的なイメージ群であろう。どの絵も、描き手個人の分析（治療）過程のある時点が結晶化されて描かれたかのような印象さえあり、元型的で象徴性が高いものであることはユングの解説からもわかるとおりである。それに対して後半第二部の錬金術的考察は、ある程度、錬金術に関する著書になじんでいたり、自分自身の想像力をさまざまに働かせることに慣れたりしていないと、ユングの博識な引用群にただ振り回されることになるかもしれない。そうしたユング自身によるしっかりした樹木象徴の拡充作業の成果に入る前に、筆者としては読者に、第一部にあげられたこのイメージ群の持つ力をまずはじっくり味わい、読者自身に湧き出してきたさまざまな連想をたいせつにしていただきたい、と思っている。とくに、日頃「バウムテスト」などの描画を用いておられる心理臨床家の方には、慣れ親しんだ理解・解釈の方法や統計的な知識やみずからの臨床経験の蓄積に照らすことをいったんやめ、さらにはただ単に絵の全体印象を味わうことからさえもみずからを解き放って、まずは絵から湧き立つ自分自身の連想そのものにゆっくり心を委ねてみることをお勧めしたい。それはけっして心地のよい経験ばかりでないだろうし、恐ろしく、かなり勇気のいる作業でもあろう。だが、絵の描き手や受取手（セラピストや読者）によるこうした「連想（想像）作業」こそが、ユングが樹木象徴の錬金術的側面を研究した根底に流れている精神と繋がっていくことのように思われる。ユングの象徴研究は臨床経験に照らされており、図式的な当てはめ作業のようなものと捉えては読み進められるものではない。その研究成果は、錬金術師みずからが「想像（瞑想）」による変容過程を経ていくように、臨床過程などの深まりのなかでもって体験されるさまざまな状況において、ある種の方向づけや居所を見出す海図や地図のような力を持っているように思われる。

ところで、イマジネーションと樹木に関して、フランスの哲学者ガストン・バシュラールはこう言っている。「想像力は一本の樹木である。それは樹木の統合的な美徳をもつ。想像力は根であり枝である。それは天と地のあいだに生きる。大地の中に、風の中に生きる。想像力の樹は気づかれぬうちに宇宙の樹となり、世界を呑み込み、世界をつくりあげる[4]」と。たしかに、樹木はイマジネーションの一つの統合像であり、また同時にイマジネーション自体が一つの樹木的統合性を持っている、と言っていい。そして想像力自体が解体と統合の運動でもある。その意味では、想像力がいかに機能しているかも、その樹木がいかに在るかも、個人の生命がいかなる個性化のプロセスにあるのかも、同じ一つの現象であろう。ユングも『哲学の木』において、「マンダラ」が自己象徴の横断面像であるのに対して、樹木イメージを成長過程として表されたその側面像と捉えている。

〔2〕 樹木象徴の臨床的検討

ここでは、実際の臨床場面において、クライエントやセラピストに現れる「樹木に関するイマジネーション」

を取り上げる。樹木イメージは心理テストであるバウムテストやHTP、TAT、ロールシャッハ・テストで見られるだけではなく、さまざまな描画表現を用いる心理療法のなかでも現れる。また、個人の現実生活における重要な記憶として語られたり、夢分析や物語作り、アクティヴ・イマジネーションといったイマジネーションを扱う技法のなかでしばしば現れるイメージである。そうしたイメージがどのような場面でどう表現されることがあるのかを示し、ユングの語る樹木象徴の錬金術的側面の持つ臨床的意義について考えてみたい。(なお、ここでの事例は、プライバシーに対する配慮を尽くした上で取り上げている。)

(1) 臨床場面におけるイマジネーションとしての樹木──「想像の木」法の試行

図A－1は女子大学生Aさんによって、ある心理相談室での面接時に描かれた木である。面接の終盤に描かれたものである。描画後、描き手は次のように語っている。

「(木のまわりのものは)オーロラのつもり。霧みたい。(木は)クリスタルっぽいような、白いような感じが強い木。微妙に透き通っている。葉はない木。養分があって、(根からは)種みたいになってポコポコとクリスタルができてくる。筍のように出てくる。それが増えていくと、また木になっていく。(ここは)ちょっと神聖な場所っぽい。オーロラはちょっと不思議空間。夜っぽい。暗いなあというほどでもない。寒そうなのに寒くなく、暖かいイメージ。落ち着く。根から出てくる水晶は、種だから凝縮された感じ。生えきると転がっていって、他の場所で木になる。同じところばかり生えてもしょうがないし。木は水晶といっても冷たいイメージではない。適度さを持った透き通りのイメージ。絵から物語ができそう……」。その後、小学校のときに石を集めていたという個人的な連想も

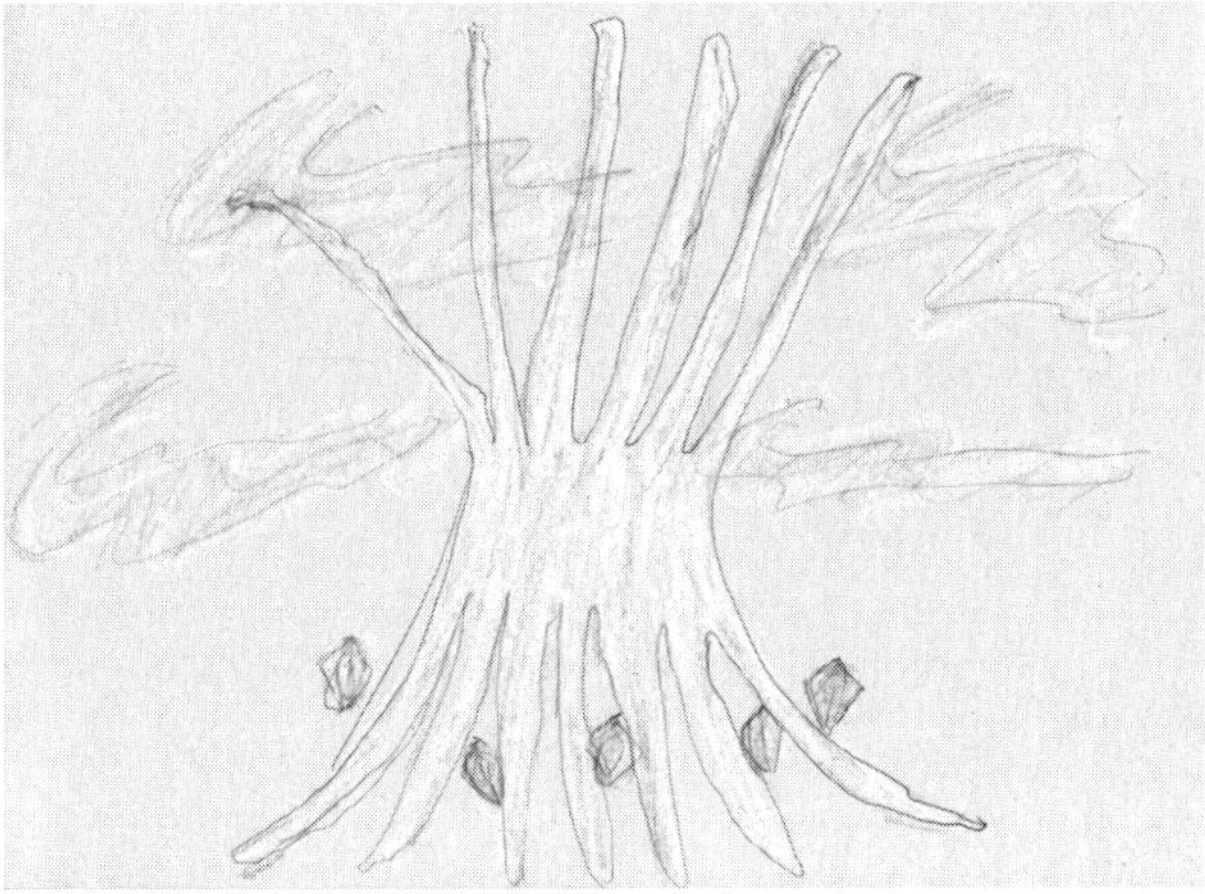

図A－1
Aさん「水晶の木」

思い出されるが、「物語ができそう」という言葉から、過去の記憶以上に木自体に対する想像力が活発になってきている様子がうかがえた。

この絵はじつは、心理臨床で一般的に用いられている「バウムテスト」（「実のなる木を一本描いてください」というコッホ[5]の教示による樹木画法）によるものではない。バウムテストを実施した後に、もう一枚、また別の教示で描いてもらったものである。その教示は以下のようなものであった。「心のなかに浮かんでくる空想（想像）の木を描いてみましょう。現実にあるような木ではなくて、想像した木ならどんなものでもかまいません。（しばらく、ゆっくりと心のなかで想像してから描きましょうか。）それと、もし浮かんでくるようでしたら、その木といっしょに何か他のものも描いてみてください。生き物でも、物でも、人間でも、風景でも、何でもかまいません。（空想なので実際にはないようなものになってもかまいません）」。「……できあがったら、少し感じがわかるように色を塗ってみましょうか」。この教示は「想像の木」とでも名づけておく[6]。しかし、描画テストのように、規定の教示にする必要はないだろう。描き手の心の状態に即して、教示時に何を強調し、何を弱め、何を省き、何を付け足して伝えたほうがより創造的か、という観点で導入したい。そのため、「想像の木」を描くことが、その時点でその人にとって、何か意義がありそうか、といった吟味があるほうがいいだろう。実際の臨床場面で樹木の象徴表現が生まれてくるときは、むしろ描画、夢、アクティヴ・イマジネーション、物語などのなかに自発的な形で現れることが多いし、それが望ましいだろう[7]。しかし、実際の面接で連想のなかにそういうものが現れたり、現れそうなときに、「想像の木」のような導入によって描画を提案する形があってもよいのではないかと思われる。

たしかに、これまでの樹木画の教示はどれも、ある程度「現実にある木」が想定されて描かれやすく、それによって人格アセスメントの参考資料となる面はある。そして、その際に無意識的なものがいかに投映されているかを見る樹木画法の観点からは、あえて意識的に想像の樹木を描いてもらうという教示をすると、わざとひねったものを描いたり樹木らしからぬものを描いたりすることを促して防衛的にさせてしまい、純粋なアセスメントの支障になる、と考えられるかもしれない。しかし、面接場面である程度アセスメントができていて、ある種の想像活動が見られる場合などには、この「想像の木」のような導入をすることによって、個人の想像過程や表現の幅と内容を見つめてゆく材料が得られるし、個人がおかれている元型的背景をめぐる状況が理解できることも多い。また、こうした表現活動自体が治療的に働くこともある。『哲学の木』に見られる描画の事例も、それぞれがどのような場面でどのように描かれた樹木画なのか想像してみるのも興味深い。[8]

従来から、臨床場面での樹木描画には、さまざまな教示がある。ここで言う「想像の木」の教示内容に近いものがないかと見渡してみると、ドゥニーズ・ドゥ・カスティーラの「夢の木」[9]などが目にとまる。カスティーラの実施方法は、続けて三枚の樹木画を描いてもらうが、三枚目に「夢の木、つまり最も美しいと思う木、あるいはできるものなら庭に植えてみたいと思うような木、最も思い出に残っている木、自分の思うままの想像の木」を描いてもらうというものである。また、日本では司法臨床において、カスティーラとミシェル・ピカールの方法を吟味折衷し編み出された「夢の木」法が試みられている。[10]他に、樹木の直立画、倒立画、横立画を描く中園正身の三枚樹木画法も興味深い。[11]「夢の木」法は一枚目に社会的な自己像、二枚目に内的な自己像の表現を捉え、三枚目に「こんな木があればいいな、こんな木があれば楽しいなというような『夢の木』」を描いてもらうことで、空想、欲求、願望の表現を捉えようとしている。導入の教示に関して「想像の木」が「夢の木」とちがうところは、想像の持つ力を尊重するため、「夢の木」の教示にあるような「植えてみたい、美しい、思い出、夢、楽しい」といった欲求・願望などといった内容への限定を意図的に取り除いている点や、木とともに「付加項目」を織り交ぜて描くように伝えている点、さらには絵に色をつけてもらう点である。また枚数も、ただ一枚、最初から「想像の木」があってもいいし、そうでなくてもいい。他の画法よりも描いてもらえそうな時期や導入方法もおのずと限定されるであろうし、ここぞというときに用いたらよいと思う。筆者の場合は一回の面接で二枚、三枚と絵を描いてもらうことが稀になっている。それは、心理療法における表現技法としてさまざまな描画を治療促進的に用いようとしているときの筆者の実感として、実際の描画場面においてはまさに「その一枚」の描画へのコミットメントがお互いに高まっているし、描くことの負担等々への配慮もあってのことである。また、日々の心理療法では、より現在の心の状態や面接の流れに合った表現技法の導入は何かとつねに考えながら描画を用いていることが多いためでもあろう。そもそも樹木を描いてもらうことによって何を期待するのかによって導入方法や意義さえもちがってくるだろうが、「イマジネーションがおのずから樹木として立ち上がってくること」の意義を重視するとき、教示をいつどう行なうかは考えさせられるところが多い。クライエントの心が自発的に樹木という表現活動をはじめることに添っていくことがよい場合がある反面、セラピスト側からの主体的な樹木表現法の導入がプロセス促進的に働くことも多い。描画やその他のイメージ表現は、面接技法などとも一体となって選択されるべきものだろう。

ところで、複数枚を描くという樹木画の変法は、表現の多面性により人格を多層的に捉えることができることでアセスメントに寄与したり治療を促進したりする側面を持っており、多くの臨床場面で役立つだろうが、「哲学の木」やここでの「想像の木」の発想とは幾分ちがうように思われる。そのことについては、鶴田英也[12]の分類が参考になるかもしれない。鶴田は「バウムテストとの関わり」を指標とした分類（検査的、方法的、技法的）を行ない、「技法」に分類される関わりを「バウムイメージ体験」と呼ぶ。それは、描き手の表現をただ追体験するというよりも、「描き手との間の間主観的・第三者的な位相において営まれるイメージの創造と変容に主体的に関わっていくという、いわばバウムを媒介としたアクティヴイマジネーションとでも呼ぶべきもの」と説明している。ユングの『哲学の木』や本論で示す樹木画に対する姿勢もこれに重なるところが多い。たしかに、理解のための追体験として統計や経験的なものや象徴解釈など既存のものを活かしていくことも大事だが、ここで論じるような樹木画に触発されるイマジネーションを媒介として創造・変容を生きていきながら理解していくという方法もある。クライエントとセラピスト両者のなかであるイメージが想像され生きられることは心理療法過程そのものであり、そこでは理解することと生きられることが一体となっては、また別々のものとなって、ということを繰り返す運動が生じる。さまざまな樹木画法においても、根底で動いている心のありようはこうしたものかと思われる。要は、どの辺りを自覚的に生きる描画法であるのかが、現時点でのセラピストやクライエントのあり方や状況に合っているか、ということであろう。

さて、「想像の木」に関する説明が長くなったが、それについては〔4〕で補足するとして、再びAさんの事例に戻りたい。描き手の女性Aさんは、ある程度適応的な心の水準にあり、心的エネルギーも高い。「男性恐怖症を治したい」という訴えで自主的に来談した。彼女の場合、際だった外傷体験があるわけではなかったが、過去にいじめなどのエピソードが見られ、ネガティヴな男性イメージを中心とした関係性が持つ重圧が大きかった。また、これまでの人生において惜しみない努力をしてきたにもかかわらず、うまくいきそうになりかけるとどういうわけか繰り返し不運が襲い報われない思いをすることが多く、大学での人間関係でもそれは繰り返し生じた。

継続的な面接の中盤で、彼女は次のような夢を見た。「敵と味方に分かれていて、すごく人数が多い。私は剣の名手。日本刀はバサバサ斬れない。血糊がついて、後は突き殺しになる。相手の短剣とかも使う。まわりをサポート。自分だけが戦っている。最後に、ちょっとあの人と戦ったらやばいかもと思う。その人は戦うことが楽しそう。その人を倒した。その人の懐から本が出てきて、倒れたときに落ちた。開くと、血文字で私のことが好きだという内容が書いてある。ハートのマークも」。彼女のコメントは、「今まで夢で死にそうとか、殺されそうはあったが、今回のようなのははじめて。血しぶきがずっとすごかった。相手は二〇歳前後で小柄な男性。内容の割に怖くはなかった。この人と戦うことで関わりを持てると思ったんじゃないかな」であった。

この夢では、他者と出会うことが、まず殺すか殺されるかという関係で出てくる。そして、剣を交えるという、息つく暇もないようなスピードのあるやり取りである。また、相手が倒され動かなくなって、じっくり向き合う段になったとき、好意を寄せてくれていたという相手の感情が明らかになっている。内なる男性たちが夢自我により滅多斬りにあうのと同じような感覚を、セラピストもまた面接のなかでたびたび覚えないではなかった。というのは、たしかに面接での関係性は良好であったものの、初期には感情が表面を流れてしまうような、味わうべき痛みを麻痺させてしまうような、スピード感が面接のなかにもあったからであろう。そのため、心の奥にある傷つきを引き受けることのたいへんさと過適応的な態度が表裏をなし、それがそうした生きる姿勢となって現れているようにも感じられた。だが、それを続けてゆくかぎり、彼女の不運は続くようになっているのかもしれない。不安から来る強迫的適応は、失敗により強迫的に循環するのが常であろう。その人にとっての外的な不運というものは、心の内側に対して今までとはちがう形での再適応を求める、内なる声のメッセージであることもある。彼女はどこかでそれに気づいているとも感じられた。

面接経過のなかでは、現実場面で男性に対する彼女のアクションが度重なって、それによる男性からの拒絶が繰り返される時期があった。一般にはアクティング・アウトとして扱われもするようなこうした場面でも、この面接の場合、筆者はむやみに介入してそれを止めることなく、拒絶されるその感情を味わいいっしょに耐えていく面接を続けていった。すると、最後には理想化していた同性の先輩からさえも傷つけられ、彼女はやがて、痛みや哀しみを面接のなかで本格的に表出し生きることになった。そんななかで彼女はぐっと女性らしさを増した。それと同時に、仲のよい同性・異性の友達やさらには彼氏まででき、徐々にそこでの信頼関係も築かれて当初の男性に対する恐れと緊張は消失した。

その後、面接も終盤に差しかかった頃、筆者からの提案で「想像の木」、つまりこの「クリスタル・バウム」が描かれた。この木は、彼女自身もそうコメントしたのだが「上下逆さにしても同じような形」をしている。それは錬金術の「倒立した木」「石としての木」を思わせる。水晶は、未来を見透す水晶占いに使われることがあるように、その透明性と光の屈曲や反射により人の想像力を強く刺激し、ヴィジョンをもたらすこともある。また、実体を備えた物質でありながら無色透明であることから、「受肉した霊性」の象徴、キリスト教では聖母マリアの象徴とされる。[13]ドイツの神秘主義的宗教詩人アンゲルス・シレジウスは、神の子を受胎するマリアは神の光が貫き通る「水晶」であり、それによってマリアの処女性が損なわれないことを詩に詠んでいる。[14]また、錬金術において木と石や水は同一であり全体性を表すが、そもそも水晶が凍った露や氷の化石を意味することからも、この木には木と石と水の同時性が一つに表されており、心の普遍的な側面の顕現と見ることができる。そこは俗人を寄せつけることのない聖なる領域、心の処女地である。

彼女は、この描画時の面接でこんなことを言っている。「男性に対する苦手意識はもうなくなったと思っていたのに、やっぱり変わってないのか……まだあるみたいなんです」と。聴くと、最近耐えられなかったこととして、倫理的に問題のある男性教員や極端に相手の気持ちを顧みない男子学生の話であった。しかし、それは男性一般に対してのことではなく、女性として人間としてかなり違和感を持って当然な相手に対してそう感じているようだった。彼女はそのことを面接で理解し確認した。そのとき彼女のなかで、異性の持つ異質性がより分化したものになったようであった。彼女にとって、他者もしくは異性を寄せつけることのない心の処女地を残しておけること、男性に対するこうした意識を残しておけることこそが、彼女の財産、輝けるクリスタルであろう。この描画表現こそが、現時点でのこうした意識性を絵として結晶化させている。彼女が（夢の）内なる男性の懐にあった本から得たものは大きい。そして、逆説的だが見方を変えれば、症状化の要因とも思われた一見ネガティヴなエネルギー、彼女の斬りつけ突き刺し開いていくアニムス的な力が強かったからこそ、その懐の中身まで開いてみることができたとも言える。ただし、これがそれまでどおり、単に無意識的に繰り返されるだけなら、一歩まちがえば破壊的な行為となるが、彼女には面接という容器のなかで夢が指し示すプロセスを進めていく力があったのだろう。彼女は女性として確かな成熟を遂げていった。

最後に、彼女の木の根から新しく生まれてくる青い水晶は、ユングの絵16、17の青色のサファイアを思わせる。サファイアはその色から、天や四大元素の「空気」と結びつけられ、敬虔さ、純粋性、誠実さ、確かな希望、美徳、良心、神聖な瞑想を表す。錬金術では、傷を癒し、解毒作用を持ち、視力を高めるとされた。彼女の内なる木もまた、このような青い石が持つ力を、その根から青い結晶として生み出しているのだろう。ちなみにサファイアを身につけると蛇に咬まれないという伝承がある。彼女が面接初期に、箱庭で一面に多数の蛇がとぐろを巻いている作品を作ったことも思い出される。彼女の持つ創造的なエネルギーの高さが感じられる箱庭だったが、これだけの蛇を制御するには相当な護りがいることも確かだろう。Aさんの「想像の木」では、地中の蛇である植物の根自体からそれを統御もするであろう青い結晶が生み出されることが、ここでは注目に値する。災いをもたらすものが最大の護りをもたらすという逆説性も感じさせる。

また、ユングはサファイアが「心臓の薬」とされたことにも触れている。それを読んだとき、筆者はAさんの先ほどの夢を思い出した。じつは、筆者の記憶として残っていたAさんの夢は、先にあげたような結末ではなかった。今回、文章を書くにあたって夢の記録を確認したとき、自分の記憶がまちがっていることに気づいたのだった。筆者の記憶のほうの結末は、「斬られた男性の心臓から書物が出てきた。その内容は……」というものだった。だが、なぜこうもリアルに「心臓」から書物が取り出されるというシーンを心に残しているのか。（もちろん、それを筆者の内的な事情なりとつなげて論じることもできるのだろうが、ここではそうではなく、Ａさんと筆者に共通で、どちらか一方の問題としてまとめてしまうことのできないイメージのモチーフとして捉えたい。）ユングの木では、サファイアは「秘密の財宝」であり、それ自体が錬金術で言う「偉大なる秘密」そのものである。Ａさんの夢に現れた男性の懐にあったメモは、ハートマークや好意が記されていたように、本来は心臓を司る魂の「秘密」や「想い」が記されているものなのかもしれない。

さらに、この絵から数週後、彼女のなかでは新しい流行語が生まれていた。それは「よかれ悪しかれ……です」である。彼女は面接中、何にかにつけその言葉を連発しながら、現在の問題を語った。それは、何につけてもものごとの両面を感じて考えており、相対的に捉えていることを物語っていた。しかし、その相対的にものごとを見る距離感は、以前のように生の感情や感覚から離れてただ解離的な態度で応じるというものではなく、それぞれに対してコミットし二重性を同時に生きる姿勢に彼女が開かれつつあることが感じられた。これこそが、「水晶の木」の二重性（実体でありながら透明で、すべてを受け容れながらも貫き通し、何かに染まりかけてもその本性が失われることはない）がリアライズされた一つのあり方なのかもしれない。ずっと以前、お気に入りのように彼女が使っていた「……微妙ですね」という言葉と比べても、ものごとの両面が見えているのに葛藤の狭間で身動きがとりにくいという「微妙な」感じからは解放されていることがわかる。

ここまで、面接時に共有した、「想像の木」に対するイマジネーションによる理解をありのままに書いてきたが、通常の樹木画テストの視点でこの木を客観視し直してみると、形態の歪みなどいくつかの問題が再び目につく。きっと、通常の樹木画法を知る読者の違和感は、そのあたりに生まれると思われる。はたしてこれはどの程度健全なバウムなのか、と。だが、「想像の木」のような、（矛盾に満ちた）イマジネーションの論理を自我がどう捉えたかという描画表現の場合、人格水準や自我の力量は、通常の樹木画テストのように現実との整合性という自我の論理に沿うことで捉えうるものではない。そもそも「想像の木」の教示だと、想像過程が熟成していないときや想像過程が溢れていても自我水準が低い場合、「バウムテスト」で木が描ける人でも、「想像の木」は描かれにくいものである。ましてやこの二つを同時に別のものとして描けるにはそれ相応の意識水準が必要なようである。イマジネーションの持つ変容の熱のただなかから、イメージを実体的に整合性のある形の世界へと凝固させていくことの難しさや、それがいかに自我の力量のいる作業かということを、まずはわれわれ臨床家自身が体験的にもっと知らねばならないように思う。(これに関しては、〔4〕で「バウムテスト」と「想像の木」を同時に実施した事例をAさんを含め何例か提示しているので、参考にしてもらいたい。)

(2)　クライエントの「樹木画」に対するセラピストの想像過程

図Bは精神科閉鎖病棟に入院していた統合失調症の五〇代女性Bさんによる絵で、心理療法をはじめた頃に面接のなかで描かれたものである。描画後に、「葡萄の木です。葡萄は好きなので。葡萄狩りに行ったことがあります」とだけ説明された。絵はB5画用紙[15]を使い「実のなる木を一本描いてください」という「バウムテスト」の教示で描かれたものである。まず特徴的なのは、幹や枝がなく、葡萄棚の針金が交差していて、二房の葡萄が並んでいるところに焦点が当たっているということである。この絵では、幹や枝が描かれるかわりに棚があるという感じを受ける。そして棚に支えられて、葉をつけた大粒の実だけがなっている。

描き手の女性は一〇年ほど前に発症し、被害関係妄想などが激しかったが、主治医によると現在(面接開始時)は落ち着いているとのことだった。初回の心理面接から彼女は身なりを整えて化粧をし、早くから待っていた。面接には意欲的で礼儀正しく、受け応えもていねいで笑顔も見られるが、顔が緊張し力が入っていた。話しにくい話題はうまく回避する傾向が見られるが、そのことから、ある程度自己調節できる力があることを感じた。だが、

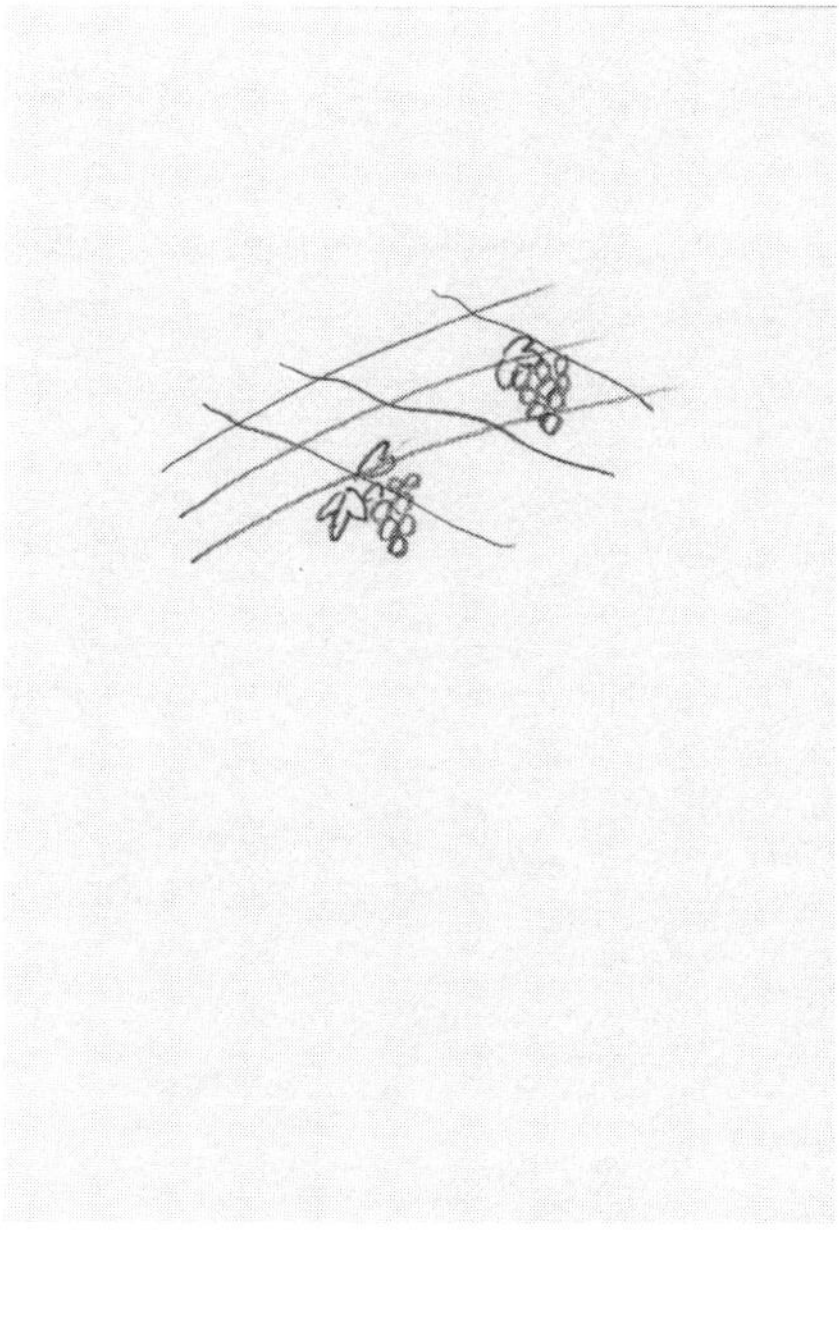

図B　Bさん「バウムテスト—葡萄の木」

こうした傾向を考慮すると、面接でよほどしっかりした関係性や手ごたえを感じられないかぎり、現実的な問題や核心的な不安に触れること、内面を口に出すこと、それに取り組む姿勢を持つこと自体、不安内容が現実と化していくような怖れを引き起こすにちがいない、と思われた。

　この絵が描かれたとき、棚に下がった二房の葡萄は、はじまったばかりの面接という「枠組み」のなかにとにかく置かれたクライエントとセラピストを表しているようにも感じられた。幹や枝がないままにみごとに実っている葡萄は、閉鎖病棟や援助者といった治療環境によるサポートというしっかりした棚の下にあって、不安などないかのようににこやかで楽しげにふるまっている彼女の日常の姿や、心理面接での表向きの姿勢などに重なるものを感じさせる。絵として描かれた棚と果実以外の領域は、今のところ、はじまったばかりの面接の「背後」に置かれているのだろう。そして、いったん退院すれば生活の受け皿がない状況、拠って立つ幹のない状況に本人が目を向けると耐え難い不安が襲ってくることがよく表されているように感じられた。その後、面接経過のなかで彼女の口から明らかとなったことだが、ある妄想内容がまだ強く残っていて、それに伴う不安のために行動が制限されていると聴いたとき、筆者はその思いをさらに強くした。その被害関係妄想の内容のために院外に出られないことと重なるべくして重なるのだが、実際のところ、退院したとしても家族のサポートが得られる状況になく、帰る場所はなかった。彼女はこの「葡萄の木」の絵のようにまさに宙づり状態で、退院を保留し続けるしかない状況にあったのだった。

　描画から得られるこうした印象は、その後の面接を継続していく上での支えになる。ただ今回の場合、筆者には、描画からのこうした直接的な理解だけでなく、別の連想も同時に湧いていた。そのことが面接に与えている影響もあったように思われるので、そちらにも触れておきたい。このときの筆者自身の連想と想像の過程はこうであった。《　》が連想内容、（　）は補足説明である。

《「葡萄の木」から、亡き祖父が曾祖父と山を開墾してはじめた葡萄畑のことが想像される》。（畑のある西の山は祖父との思い出の深い場所である。筆者は小さい頃、祖父の農業を手伝ったりさぼったりしながら、畑があった山のなかで自然のものを何でも遊び相手にしていた。そこは幼い自分にとって一つの遊び場で、自然は自分の好奇心を溢れさせる泉のように感じられた。）《そして、葡萄の房と言えば、夏の暑い日、毎日のように葡萄畑の小屋で、収穫した葡萄の箱詰めを家族で行なっていた。お腹がすいたら、畑に植わっている西瓜を齧る。……ふと記憶の底から、祖父とやった葡萄棚の修繕と棚の柱の交換作業のことが思い出された。葡萄棚をしっかり張り巡らせるための柱を立てる作業はなかなかたいへんなものであった。まず、柱にする丸太を埋めるための穴を掘って、丸太の埋める部分には防腐剤として「コールタール」を塗っていく。……わあ、コールタールの匂いがしてきた。柱の礎石として埋める石は、すぐ側の小川かどこかで拾ってきたものだ》。（この畑のあたり一帯は室町時代に邸宅があった場所で、こうした平らで大きな石は建物の礎石か石垣に使われたものかもしれなかった。畑では、土師器のわずかな破片を拾い集めて遊ぶことも稀ではなかった。筆者が小学生のときから大学まで考古学者になろうと思っていたこととも、これはつながっていたりする。そんなわけで、個人的な連想としても、この柱立てはかなりリビドーの伴う部分であるようだ。）

筆者のこの連想は、描画でクライエントが焦点を当てている「葡萄の果実」以上に、「描かれなかった領域」に及び、筆者自身の個人的なエピソードにまつわる想像が活発に働いている。それも、その領域たるや木の幹や枝だけでなく、棚の幹や根にあたる柱や柱の基礎にまで連想が向かっていることが特徴的である。

ところで、ここでとくに注目したいのは、連想後半のリアルな「コールタール」の質感である。筆者の飛躍した感覚かもしれないが、この質感の持つ根源的な黒さこそが精神病的世界、人間の根源的な精神世界、根源的な滋養分や破壊力につながっているように思われる（筆者のこの頃のアクティヴ・イマジネーションの経験からも）。葡萄の木を支える柱には、そういう性質の黒い液体が塗られ、それを下から支える礎石が置かれる。筆者がその後の面接に安定感を持って臨めたのは、この想像体験と関係がないとは言えない気がする。精神病的世界に関わる心理療法において真になにがしか歩む支えになるものがあるとしたら、（臨床に関する書籍からの知恵や同僚やスーパーヴァイザーの助言などではなく、そうしたものでは及び難い）こうしたセラピスト自身のイマジネーションによる独特の安定性かもしれない。コールタールのような闇の深さが持っている『底なし』ということによる確かさ」（永久に底がないという徹底された体験によって生まれるこの確かさ、この安定性の感覚は、「どん底に落ちるところまで落ちたら後は上がっていくだけ」と言われるような「底あり」体験の脆弱な確かさを簡単に突き破ってしまう体験世界である）は最大の護りになるが、意識の体験のあり方によっては破滅にもなる。また、セラピストのこの場面での想像過程は、コールタールの闇だけに直接的に引き込まれているわけでなく、個人的なできごとの連想の網目のなかで体験されている。このことも、ここではよかったのではないだろうか。そしてまた、後から調べてみると、「コールタール coal tar」とは、石炭を乾留（空気を加えないで強く熱して分解すること）したときに得られる黒色の粘りのある液体で、特有の匂いを持っているという。コールタールができる過程自体が一つの錬金術的作業のようである。そして、コールタール自体、太古の植物からできた石炭が分解されたものであったことや、それがまた同じ植物の柱の防腐効果を持つという（錬金術的な）自己循環的側面があること、さらにコールタールというものも、今回の樹木画と同様に「植物」イマジネーションの一つの姿であったことなど、きわめて示唆的であった。

Bさんとの面接がはじまってしばらくした頃、面接中に筆者は、彼女が胸の中央につけているブローチに気づく。そこには、あの描画と同じ二房の葡萄が描かれていた。だいじにしている手作りのブローチだという。そんな話をしている最中に目をよく凝らすと、その二房の葡萄の間にうっすらと色づきはじめている第三の何かが見えてきた。Bさんに問うと、これも葡萄だという。それが目に入ってきたそのとき、筆者は「この人とは（面接を）続けていける」という確かな感覚を持つことができた。もっと言葉にするなら、新しいものが熟成する場が生まれつつあるような感じが出てきたとでも言うべきか。Bさんとの面接はその後も続いていく。そして、妄想は妄想内容のリアリティの次元で解決され、現実的困難や家族のことが面接のなかで通常の葛藤や不安として語られはじめた。他の治療スタッフとの意思疎通も見られるようになって、現実的援助も受けやすい体制となっていった。さらに、本人にとって抑うつの理由となっていたヒステリー性を疑われた脚の慢性的機能不全や不安発作も消失し、歩行可能になった。

ところで、「想像」には、個人的なエピソードにもとづくような空想だけではなく、普遍的で非個人的（元型的な）レベルのものが背後で動いている。その両者が二重映しになって現れているのが、通常の連想活動であろう。個人的なエピソードにもとづく連想の背後にも、元型的な背景がある。それゆえ、クライエントだけでなく、セラピストの側でも、きわめて個人的な連想をも含めた空想を積極的に捉えてみることは有用だろう。そのときには、その場のクライエントの話題や表現内容に直接つながりのなさそうな連想であっても心を開いていき、活かしていく姿勢でいたい。むしろ、その場面での意識ではその内容とクライエントとの関連性に気づかないようなかなり無意識的なセラピストやクライエントの連想を捉えたり経験したりすることにこそ、わざわざ想像過程に注目する意義がある。セラピストの連想が、クライエントの内面理解にもつながらなさそうな、見たところ場にそぐわない個人的コンプレックスのようなものであっても、蓋を開けて捉え、そこに置いて観察してみることには臨床的価値があるだろう。そういうそぐわないものほど、両者の意識的なレベルでの繋がりや共感、セラピストの意識的なレベルでの理解などを退けてしまう力を持つので、両者が安易に寄り添っていける感覚は嫌でも削ぎ落とされ、お互いは引き離される。そこには深い溝が開くので、溝の底で意識の根と根が繋がる結節点を見出すということに自然と意識は向かうことになる。もちろん、セラピストがどこまでがどの程度自分の問題かを（セラピストの訓練である）教育分析などを通して感じられるようになっていることが前提かもしれない（未分化で個人的な水準の同一化に留まり続けることにならぬように）が、ここで言うこうした姿勢は、セラピストとクライエントの両者どちらの問題でもあるような水準で問題を抱えようとするものであり、元型的な水準まで連想が浸み入るのを待つという態度を持つことでもある。それにより、セラピストの個人的な想像活動が両者を抱える共通の基盤を広げてくれる。個人的な連想、そこでの個人的な経験・エピソードがクライエントの個人的なものと離れているほど、逆に、より深いところでの接点やつながりまで降ってはじめて共通項を見出しうる面がある。（これは心理療法において、セラピストがクライエントと同じ経験を実際に持っていたり、同じ年齢を重ねていたりしないと面接にならないというわけではないことも関係が深い部分であろう。）そこには理解され解釈される内容が意識から遠いことによる安全さ、遠さによる包含・包括性や集約性が持つ抱える力、つなぎとめる力の安全性がある。逆に個人的な水準での解釈ではしばしば、まだ意識化されにくいことに対してよりも、ある程度意識化されつつあることに対してセラピストの言葉が添えられるほうが安全で自然なプロセスになるが

（意識から近いことの安全性）、ここで筆者が言う「遠さの安全性」とは両立しうるものである。単に意識から遠いから気持ちを傷つけないという意味での安全性を言っているのではない。元型的レベルで理解され（解釈により）できごとが集約される体験（個人的コンプレックスが元型的レベルの結節点で集約されること）がいかに意識の護りとなるか、ということをここでは言いたいのである。樹木の根のように、深ければ深いほど、それは集約し、束ね、支える力もいっそう高まるであろう。これは、ユング派の心理療法で、個人的な水準の転移／逆転移が元型的な水準の転移／逆転移に深まっていくことを目指す姿勢とも関連するところである。

　こうした想像過程に心理療法のなかで積極的に開かれていく試みを、織田尚生[16]や大住誠[17]はみごとに行なっている。その一場面一場面を見てみると、セラピストの個人的な想像過程はつねに心の奥から湧き上がってきている印象を受ける。こうした想像力を心理療法のなかで働かせていくには、それなりのトレーニングがいるだろう。また、それを意識の場に積極的に採用していく程度や方法はさまざまである。たとえば、この想像活動にさらに厳密な枠組みを与え、現実の個人的な現実の連想を除いて内的イメージと自分が向き合う方法を技法として用いていくと、それはユング派のアクティヴ・イマジネーション（能動的想像）となる。また、面接の最中にセラピストも同時にこれを積極的に技法として行なうなら、シュピーゲルマン[18]の言うジョイント・アクティヴ・イマジネーションとなっていく。しかし、そうした技法的枠組みを導入するよりも先に、セラピストがクライエントに（当たり前のように）求めるのと同様に、セラピストのほうも自身の内からの表現を受け取ること、それを治療過程のなかにどう活かすかをまず考えることが重要であろう。また、こうした臨床場面でのセラピストの想像活動は、別のセラピストが行なえばまたちがった別の感じ方や連想があってよい。樹木描画にかぎらず、そうであることが、関係性や相互過程が意味を持つ心理療法での想像活動とその表現の活かし方であろう。それはまるで主観性の個別的な性質と普遍的な性質が織りなす綾のようなものであり、刻々と新たに紡ぎ出されていく過程である。そのとき、個人的連想と非個人的連想のどちらかを一方的に重視したり、逆に抑圧、排除したりすると、自然と緩みや縺《もつ》れが生まれやすくなる。そうではなく、想像過程の自律性、主観性に充分に心を開く姿勢を保つことによって、普遍的な次元と意識とにどういう相互交流が見られ、面接状況や人格のなかにその課題がどのように現れて展開していくのか、というようなことを含めたアセスメントが可能になってくる。そこでは、想像的で具体的なイメージとして体験されたり把握されたりするようなアセスメントのあり方が、そのまま心理療法過程につながる意義を有していることが特徴的である。

（3）面接場面に湧き起こる元型的「樹木」イマジネーション

こうした観点をもって、ここでは次に、ある心理療法でのかなりとりとめもないセラピストの空想を取り上げることを試みたい。ふと日常のなかで浮かんできたとはいえ、それまでの心理療法過程の深まりのなかで連想されて出てきているため、日常的なものではない。

事例は、一〇年近く精神科閉鎖病棟への入院を繰り返していた、重症境界例の三〇代女性である。気分変動が激しく、強迫症状を伴う不安や焦燥感、被害感情が持続し、性的逸脱行動、自傷、暴力などの行動化があったため、彼女にとっては、閉鎖病棟でさえも落ち着ける場所とはなっていなかった。初対面のときは、上半身が硬くて地に足がついていない印象で、まさに消え入りそうな雰囲気だった。本人も「現実感がないんです」「裸でいるみたいだ」と訴えているくらい、護りのなさが直接的に伝わってくる感じがした。自分と他人の境界が混ざり合ったり入れ替わったりする境界の曖昧さが語られ、まずは薄い衣でもいいから羽織ることができるような護りをいかに身につけられるかがセラピーでの一つの課題になりそうだった。心理療法では、描画や粘土などイメージ表現を中心とした面接を経て行動化はおさまっていき、セラピストにとってもエネルギーを大量に費やすような当初の気の抜けない状況から、徐々に微かなゆとりが生まれてきた。それと同時に、二年目には長期間にわたって外来通院が可能になる。その後、一度再入院するも、三年目以降はいっさい再入院がなくなり、ひとり暮らしができるようになった。[19]

さて、ここで取り上げるとりとめもないセラピストの空想が浮かんできたのは、彼女が外来通院するようになっていたある日のことである。その日、病院の中庭からはある女性患者の「あー、あー、あー」という声が響き渡り、それが一日中ずっと続いていた。中庭は入院患者の憩いの場になっているので、大声を出したい人もいるし歌を唄いたい人もいるだろう。それは日常的なことだが、この日のその声だけはまったく同じ調子で一日中続いていたこともあって、外来面接室にいた筆者にとっては素朴に不思議な感じがした。というのも、声を出している人が一日中スタッフや他の誰とも関わらないはずはなく、同じ場所にずっと居続けるはずもないのに、同じ調子で聞こえてくるし、そもそも一日中ずっと同じ調子で声がやまないということなどあるだろうかと思ったからである。そんなことは今まで一度もなかった。それとも、もしかしたら自分が意識して聴いているときにたまたまいつもその声がしているから、「ずっと」であると感じるのか。少しはそんなふうに合理的に吟味してみるが、よくはわからない。そのようななかでいつもどおり、午後最後の予約時間帯にCさんはやってきた。面接がはじまるとあの声は筆者の耳から離れ、意識はクライエントの話のなかに入っていた。ところが、しばらくして彼女はパタリと話を止めた。次の瞬間、私はハッと予感する。というのも、Cさんは病棟にいた頃、自分が辛くなるとやっているらしい幼児のように甘える態度や赤ちゃん言葉を他の患者や看護者がずっと口まねして馬鹿にしていると訴え続けていたからである。そして、訴えてはまた症状が悪化する、そういう時期が長かったのだ。すると、予感どおり彼女は、「先生、あれは、私の赤ちゃん言葉を口まねする嫌がらせですか」と不安そうに確認してきた。「あれ」とは、中庭から今も聞こえているあの声のことである。だだし、この頃のCさんにとって、こうした声からの被害感は、打ち消せないほど強く影響を与えるものではなくなってきていた。

そのときである。筆者には、ふっと次のような連想が浮かんできた。[20] それは、たとえば最近では小説で映画になった『ハリー・ポッターと秘密の部屋』[21] にも登場する「マンドレイク（マンドラゴラ）」という生き物である。マンドレイクは地中の根が分かれて人間のような姿をしている植物で、ヨーロッパでは広く伝承が残っている。人間の全身の姿を連想させることから外徴説などにより、[22] 人体に対する万能薬とも毒ともみなされていたが探すことは難しく、夜に出すという鳴き声によってしか見つけ出すことができない。

クライエントの体験に自分の心を重ねているうちに、筆者はこの日の病院の中庭に響き続けた声から、夜に鳴くというマンドレイクの鳴き声をどうしたわけか強く連想した。考えてみれば、イマジネーションが強く働く心理療法の時間は、昼の時間に夜の時間が同時的に流れているような意識状態にあると言えるかもしれない。ところで、マンドレイクの鳴き声は曲者で、とくに採取しようとして引っこ抜くときに出す叫び声を聞くと、恐ろしいことに人間はたちまち死んでしまうという。さらに、マンドレイクの花言葉は「恐怖」だが、こうした「声」が与える不安は人を極限まで追い込む力を持っている。そもそも、声や音というものの持つ呪力は計りしれない。そのことを臨床場面で感じさせられることは多い。クライエントが「音」に対して何かを訴えるとき、こうした差し迫った感覚であることも稀ではないだろう。

　マンドレイクについてはユングも本書『哲学の木』のなかでふれているが[24]、これもまた「哲学の木」の一つの現象形態と言ってよいだろう。Cさんの面接では、なぜこのような突拍子もない西洋の神話伝承的なイメージが湧き出してきたのだろう。筆者とCさんはイメージ表現を中心とした面接を重ねてきて、深い「無意識的同一化」（ユング）が働いていることをたびたび感じていたので、筆者にこのイメージが湧き出したことをただ受け流すという気にはなれなかった。

　さて、Cさんにとって、自分の依存的で退行的なあり方を映し出す鏡のようにいろいろなところから聞こえてくる口まねやからかいの音声は、妄想的な被害感として心を脅かすという意味では毒の働きをしており、これにより状態はどんどん悪化していた。事実と妄想が混じっていて、思い込みだと少し自覚できるときとそうでないとき、わかっていても感情が抑えられなくなるときがあるようだった。以前は、悪化すると、病棟の薬品や手持ちの薬を大量服用して文字どおり「毒薬」にしてしまうこともあったという。しかし逆に、口まねという反射鏡によって依存的な自分の姿を恥じてみたり、「自分はそんなところばかりではない」とか「ほんとうはちゃんと甘えられていない」というしっかりした気持ちが出てきたりするようになると、ある意味、そのできごとが

「マンドレイク」[23]

薬としての働きをもたらす契機となっていった。「こんな私なんかどうにでもなれ」と自傷を繰り返してきたそれまでの意識のあり方や彼女独特の依存性と演技性を断ち切り、そこから自立性が生まれてくる可能性が感じられた。

　この耳障りな声を出すマンドレイク的なものが真に薬化されていくか否かは、まさにクライエントとの心理療法過程しだいなのではないかと思われる。実際、マンドレイクの採取方法もさまざまな決まりごとによって儀式化されていて、一定の手順を踏むことで採取できたり、効果が期待できたりすると言われている。ただ見つけて服用すれば効くというものではないし、そもそも、ある方法で弱らせて（弱毒化して）はじめてそれが生えているところまで行けるとも言われる。（重症例の）心理療法でも、溢れる症状のある程度の弱毒化によってはじめてその人の本質に触れられる面がある。働きが強い分、採取に関する一定の手順に意識を配ることが重視されるように、心理療法でもイマジネーションを通して意識がどう介在しているかということが効き具合に関わってくるのだろう。

　マンドレイクがとくにこうした治癒力を持っているのは、植物でありながら人間でもあり、神が人間をつくる前の試作品的な中間体であるとされるからだろう。また、それが空想の産物であると同時に実物としても存在していたということとも関係しているだろう。Cさんに対する口まねのからかいが妄想でもあり同時に事実でもあることが新しい可能性をもたらしていたように、意識が介在するイマジネーションを引き受ける事実やその対象となる実物があるという状況自体が薬効をもたらす。そのことは、実物の医薬品を使う現代の薬物療法ではプラセボ効果として、僅かに垣間見られる。

　ところで、マンドレイクは処刑された罪人からこぼれた精液（あるいは無実の罪人からこぼれた涙）から生えてくるので、処刑台の下にあるとも言われる。そして、魔女が所持する薬草ということで「ジャンヌ・ダルク裁判」にも登場する。[25] Cさんも夢のなかで、何度も打ち首や火あぶりにあいそうになっている。また、「精液や愛液がどこかについていないか、それで何かが起こらないか」という、性が剥き出しになったような強迫的不安も面接の当初からしばしば聞かれた。マンドレイクは麻酔剤、媚薬としてもよく知られているが、彼女の感覚麻痺や取り憑かれたように異性を求めて対処できなくなるという訴えも、まるで処方をまちがえたマンドレイクの餌食になっているかのような状態だと感じられなくもない。

夢のなかも現実も地獄のようだという彼女にとって、生まれながらに「なぜ、このような過酷な因縁を背負っているのか」という問いは切実で、しばしば臨床場面でセラピストに投げかけられる訴えでもある。そもそも、生得的なものの影響や、乳幼児期に引き受けなければならないできごと、非個人的で集合的な無意識による意識への一方的な浸食作用など、個人の罪を超えているように思われる問題に対する責任、そのような罰、償いの問題は、元型的な次元のものである。今生で彼女が個人として背負い責任をはたしていけるもの、いかなければならないものをしっかりと引き受けて現実やイマジネーションに意識的に向き合うことと、そうではないものをイマジネーションの力に預けていく行為とを区別して遂行することが、しばしばある種の重症事例には意味があるように思われる。また、これはそのまま、その人の人生にとっても意味のある姿勢のように思われる。

ところで、Cさんは全身アトピーで皮膚がガタガタになっていて、痛々しい姿だった。通常の皮膚による保護が望めないという意味でも彼女はまさに裸だったが、そうした皮膚の状態や当初の、浮き足だったようにモジモジと立つ、あのか細い姿は、まるで地中から心の準備なく無理矢理引き抜かれたマンドレイクの姿のようである。通常の意識からすれば「常同化されているだけではないか」とさえ感じられる彼女の延々繰り返される言葉（繰り返しゆえに、しばしばいつもつきあっている治療スタッフからは聞き流されてしまう）を、こうしたマンドレイク・イマジネーションと重ねるとき、生まれ出たことへの怒り、死んでしまいたいという絶望感、しがみついてでも安らぎを求めたいという際限のない叫びが感じられる。セラピストとの前半の作業は、まずは無理矢理引き抜かれたマンドレイクを再び無意識なる大地に戻し、生きていく滋養分を汲み出す作業だったのかもしれない。ガリガリだった彼女の現実の身体も、退院し通院生活が落ち着きだした頃にはふっくらとし、全身のアトピーはやがてきれいになくなった。そして同時に、その作業は彼女自身によってしだいに内面化されていくこととなった。

ところで、バシュラールは「根は神秘的な樹であり、それは地下の樹、逆立ちになった樹である[26]」と書いている。根自体が倒立性など地下世界の日常を超えた性質を備えている。根としての植物であるマンドレイクは、ユングによっても「倒立した木」としてあげられている。先のAさんによって描かれた絵は、倒立画として描かれることで非日常的なものになったというのではなく、非日常的次元を汲み出す自我の働きが高まったからこそ倒立性を兼ね備えた木として顕現し、対象化されたのである。[27] Cさんもまた逆さの木、マンドレイクを生きているが、それはまだ地中の木である。マンドレイクは人間の個人的な利益のために、首に紐を巻かれて犬によって無理矢理引き抜かれる。犬はその場で犠牲になって死んでしまう。余談だが、Cさんはこの数年後に、自分の側にやってきた犬の飼い主になれるのかどうかというテーマのアクティヴ・イマジネーションをひたすら続けていくことになる。はじめの頃、彼女は犬と関わる責任に重荷を感じており、犬は彼女から見放されて交通事故を起こし犠牲になっていたが、やがて両者の間に自然な交流がはじまる。そのとき、首紐に繋がれて散歩する犬と彼女の関係は、振り回されてお互いが犠牲になった、悲運な犬と地中のマンドレイク的な彼女とのそれではもうない。あれだけの入院繰り返し期間があったにもかかわらず、これ以降イマジネーションを続けていく彼女が再び入院に至ることはなかった。

ところで、犬が道路に飛び込んでしまう交通事故から連想されることは、現実の彼女自身が状態の悪いとき病院前の道路に出ていって、やってくる車に飛び込むような姿勢をすることでやっとおさまりがつくことや、発症時の数度にわたる入水による自殺企図、入院時の階段からの飛び降りなど、さまざまある。こういうとき、ただ事態の改善を目指すことが心に対して真摯と言えるのだろうか。また、そういう方針で、満足のいく改善がどのくらい可能だろうか。ここではそれよりも、見方によってはきわめて演技的ともとれるこうした彼女のパーソナリティの側面に対して、そうならざるを得なかったことのたいへんさを真に理解共感しながら、なおかつそれと適切な関係を保っていくことがたいせつである。そして、もう一つの視座も持っておきたい。苦しいときに出てくる繰り返しのパターンは、その人にとってほんとうは必要な課題なのではないか、ということである。つまり、彼女は本来、何に向かってどうダイブしなければならないのか、すべきなのか。それについては、次節で同じCさんの面接をここからずっと遡り、インテーク当時のバウムテストを中心に初期の面接過程を振り返った上で論じたい。

（4）樹木イマジネーションのもつプロセス促進的な力

次に、Cさんが心理療法の開始当初に「バウムテスト」として描いた一枚の樹木を取り上げて、バウムテストの一般的指標とイマジネーションによる理解とを対比させて考えてみたい。

前節のグロテスクなマンドレイクのイマジネーションからすると、このバウム（図C－1）はしっかりとした幹を持って地上に立っており、足もとには花も添えられて、むしろほっとさせられる。この水準での表現を見ると、クライエントの持つ力を感じさせられる。もちろん、よく見ていくと楽観できるものではない。この木は消えてなくなったものも残ったものも含め線が多重になっていて、線同士の繋がりがいびつになっている。そして、この木の足もとから見ていくと、幹は地面に大きく開放している。次に幹に描かれた弧状線は外傷的なものと関係がありそうだが、大きく開放した幹の足もとから湧き上がってくる何ものかに対して、この線が弁のような働きをしているようにも見える。このことは、彼女の持つ強迫症状や外傷的体験が、むしろ無意識からの圧倒による精神病世界への破綻を封じ込める強力な護りとなっていることとも、重なっているように感じられる（ちなみに、この線は彼女によると、幹にはよくある「窪み」だということで、その後もこだわりをもってよく描かれた。またそれは「こ」の字型に描かれることが多かった）。だが、その「弁」（窪み）は足もとにあるわけではないので、幹の腹のあたりまでは何ものかが上がってこざるをえない状況にある。このことは、この木の上部のように樹冠の形態が定まらないほどの揺れとなって襲いくる彼女の状態像とも関係していそうである。上

図C－1　Cさん「バウムテスト」

部を見ると、枝はワサワサと混乱し、何度も消しては描き直され、やっとのことでまとめ上げられている。それは、枝の付け根（分かれ目）の部分、幹からのエネルギーが分化しようとするところで、分かれては途切れ、枝分かれし直してはつながりという具合に、周囲とつながっていく以前に自分のなかで蠢き続けるものが意識的な態度に介入しているような不安定さに見える。彼女の歩行時の体がよじれるような重心のかけ方や言葉の不自然な流れは、まるでこの枝が示す描線の軌道を見るかのように、極度にぎこちなさを生み出すものだった。内的なものを外側に向かって分化させていく過程、あるまとまりを持った人格をなす過程に安定性の欠如や揺れ動きが見てとれ、筆者には、彼女がつねに焦燥感にかき立てられていて心のまとまりや安まりがないたいへんな状態にあることがリアルに伝わってきた。一つの言葉や物音が心の変動の大きなきっかけとなって彼女を襲う状態にあったのだが、そんな状態でも彼女はこの木を描ききった。弱々しくだったが、後から樹冠が加えられるのを見たとき、筆者はほっと一息つくことができた。その七か月後からの面接過程で、本格的に表現活動を導入し、それが治療の大きな位置を占めるようになったのも、このときの筆者の手応えやクライエント自身の体験が大きかっただろう。

　余談になるが、彼女は「踵からイライラがあがってくる」とも訴えている。先ほどのバウム理解からしても、もっともな訴えだろう。そもそも、踵は魂の出ていくとされるところでもあり、何かが侵入する入り口でもある。また、太陽神や英雄は踵のみが急所の場合がある。さらに太陽神の場合、踵が地に触れてしまうこと、つまり日没が死を意味するとさえ言える。[28] 彼女が爪先立ちになっていて、踵をゆっくり地に休めることができない焦燥感や恐怖感を抱えているのも、もっともなことである。

　さて、ここまではバウムテストの指標とイマジネーションを組み合わせて筆者なりの理解の仕方を述べてきたが、従来のバウムテスト的な理解のたがをもっと外して、ある面接場面でイマジネーションを働かせている際に、この木から何を連想しどう受けとめたのかについて取り上げてみたい。

　それは面接をはじめて四〇回ほどになる七か月目の面接のことである。描画表現の積極的導入以降、面接場面での強い焦燥感はおさまりがつくようになってきた頃で、Cさんは、それまでセラピストを急かすように言っていた『早くしてください、早く!』はもう言わないようにしようと思います」と落ち着いて語った。その一方で、湧いてくるいくつもの強迫観念に「どうしてこんなことが不安の種になるのかわからない」と言いながらも、いつもの確認行為が目立っていたが、この回はそのなかに「水子と、またお風呂や院内散歩に行けるかどうかは、関係ないですか」という確認があった。「水子」とはと問うと、過去に中絶したことがあるという。「今苦しんでいるのは悪いことをしてきた当然の報いなんです……」と。聴けば、最初の主治医に恋愛感情を向けたらふられて、自暴自棄になり入水自殺を図ったり、テレクラで見知らぬ男性と関わりを持ち、飲酒のうえ、されるがままになって妊娠に至ったことなどが語られた。それまでも途中までは語られたことがあったが、詳細にここまで語られたのはこれがはじめてだった。その回は「自由画法（セラピストが紙に枠線をつける枠づけ法を加味した）」（図C－2）を実施しているが、その絵のなかの木に「幹の窪み」がこれまで同様に描かれるのを見たそのとき、筆者は「彼女の木の窪みは、これか……」と強く思った。つまり、子どもを堕ろしたという彼女のたいへんな体験と幹の腹にできた窪みのイメージが、このときぴったりと筆者のなかで重なったのだった。そういう気持ちで筆者が傍らにいたためかどうかはわからないが、今回幹の窪みはそれほど強調されず、色を塗る頃にはほとんど姿を消していて、そのかわりに大きな花瓶が画面の主題として大胆に描かれた。この展開は劇的だった。もちろん、それはこの面接で行なっていた対話とも連動してのことだろう。

もう少し、この回の「枠づけによる自由画」（図C－2）を詳しく紹介したい。以前の描画に比べ、雨は小降りになり、木には水色の花が咲いた。木はセラピストが描いた下枠に根づき、側面の枠線に沿うかのように立っている。川も川底が枠取りに沿っていて、底もしくは対岸の線がない。面接という枠組みが、クライエ

図C－2
Cさん「自由画─花の咲く木と花器」

ントの曖昧で危うい自我のたいせつな枠取りになっている状況であった。着色時にクライエントは、枠をもう一度みずからなぞっている。川の上には、ふくらみを帯びた円柱形で桃色の大きな花瓶が浮いていて、そこには一輪の桃色の花が飾られている。花瓶の図柄にも桃色の花がいくつか描かれている。この回以降、描画では、花瓶や父の灰皿といった「器」のイメージが描かれるようになった。「窪み」が腹の内なる空虚や罪悪感としての窪みから、何かを受けとめたり、飾ったり、育んだりする容器へと移り変わっていく様子が感じ取れた。

ところで、幹の窪みに対するセラピストの強い連想は、冷静に考えると通常のバウム理解からは逸脱している し、一見単純すぎるつなぎ合わせとも受け取れるかもしれない。事実、こうした連想に対し、事例検討の機会に数人の臨床家から、バウムの幹に見られる窪みについては「外傷的なものだとすると一〇歳くらいかと思われるので、中絶体験と重ねるのはどうだろうか。それより前の体験かもしれない」という意見をもらったことがある。これらの意見は、いわゆる「ヴィトゲンシュタイン指数」に基づいており、一般に臨床的な妥当性があるとされる。そういう意味での、描画からの統計的な客観情報はたいせつである。その一方で、セラピストの想像活動が能動的に働くことによるきわめて主観的な体験（治療的融合関係のなかでセラピストに賦活されるイメージ）のもつ、それゆえの客観性（非個人的で普遍的な無意識が働く側面）も無視できない。たしかに、統計的な客観情報を顧みず、描かれた素材からのセラピストの主観的な印象や連想を、ただ素朴に描き手に関する何らかの情報につなげて理解した気になると、しばしば夢分析でも起こるように、イメージそのもの、クライエント理解そのものから離れてしまう可能性もあるので、注意が必要だろう。ただし、セラピストの主観的連想がこのように出てきたこと自体には開かれたまま、なぜその連想がその状況で出てきたのか、それがセラピストにとっていかなる体験になっているのかを問うことや、現れた連想がいかなる源泉を持ち、どのような想像過程を展開するかを辿っていくことは、心理療法的ではないかと思われる。

バウムを通常の臨床に忠実に一〇歳前後の外傷とは捉えず、このとき「中絶された身体イメージ」が筆者の心を占めていたということに注目するのが従来の理解と同等以上に意義があるということについては、先ほど報告したように、その日の面接での描画過程を見るだけでも明らかなように思われる。だが、もう少しその後のケースの展開を追って、その意義がどういうところに出てくるのかを説明してみたい。

まず、筆者が幹の腹の窪みから堕ろした子どもを連想しているときには、次のようなことを感じながら連想している。つまり、そういう堕胎体験がこれまでただなされただけに終わっており、今も窪んだままの腹がそのまま生き続けられているということ、また長らく治療的環境のなかにいながらも、ただなされるがまま受動的に通り過ぎてくるしかなかったそのときの体験をもう一度治療者とともに能動的に引き受ける機会さえ持てないままになっていたということを感じながら、である。さらに筆者はこうも感じていた。堕ろされたままになっているということは、つねに今も繰り返し堕ろされ続けていることに等しい、と。実際、彼女は少しでも余力が貯まると爆発的に発散して抜け殻のようになり、何をなしても積み上がらない、育めない、無力な無間地獄を味わっていた。「地獄」とは彼女の言葉である。子堕ろしは今この瞬間にも繰り返されているのである。この無間地獄が目の前で展開しているのだということにまわりの援助者がしっかり目を向けるには、相当な覚悟がいる。まわりの者からは「一日中同じことばかり言って、問題行動もおさまらない」と、病棟の問題患者としてしか受けとめられない日々が、ひたすら続いていた。そうしたなかでは、面接初期に彼女が一時的に見せた良好な変化が他のスタッフから大きな面接効果として評価され、スタッフ間の協力姿勢が高まった。しかし、そうした評価には、これから先の長く厳しい過程を想うと、底なし沼で藁を摑めた者の一瞬の安堵を捉えて心理面接の成果を肯定されているような怖さも感じられた。結局、彼女のリアリティに応える者が現れるまで、彼女は、誰の場合もまた心身のある位相が地獄や死に浸かっているのだというむしろ当たり前の感覚を、スタッフの日常性の眼前で踊り狂うようにして叫び続けるしかなくなる。

九か月目、院内での被害的体験や描画での容器のイメージと連動して、彼女は「自閉してひとりで居る時間がたいせつなんです」と語った。行動化よりも、それを封じて内向する価値をみずから感じ、徐々にそちらを選べるようになっていく。一〇か月目、「『オギャア、オギャア』という私を馬鹿にした口まねは続いている。言い返すとキレるから、我慢している」と語り、描画では漫画『銀河鉄道９９９』の登場人物メーテルの正面像を描く。愁いを帯びた瞳の女性。「むかし、子どもができたら鉄郎と名づけると決めていた。今は鉄郎[29]みたいな子はいないんですよ。優しくて強くて……。学校でタワシを投げられても墨汁をかけられても、みんな知らんぷりだった」。クライエントは絵を見ながら、「メーテルは鉄郎を呼んでいる」と何度か唱える。それはまるで、彼女の内なる少年、鉄郎の目覚めを促しているかのようであった。彼女は小学校のとき、ママゴトよりも男の子の遊びが好きだったという。次の面接では再び、「水子の障りと実家への外泊は関係ないか」との確認がある。そして、「中絶した子、生きていたら一〇歳になっていると思う」と。〈もしいたら、なんと言いたい〉。「ごめんね。悪かったなあと思っている」。それ以降、水子の障りついての不安は消失している。

こうした流れを見たとき、バウムの外傷指標から何かを割り出す以上にセラピストのイマジネーションを重視したことで、何が起きたと言えるだろうか。一〇歳頃の外傷をどういう質で捉えるかは難しいが、それを指標のように捉えていたら、それもそれなりの生かし方があっただろう。だが、イマジネーションによる理解は、じつは根底のところで、バウムの指標的理解をとうに含み込んでいる。「もしその子が生きていたら……」といった年齢もまた「一〇歳」であったことは、あながち偶然とは言えない。そしてまた、彼女が一〇代前後の小学生の頃に奪われ失われた、男の子的でやんちゃな本性、融通の利く自由な心、鉄郎のような勇気といったものが、この頃の面接では話題になっていた。彼女の内閉は、そういう彼を再び育む容器なのであり、彼のことを「心を込めて」口にし出した瞬間に彼女は彼を受胎している。つまり、不在の子どもに正面から想いを馳せることができるとき、人は内なる子どもとはじめて出会うことができる。ただ、ここから彼女の身体がそれを受け入れていくことは、そうたやすい問題ではない。だが、後に彼女は「鉄郎のように、ひとりだけ現実にも守ってくれた男の子がいた」という記憶を懐かしそうに蘇らせる。この記憶は、この受胎からさらに「一〇か月」後に再生された記憶である。それとともに、彼女の人格には何かが戻ってきたようであった。

さて、樹木イメージに見られたように、彼女は内なる身体としての腹の内に罪の意識と喪失を残すことで、同時に再生の容器をすでに手にしていたのだということがわかる。ただ、それがどう機能するものとなるかが課題となっていたのだ。

ところで、彼女の内なる魂としての一〇歳くらいの少年は、彼女の生まれついての気質、体質や生活環境にまつわる事情により、うまく彼女と結びついてこの世に発揮される機会を奪われ、傷ついていた。彼女の生活史のなかでは、男の子は外的にはいじめをもたらす少年の姿、内的には被害妄想をもたらす脅威の存在にしかなりえず、行き着いた最後の砦だった治療施設では男性治療者から見捨てられたと感じて、彼女は身を投げ出した。繰り返し全身を投げ出そうとする彼女の衝動は、自身の存在全体を放棄するがごとくであり、投げ出される体は魂の奪われた空虚な身体である。見捨てられた内なる子どもは最終的には（性的行動化により）受肉して、現実でも身体の外へと堕ろされることによって捨て子となる。実際に堕ろされ捨てられるという最後の形ある姿をもって、彼女の魂はその存在のありようを示していた。今や捨て子の傷つきはもう姿形となっては見出せないが、形の見えない「祟り」や罪悪感、無力感となって彼女を襲っていた。臨床家がバウムの「外傷」を口にするなら、内なる「彼」のこのような外傷をこそ認めるべきではないだろうか。それゆえ、「彼」が失われてできた「腹に窪みを持つ身体」に筆者の意識が強く働いたあの面接の瞬間にこそ、樹木画法が本来向かうべき見立て意識に至っていたのではないかと筆者は感じている。

ここで、さらに言及しておきたいことがある。筆者は、描画や粘土などクライエントの何十回に及ぶ表現活動を伴う面接のなかで、こうしたイマジネーションを働かせるだけでなく、面接直後に自分でも三度だけ作品を作ったことがある。一度目は、先に述べた面接経過で言うと、彼女がみずからを入れる容器を形成しているかのようにひとりで過ごすことを重視しはじめていた九か月目の頃から一〇か月目に入る直前のあたりだった。彼女はまだ病室では自分の首を絞めることによって落ち着きを保ったり、どちらに転ぶともしれない状況であり、筆者もとても気を抜くことはできなかった。その日、面接後にCさんを送り出してひとりになると、筆者は面接室として使っている病棟診察室でそのまま絵を描きはじめた。この時点で描いておかずにはいられないと思ったものがあったからだ。[30]それは、卵のような石を根元から幹にかけて抱きこんでいる「抱き石の木」の絵（根から幹の部分）である。クライエントの木の窪みや器のイメージに触発されて出てきたのだろうが、何より面接の場を包む筆者の感覚がその絵のイメージそのものであったため、そのイメージを表出して、このときにしっかりと味わっておきたかったのである。一方で、そうでもしなければ筆者自身耐えていけないというほどの感覚も、まだこの時期にはあったと思う。そして、セラピストがイマジネーションの儀式的現実化として、この作品作りを行なった後の数セッションで、彼女が再び失われた少年を想い宿して水子の障りの確認強迫を消失していく、あの一〇か月目の面接へと至っていることに注目しておきたい。

ところで、筆者のこの「抱き石の木」のイメージは、個人的な側面としては、過去に和歌山県那智勝浦の補陀《ふだ》洛山《らくせん》寺[31]を知人と訪れた体験に繋がっている。この和歌山への旅は筆者個人にとって特別なものであった。当時、「補陀洛渡海[32]」についてはまるで知識なく、その寺でいきなり歴代の渡海者たちの名を連ねた碑を前にしたのである。その異様な感覚は、簡単にはおさまりのつきにくい独特で生々しいものだった。そして、寺には趣深い樹木があった。その幹の地面に近いところには、大きな「卵のような石」が木に埋まるように抱え込まれていたのだ。木の根元にそのようにおさまるまで、石はずっとそこにあったのだ。個人的な経験にもとづくこうした「抱き石」像は、根元に何ものかを抱く木のイメージとして、ユングの『哲学の木』にもたびたび見られる。そして「石の卵」というイメージは神話として遍在する。それは錬金術の「哲学者の卵」にも繋がる重要なイメージで、錬金術において卵は、「哲学者の石」を生み出す象徴的な変容の器である。

さて、Cさんによって繰り返される飛び込みや入水による自殺企図、たびたび描かれた入水イメージと、補陀洛渡海のように完遂される宗教的捨身行為としての入水とが、いかにその意識の能動性や意味づけにおいてちがうかには注意を向けなければならない。面接のなかにおいて、「石の卵」を抱くような内向力が働いてはじめて、彼女の入水は真の完成に向かう。入水とは卵を抱くと同時に卵の内に入る行為なのである。前節でも触れたように、彼女の衝動的ダイブは彼女の力の表れでもあり、本来はみずからの内なる深みに向けられるべき推進力であろう。

(5) ある心理療法過程での樹木イメージの変遷

ここまでは、一つの樹木イメージが臨床場面でいかに想像的な枝葉や根を伸ばしていくかという具体例を述べてきたが、ここではある心理療法において縦断的に実施された四枚の「バウムテスト」を取り上げ、樹木イメージの変遷過程を見ていきたい。

一連の樹木の描き手Dさんは、五〇代の男性である。Dさんは中学の頃より不潔恐怖があって、高校になると対人恐怖も強まる。大学在学中や就職してからは、うつや強迫症状により入退院を繰り返しながらも仕事は続けていた。ところが、ある年、父母の死亡と兄弟の自殺が重なって、当時の治療者に対する不信感と同時に被害妄想などの精神病症状を呈し、あちこちの病院を受診した後、大量服薬による自殺未遂により筆者が当時勤務していた病院に一年数か月入院。やがて希死念慮や抑うつは軽減した。退院半年後に仕事復帰するも、強迫行為や不潔恐怖が強まり仕事にはならず、「とにかく仕事が続けられるように」との家族の強い希望により筆者が心理療法を担当することになる。初回に家族同伴で来たDさんは、まっすぐ歩くこともままならない足取りで、会話にも適切に応じられない意識状態にあった。

さて、Dさんによる四枚の樹木画はすべて「バウムテスト」の教示によって描かれたものである。最初の一枚(図D－1)は、二回目の面接時のものである。本人による説明では、「季節は秋で、樹齢一〇〇年くらいの林檎の大木に実がなっている。根っこの部分が、松の木のようです。幹のフシは枝を切り落とした跡。自然に折れたんかわかりませんけど、松の木にありそう。正面の幹のフシは自然に折れた部分で、(右)横のは枝を切り落としたフシ」ということだった。全体的に不自然な歪みが見られるものの、一本の木としてはしっかりと仕上げられている。木の大きさに比べ、幹中央のフシ模様が際だって見えた。また、根にも同様のフシのようなものがついており、そちらが気になった。二枚目(図D－2)は八か月後、三〇回目の面接で描かれたものである。「四、五〇歳くらいの木。初夏、草原にぽつんと立っている感じ。本来は実がなる木じゃなくカラスとか鳩がた

図D－1　Dさん「バウムテスト①」

くさん棲んでいて、飛び去っていくとまる裸になるような木。それに実がなっているのはおかしいけど。鳥は夜になると帰ってくる。この頃、鳥に興味を持つようになった。木は平べったいから安定している気がする」。

バシュラール[33]は「大木のなかで、茂った葉陰で生きるとは、想像力にとって、常に鳥であることである。樹木は飛翔の貯蔵庫である」と書いている。また、D・H・ローレンス[34]は「鳥は空の高みで胸をときめかせてはいるが他のすべての葉と同様、幹にしっかり結びついた、樹の一番高い葉にすぎない」という。Dさんのこうした木と鳥のイメージも、普遍性の高いものであろう。鳥が群棲するこの木には、樹冠があっても、葉が茂っているわけではない。昼間は枝だけがまる裸に見えて、夜は鳥が羽を安めにやってくる。Dさんは夢で、「亡くなった兄弟が肩の上にのし掛かってこられ、泣きながら退けてくれと言っている」という内容をしばしば見ていた。それは、夜になると彼の樹木のもとに宿り場を求めてやってくる鳥たちとも重なるように思われた。昼間はそうした魂からの重圧は幾分軽減するのかもしれないが、同時に木の幹や枝があらわになるわけで、彼が言う「職場では針のムシロ」になるのである。Dさんは、自分が薄情で自分のことばかり考えていて、妻や子どもに対してほとんど気持ちが向かないことを気にしていたし、まわりからも責められているとのことだった。しかし、自身の亡き両親や兄弟と過ごすたくさんの夢を見るような内的状況や症状の内容を見るかぎり、それはこの時点では仕方のないことであったろう。ある医療機関では、初診で「あなたのは病気ではない。ただの趣味でやっている。勝手わがまま病だ」と強く叱られたとのことだったが、その後の自殺未遂を考えても、何よりもまず前治療者に対する不信感の後に症状の悪化を来たし、亡き家族に対する「喪の作業」もなされないままになっていることが気になった。前治療者にもそのあたりは指摘されたとのことだが、現在のD

図D－2　Dさん「バウムテスト②」

さんを見ているかぎりは、そうしたことに「言葉」で焦点を向けていくだけで心に届いたり、それで面接が進んでいったりする状態にあるとは思えなかった。

この世にかろうじて身を置きながらも亡き家族の魂たちとの接触のなかに生きている彼が、現家族の生計のためにも職場に向かおうとする意志を持ち続けていることに筆者は敬意を感じた。姿や仕草を見ていても、まだ人と関わりながら仕事のできる状態ではなかったし、仕事から帰ると朝までずっと眠り、「寝ているのが唯一の楽しみで、他に楽しみはない」とのことだった。次の課題は、魂の一つの姿かもしれない鳥たちでできている樹冠ではなくて、昼間の裸の木の枝自体から新芽や葉が生えて育ちはじめることであるかもしれない。枝と外界との緩衝材は、鳥たちや魂のようなものだけではなく、本来は葉や小枝や実など枝から自生してくるものによるのがいちばんであろう。そのために、まずは枝に羽を休めに来る鳥たちの声をしっかりと聴かねばならない。そういう作業なくしては、このバウムに見られる状況を打開していくことは難しいだろう。Dさんとは、はじめから夢の報告を受ける夢分析を中心に面接を進めていた。現実では日々の記憶も曖昧になりがちで、意欲関心が極端に低下しているうえに、指が震えて字を書くこともままならなかったが、Dさんは夢の記録だけは、断片的な内容でも継続して書いてきた。

ところで、筆者がこの絵を見たときに強く感じたのは、なにか上から抑えつけられているような圧迫感であった。樹冠に対して幹から出ている「添え木」の状態や、樹冠が横に大きくふくらんでいること、画用紙を縦に使っているにもかかわらず上に広く空間を残していることなどが、そういう印象を与えたのだろう。しかし、他の人が見ても、この絵を筆者と同じように感じるのだろうか。もちろん、そうとはかぎらない。だが、面接という相互浸透のなかで紡ぎ出されたバウムから、筆者が上からのものすごい圧迫感を受けたことを軽んじたくはない。この圧迫感で筆者がまず連想したのは、現実的だが、まずDさんの仕事や症状からの圧力だった。最初の頃のDさんは傍目に見ても何かができるような状態にはなく、強迫症状を悪化させずに、ただ職場で一日じっと座って過ごせるかどうかがいちばんの課題だったが、この頃のDさんは少し意識がはっきりしてきて、簡単な仕事には応じられるようになってきていた。そうなると周囲からは回復したかのように見えるため、本人の状態には合わない仕事を任されることも出てくるし、それを調節できないDさんの負担感は相当なものだった。

また、魂からの重圧、仕事や症状からの重圧に加え、症状を抑える薬からの圧迫も付け加えておきたい。入院時に症状を抑える薬によって見るからに人格の水準が低下したことで、家族からは薬に対する不信感が高まっていた。またある宗教家からは、薬を飲むと自己治癒力までもが抑え込まれて、いつまで経っても回復しないから断薬するように、と再三言われていた。抗精神病薬の性質からすると、その意見もあながち見当ちがいとも言えない。ある臨床家から示唆いただいた点でもあるが、薬が効きすぎてぴったりときていないことがこのバウムに影響を及ぼしている可能性もあるのだろう。それにまつわる諸問題（薬物の話題をめぐる医師との連携など）はここでは話題にしない。しかし、いずれにせよ、整合性や論理的な矛盾を問題にするよりも、このようにバウムの持つイメージを多重なものとして見ていくことで、そのなかに含まれる脈絡のようなものがやがては見えてくることがたいせつではないかと思われる。

続く二枚の描画には、新しい葉が現れはじめる。図D－3の木は図D－2から七か月後の木であり、図D－4はそれからまた六か月後の木である。どちらも、まだ緊張はあるし鋭い枝先が気になるが、とにかくていねいに描くだけの余力が出てきている。現実でも仕事に応じられるようになっている時期だった。葉の細かさを強迫性とも見てとれるだろうが、新緑の息吹、生命力が感じられる。どちらも樹齢三〇代の木である。面接でも若くて仕事のできた自分がたびたび話題になり、やがては現状やこれからの自分をどう生きていくかということがテーマとなっていった。

さて、ここまで四枚の樹木の形態の変遷を見てきたが、そのなかでも幹と根のフシだけは三枚に共通して現れ

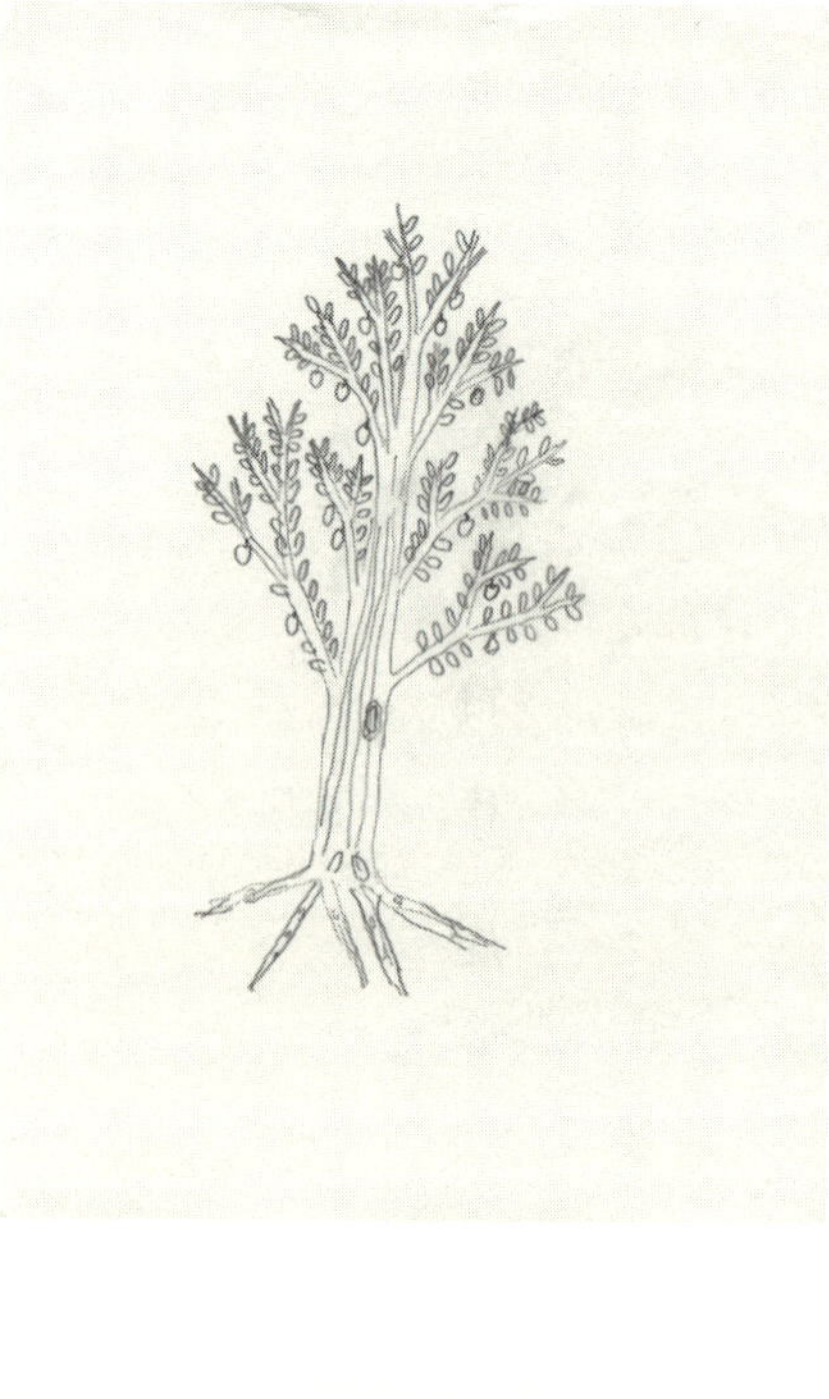

図D－3　Dさん「バウムテスト③」

ている。そのうち、二枚目の図Ｄ－２にフシがないのは、あるいは地平線が描かれていることとも関係があるかもしれない。しかし、どの絵も根は「描かれているところまでが地表に出ている」という説明を考えあわせると、むしろ図Ｄ－２ではフシの世界に、フシが生まれるようなたいへんな水準のなかに意識があるように思われる。そういうときには、フシは描画として対象化されることさえない。図Ｄ－２には添え木の枝があるが、このように鳥によって樹冠が重くなりすぎると、木が個としての力で立ち続けるには限界が来る。これまでもこういうときにフシができるような枝折れがあったのではないか、とも想像される。この添え木は幹から出ている自然の枝ではなく、まさに「添え木」（人工的に添えられた木材）のようであるが、ここでは、それによってなんとか限界を持ちこたえているとも見うる。それから、とくに根のフシについては、盛り上がった形態をしていることからコブのようにも見えるため、Ａさんの「根から青い水晶の種を生み出す木」（図Ａ）も想像しなくはないのだが、それとはずいぶん様相がちがう。根にまでこういうフシがあることに対しては、Ｄさんの家族にも同じような症状が見られることもあって、遺伝や環境的要素、生涯を費やす長い治療歴などとの重なりを感じさせられる。そのたいへんさが心に浸透してくる思いがした。

ところで、根にあるこのフシのコブのような隆起はどうして生まれてくるのだろうか。現実の自然界では、侵入物に対する木自体の免疫力の働きによってコブが生まれると聞いたことがある。そうだとすると、Ａさんの根に見られた青い結晶とは様相が相当異なるとはいえ、本来は同じような治癒的性質の発現であったのではないかという気がしてくる。そうしてこの根を見ると、生命の持っている力を再び信じてゆく気持ちも自然と湧いてくる。この世にかろうじて留まり、その後も家族の生活基盤を支えてきた生き方に敬意を込めて、ここにＤさんの木を報告した。

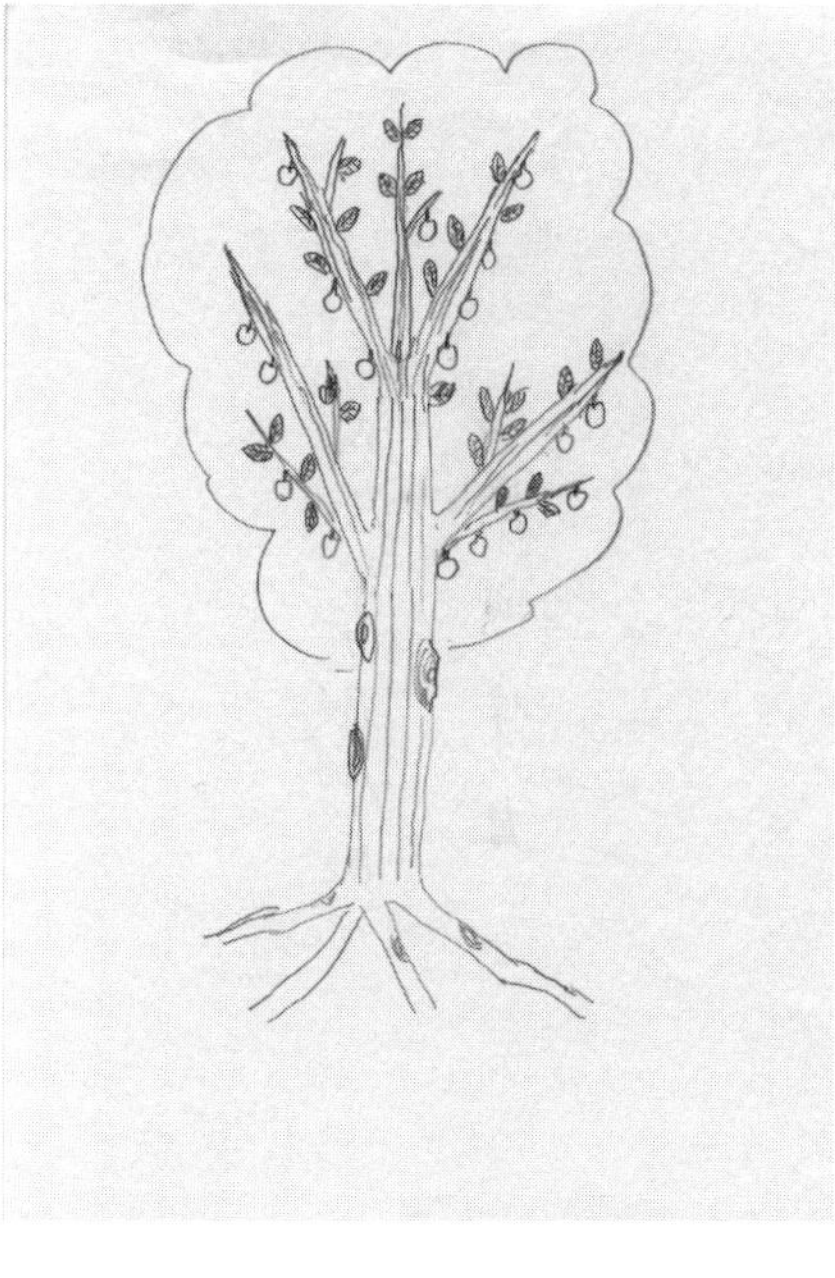

図Ｄ－４　Ｄさん「バウムテスト④」

〔3〕　樹木イマジネーションとしての身体

さて、〔2〕の事例では、身体的イメージにまつわる連想が繰り返し出てきている。樹木と身体イメージの関連については藤岡喜愛[35]らこれまで多数の先人の言及がある。また、セラピストが臨床場面で自然と行なっているであろう樹木画に対する身体的理解には普遍的背景がある。神話象徴的レベルでは身体の樹木性、樹木の身体性は繰り返し現れており、われわれの自然な感じ方や表現のなかにも日々表れ続けている。また、山中康裕[36]によるバウムの理解などは、そうした感性が解釈のなかに貫かれているように感じられる。そして、ユング『哲学の木』の絵19〜絵32では、身体と木の同時性、同質性が高度な象徴性のもとに描かれていることがわかる。

だが、こうした様相を「身体イメージとしてのバウム」というような言葉で一般化されてしまうと、表層的なニュアンスで捉えてしまうことにならないだろうか。樹木において身体が問題となっているときは、本質的にはむしろ、ユング派で言う「サトル・ボディ」の一つの現象形態としての樹木や、動物的身体とは位相を異にする植物的身体としての樹木が問題になっているように思われる。現実の身体イメージの単なる投影などではなく、身体や自己の持つ植物的要素、植物の持つ動物的側面や精神的側面などが自己展開していくものとしての樹木にまつわる身体的イマジネーションをそこに見通したい。

ところで、昨今「サトル・ボディ」等、ユング派の概念の実体化の問題が指摘されることも多いが、もともとすべての概念は実体ではない。もちろん、心の持つ実体化の働きという罠を抜け出そうとする認識論的変容もだいじだが、一方でそうした実体化の働きを推し進めて実体の変容をイマジネーションの働きによって体認し、それを通して実体性を超えていくようなイメージとの向き合い方、つまり本来のユング派的なあり方も再認識されなければならないだろう。認識論的な実体化の問題はそもそもセラピストが存在の芯から巻き込まれることのない今日の「ユング心理学的」セラピーの弊害であろうし、認識論的に非実体的に捉える姿勢は、存在の芯から巻き込まれることの単なる回避にもなりうる。生きられたイメージの弁証法的運動そのものは、弁証法的には語れない。みずからの内に蠢く樹木のイマジナルな運動を生きないままに、木をただ側面から見ている傍観者になってはいけない。認識論的変容はその後に続くものであって、それを哲学的に先取りしてしまうと、場合によっては、どのような個のあり方にも個別性や神話的普遍的背景がただ見通され認められ、それを尊重されるだけでよしとするような受容性が支配する意識の餌食となり、自分の本来的な変容の機会を失う。

さて、この章では「サトル・ボディとしての樹木イマジネーション」について言及したが、臨床家にはバウムがときとして「人面」に見える経験があるのではないだろうか。立ち居ふるまいは身体の一つの表情であり顔のようにその人の人格を表す面があるので、それも当たり前と言えば当たり前だが、あえて樹木を顔として見立てられる「顔としての樹木」にも言及しておきたい。たとえば、Cさんのバウムは、幹についたあの窪みがニンマリと笑った口元に見えることがある。目はどこにあるのかと探したくなるような感じ。上部のまとまらなさは頭の混乱と関係しているかもしれないが、Cさんは「笑顔」という言葉を大事にしていてそういう題名の詩まで作ったことが思い出される。重い精神症状に苦しめられながらも、彼女の精神は破綻し荒廃することのない水準に保たれていた。この木に見られる笑顔は、彼女が他者に対して無理に向けなければならなかった表の顔である「作り笑顔」ではなくて、厳しい状況でも心の奥から湧いてくるゆとりや救いを映す笑顔のように思われる。木に添えられた野の花が、木を自然と笑顔に見立てさせるのかもしれない。表現されたものが複眼的に見えてくるとき、意味や価値の対立する諸要素を同時的に映し見ることができる。それが同時的であるからこそ、表現すること自体に象徴機能が生きている。われわれはその流出のほんの一部を恩恵として受けているにすぎない。臨床心理学的に学んだ解釈を対人援助や自己理解のためにとふるう姿勢がわれ知れずみっともないものになるかどうかは、既存の解釈がこうした恩恵の一部にすぎないことを知っている謙虚さと関係しているのではないだろうか。ときどき、そんなことを思う。

もう一例、「顔としての木」を挙げておく。図Eは長らく不登校気味であった男子高校生のEさんの木である。母親に連れられて来たEさんと個別に話をし、それから描いてもらったバウムテストである。最初は画用紙の隅に小さくキノコ型に萎縮したような木が描かれたが、この木はそれに続いて自発的に、「裏にもう一つ描く」といって描かれたものである。彼は個性的な将来像を持っていたが、家族の一面的な価値観に押し込められ、べッタリと依存的になるしかない状況にあった。やがて、Ｅさんは徐々に登校するようになった。これは葡萄の木である。Ｂさんの葡萄の木と比べると枝葉や幹がしっかりしていて、棚の柱まで描かれている。棚に支えられた木は、彼の現状と重なるように見えた。筆者には、さらにこの木は彼の眉をひそめた困った顔に見えて仕方がなかった。「困った顔の葡萄の木」である。果実が目で傘が眉と、筆者は見ている。今、あらためてこの絵を出してきて見たところ、目と見立てていた果実は三つもあるし、どうしてそのとき顔と見えたかはちょっと説明しにくいと思った。だが、一対一対応の「顔そのままでない」というそのことこそが、「顔としての木」を取り上げている意義である。イマジネーションによって見立てられるものは、多層的で複眼的である。それがどういう意識のもとで働いているかによって、見え方は異なってくる。ただ顔を描いてもらうのが目的であれば、本人の顔を見るか、顔の表情に関わる描画や検査をするかすればいいのであり、ここで話題にしている顔は、イマジネーションで捉えられた「サトル・ボディとしての顔」とでも言うしかない。面もち、相貌、顔相、表情などと言われるように、「顔」を通して映し見られるその人やその人との関係性のあり様を示すのが、サトル・ボディとしての顔である。現実の顔にかぎらず、樹木イマジネーションがそういうものを担っていても不思議ではない。これとは少し観点がちがうが、中西進は、目耳鼻など顔の部分と植物の部位の名前の一致にある種の根拠を見出している。[37] こうした見方が生まれることも示唆的である。「顔としての木・木としての顔」も軽視できない見方ではないだろうか。

図Ｅ　Ｅさん「バウムテスト—葡萄の木」

〔4〕補足――「想像の木」に関して

今回の議論は樹木イマジネーションの働きが持つ臨床的意義を中心にしてきたが、〔2〕の（1）で述べた「想像の木」について、ここで実例をいくつかあげて、その臨床的展開の可能性を見ておきたい。とくに〔2〕で論じた「想像の木」の意義を具体的に把握できるように、「バウムテスト」と同時に実施したものを提示し対比してみる。事例を詳細に報告せずに樹木画だけを提示するのは、せっかくの味わいをいささか失い、またここに至る過程の重みが伝わらないという点で抵抗を感じるが、それについてはまた別の機会に譲ることとしたい。

（1）「バウムテスト」との対比

まずは、〔2〕で「想像の木」を詳論した際に話題にした図A－1のAさんが同じときに描いた「バウムテスト」を提示しておきたい。「想像の木」（図A－1）は「バウムテスト」（図A－2）のすぐ後に描かれたものである。「想像の木」に比べると、線が強くしっかりと描かれているため、がっちりとしていて中身が詰まっているという印象を受けた。画用紙は縦に使い、樹冠に対して幹の比率が高い縦長の木だが、バランスはよい。短く尖った枝は樹冠によって包まれている。根は地面におさまっており、幹は太くて長い。図A－2の一年三か月前にもバウムは描かれているが、二つのバウムの変化を比べると画用紙の縁を地面にして立っていた幹の足元が縁から離れ、線描で模様状に描かれていた根が分化した形態を持ちはじめている。枝は曲線的になって枝の隙間にゆるみが出てきている。また、以前のバウムでは「果実酒が発酵しはじめている」という、果実がいくつも納

図A－2　Aさん「バウムテスト」

められた幹上部の穴が特徴であった。筆者には女性器も連想されたが、あの「報われにくい」とAさんが言っていた「努力による実り」を再び体内に返して、成熟の道具に使うべく準備しているようにも思われたし、発酵自体が自然な成熟のプロセスにもなっている。ただ、そのためには、猿なり人間なり、実を摑む意識性を備えた者が何らかの意図を持って容器のなかに実を貯蔵するという行為が前提となるであろう。そのことがここでは重要である。

さて、二枚のバウムにも想像の木にも共通しているのが、先の尖った枝である。しかし、想像の木のそれは水晶であり、攻撃性や防衛という前に、ガラス細工のように外圧がかかると砕けかねない繊細さを示しており、またバウムテストでは見られなかった線の曖昧さや歪み、それゆえの幻想性をも備えている。「想像の木」は、バウムで見られる彼女の外観が生まれてくるところの内奥の世界（本質）が垣間見られるように思われる。また、バウムとは対照的に、「想像の木」（図A－1）では画用紙が横に使われ、木の幹は極端に短くわずかで、ほとんどの部分が生け花の剣山のような上下に突き出した枝と根になっており、ずいぶん様相がちがう。彼女の夢には、突き刺していくというシーンが出てきた（〔2〕の（1））が、生け花の剣山が樹木や草花を突き刺すものでありながら同時に器として機能しているように、夢のなかの剣や彼女の「想像の木」にも、刺すものと刺されるもの、拒絶することと受け容れること、抱えられるものと抱えるものの同時性、二重性があるように思われる。こうしたものは破壊的にも働くが、意識的に生きられると創造的な形をとる。彼女の生き方には、突き刺すことと、包み、支え、受け容れることとが一つであるような二重性の萌芽が見られる。

ところで、ユングの『哲学の木』に掲載された樹木画は、どれも通常のかぎられた臨床場面で描けるようなものではなさそうである。筆者のあげたほとんどの木、とくにバウムテストは、面接時間の枠内で面接の流れに沿った言葉のやり取りをするなかで、その流れの一部として描かれたものである。そういう木とユングが掲載している木の絵は質的にかなり異なることがわかる。面接の深まりやクライエントのイマジネーションの力、面接時間外にも描いてきてもらうような分析的枠組みなど、さまざまな条件があったことが想定できる。最初にも述べたように、どうした枠組みでそれらが描かれたか思い描くことはたいせつである。「想像の木」法の発想と方向性は、たぶんユングの樹木描画に対する構えに近接する臨床的な実践様式であるだろう。ただこの方法は、面接初期でもアセスメントとして幅広い対象者に実施可能なよう工夫された「夢の木」法や他の樹木画変法よりも、時期や状況の見きわめや、何かを紡ぎだしていく描き手の力、セラピストとのある種の関係性、セラピスト側のイマジネーションなどが前提として必要である。実際にこの方法を行なうとなると、その面での難しさや厳しさがあるかもしれないが、だからこそ心理療法の流れに沿ったものとなりうるのだろう。

(2)　貝の木

Fさんは二〇代前半の女子大学生である。下宿先で隣室の騒音に困って引っ越しを繰り返すが、不眠状態が続いて生活に支障を来たしていたため、大学を続けていけるかどうかの瀬戸際にあった。Fさんは何か月にもわたって来談を考えてからある相談機関を訪れる。そこではまず医療機関を紹介されたが、行ってみたところ、自分のような「軽い相談」で来るところではないと感じ、再び引っ越すしかない状況に陥る。ところが、吟味して引っ越すも環境はやはり改善されず、困って筆者のところを訪れた。「自分程度の悩みで相談に来ては申し訳ない」という意識が強いため、継続面接の取り決めが提示されなかった最初の相談機関には再来談しにくかったようである。

Fさんは繊細で控えめ、遠慮深く気遣いの細やかなところがあって、筆者はよい印象を持った。しかし、そういう部分だけにセラピストがつながってしまうと、彼女にとっては救われない無力感がやがては強くなっていき、面接は中断になるだろうと思われた。実際、彼女は自己価値の低さからで出てくる遠慮が強いために、少し状況がよくなると面接に来て時間をもらっては申し訳ないという気持ちが強く働くようだった。そのため、まずは面接の枠組みをきっちり共有し、こうした感情を率直に話し合い、その背後で働いている心の動きを面接の材料として取り上げていくことが多かった。面接は夢分析を中心に行なっていた。彼女はまた、過去に親しく付き合っていたある友人から、自己イメージや身体イメージを日々ひどく傷つけられていたにもかかわらず、問題を抱えるその友人との特殊な関係性を自然なものと受け取り、ストレスが蔓延し修正も難しくなっていた。夢分析を中心とした面接では、そのことや現在の人間関係が問題となり、やがて正当な自己価値感や意志を持てるようになっていった。それに伴って、隣からの騒音についても、生まれもっての繊細さや過敏さと、騒音を出す相手に投影して感じていた怒りや憤りを、おのずから別の問題として捉えられるようになった。その結果、敏感な自分や相手に対する感情は許容できおさまりのつくものとなって、彼女は安らかな生活を取り戻すことができた。

ところで、症状として現れて問題になるところは、もともとその人の持ち味や能力の高い部分であることも多く、そこからその人がどういう方向に自己を実現していくのかを、事前に少しばかり見通せることがある。症状であったものが創造的に使えるようになる可能性である。もちろん、症状に蓋をしてしまうセラピーも現実的な治療環境では求められることが多いが、それが一方ではクライエントの可能性を損なったり、一時しのぎに終わったりしている残念な面も、セラピストとしては感じ続けなければならないだろう。外的事情との狭間に立ってクライエントを援助する外的倫理意識と、内的事情との狭間に立ってクライエントを援助する内的倫理意識とがつねに働いているのが、セラピストにとっての臨床場面での実際状況である。Fさんはまわりとの価値観や感性のちがいに苦しんでいたが、やがて自分の感性を信じて卒業論文を仕上げることができた。彼女の論文は、その感性が迷いなく発揮できるようになっていたために独創性が高く、また文章もしっかりしていたため、評価は高かった。

図F－1　Fさん「バウムテスト」

面接も残り三か月になって、彼女にはじめてバウムテストと「想像の木」を描いてもらった。バウムテスト（図F－1）で、彼女は「こういう表現方法が好きで、わざと二次元表現の木を描いた」という。二次元表現のバウムの控えめさは、彼女の外見的雰囲気を思わせる。三次元的には描かず、知覚の刺激となる要素を抑える二次元表現に落とす感性も彼女らしい。二次元の木となると、もちろんバウムテストの解釈的にはいろいろあるだろうし、木がこぢんまりしているところは、今の実際の彼女に比べると少し大胆さに欠ける気がした。はじめての描画とはいえ、「今の彼女なら、こんな感じの木のはずだ」というのが筆者のなかにあったのだろう。ところが、次に「想像の木」(図F－2)を描いてもらったら、おもしろいことに筆者にはとてもぴったりくる木が描かれた。「想像の木なのでどんなふうに描いてもいいんですよね」と少し恥ずかしそうに確認しながら、彼女はゆっくり想像の木を紡ぎ出した。できあがった木は、同じように二次元の木であった。その絵は、「聞こえざる音」が聞こえてくるかのような世界だった。その音に筆者は心を動かされた。説明によると、この木は「貝の木」で、貝の残骸が寄せ集まって固まってできた幹に、巻き貝のような形の柔らかい樹冠がついている。これは海のなかであり、人魚は貝を持って、まるで祈りを捧げるかのように木に手を合わせ、この木が奏でる音を聴いている(手に持つ貝の音も聴いている)。Fさんが聴いている音は、きっとこういう世界のものだろう。彼女はもう、この世界を自分のものとして表現する力や、それを肯定的に感じ、それを使って生きていく力を手にしているように思われた。「貝の木」はまるで海中の珊瑚のようである。貝自体の象徴性もさることながら、珊瑚は錬金術において、「海中に根をはる哲学の木」である[38]。

すでにこの時点では自己評価が高まり、過去の友人との関係が見直されるようになったり、下宿先での騒音が気にならなくなって騒音を出す相手への感情も修正されたりして、主訴は解消していた。だが、この頃から面接の終結にかけては、まるでクライマックスを迎えるかのように、人との関係や音との関係がもっと目の前のできごととして溢れてくる。まるで、これまでの成果を試すかのごとくである。外的には高校のときのように、過剰に侵入

図F－2　Fさん「貝の木」

的で勢いのある友人に家に押し入られたり振り回されたりする状況が生まれるが、しばらくすると自分の距離をもって接することができるようになった。音については、これまで「まわりの音が」ということだったが、それ以上に「自分が出す内臓の音が」恥ずかしくてビクッと身体が反応してしまい、友だちからも変と思われるという話題が、急に浮上してきた。じつは面接では、これまでできるだけそういう反応にならないようにしており、換気扇の音がしていることで安心できるところもあったという。ところが、この頃になるとFさんはこうしたことも話題にした。面接場面では、Fさんの内蔵の音だけでなく筆者の内臓の音も自分のお腹で鳴った音としてビクッとし、どちらが発信源なのか、どういうわけかほんとうに聞き分けられない融合状態を何度も経験した。お互いに「今のは私の音だ」「今のはちがう」とか「それは嘘でしょ。絶対、私の音ですよ」とか、最後には自由に言い合っている。お腹の音を聴き分け合う、生々しい今その場での関係が、自他の「腹の内を聴き分ける」という、清濁を含むほんとうの意味での音世界やその発生源への信頼と開放につながっていったように思う。

また、Fさんはもともと体温が高いので、音だけでなく体の匂いのことも気にしていた。一つまちがえば、体の表面から漏れ出す音や匂いのネガティヴな感じは自己漏洩体験として、また隣室との音をめぐるいろいろなトラブルは被害関係妄想として、さらにふくらんでいく可能性もあり、注意が必要である。面接の終盤でこういうものが出てくることは、問題の本質に近づいているとはいえ、通常は危険な感じもするだろう。だが、それらが集大成のように出てくることもよしと思え、最後にはおさまるところにおさまっていった。その経過に最後まで添っていけたのは、これまでの面接の確かな経過やこのような「想像の木」が描かれることへの信頼があったことも大きいのではないかと思う。

(3) 一線木

Gさんは三〇代後半の女性で、一〇年程前から強い恐怖感、焦燥感に圧倒されるようになり、精神科で入退院を繰り返していた。Gさんは、自傷行為や飛び降りを実際に行なうなどの自殺企図、ヒステリー性の意識消失やけいれん発作、子ども人格が現れて記憶が途切れるなどの症状が見られ、パーソナリティ障害や解離性障害とされていた。その後、本人の望みで主治医を通じて依頼があり、筆者と心理療法を行なっていくことになった。

当初は一日の内に症状は大きく変動し、外出時も意識が途切れて倒れたり、嘔吐が見られた。三か月ほどで退院となるが、Gさんはひとり暮らしであり、孤独と恐怖に気が狂いそうになって気持ちを休めたいと母親のもとを訪れるが、気を許そうにも今度は母が幻聴と対話をはじめて声を荒らげ、態度が豹変する。同性や異性との交流も複雑で接触するだけで具合が悪くなるが、駆り立てられるように繰り返される状態だった。内からはネガティヴな記憶の想起、外からは行動化の反動など、これらの刺激に感覚過敏を起こして叫びたくなる状態が続き、どこにいても、無音の世界で自閉したい気持ちと孤独に対する恐怖との間で気持ちがいったり来たりして意識が擦りきれ、意識消失が起こりやすくなっていた。

図G－1「バウムテスト」と図G－2「想像の木」は面接を開始して一一か月めに、はじめて描いてもらったものである。この二枚の描画の間に、枠づけ法による樹木画を一枚行なっていて、この回は三枚法になっている。

一枚目の木（図G－1）は画面の縁まで押し広げられるように肥大化し、そのぶん中身が空虚に感じられる。そのためか、本来骨組みであるはずの根や幹といった部位までもが張りぼてのように見えてくる。Gさんの過剰に外に向かっていく動きは、内面の空虚感とひとつになったものであろう。こうした状態によって、なんとか自分を保っているGさんのたいへんさが伝わってくる。

二枚目の枠のなかに描いてもらった木も画面に大きく描かれるが、全部位（幹・枝）がそれぞれ一線で描かれた。一線幹から一線枝（全枝）がほぼ左右対称に、斜め上向きに伸びている。一枚目とは対照的に、二枚目の保護された枠づけの空間では、張りぼてのような肥大化が一気に剝がれたかのように感じられた。二枚目を見ると、一枚目の肥大した装いの木のなかの本来の骨組みは、

図G－1　Gさん「バウムテスト」

こうした針金のように細く揺れるような軸なのではないかと思わせる。描画の落差がGさんの現在の状態像や自己像の変動の大きさを物語っているようにも思われた。枠づけによる保護下（強制下）においては、一気に顕在しやすいGさんのこうした傾向を理解することが心理療法を行なう上ではたいせつである。また、Gさんの本来の状態でもありそうな二枚目の一線木は、世界からの刺激に守りを働かせることができなくて全開で曝されたままになっている状態と、刺激から心身を守るためのギリギリの抵抗としてて完全に閉ざしている状態という精神病水準の意識の二重性をもっっているように思われた。それでも、この木の枝は左右に大きく伸びていて力を感じさせる。

だが、三枚目（図G－2）の「想像の木①」になると、極端に小さくなった二本の木らしきものが一線で描かれ、下向きになっている枝もある。最初の二枚がすぐに仕上げられたとはいえ、三枚法の負荷も気になる。しかし、それ以上に「想像の木」の教示特有の、充分な想像過程から描くという方法は、過去や現在のネガティヴな想起に普段から苦しめられているGさんにとっては、この時期にあってもまだ相当負荷のかかるものであっただろう。積極的に描かれたとはいえ、「小さくしか描けない」との言葉からは、想像過程を働かせることとその過程を表出することのたいへんさがうかがい知れる。この木からは、表現を促すことで生じる痛々しさのようなものさえ感じられるくらいであった。しかし、それだけにGさんの本質状況を示しているとも言える。付加物として描かれた川は、流れが途切れて短く閉じられている。閉じられた表現としての一線木と同じ意識水準から出てくるものであろう。色は真っ黒に塗られ、「川はきれいだったけれど、真っ黒になった。真っ黒しか思いつかない。本当は全部真っ黒にしたい」と語られた。そもそも、どの絵についても描出した直後に画用紙全体を真っ黒に塗り潰し、バラバラに破りさりたい衝動に駆られると言っていて、

図G－2　Gさん「想像の木①」

それが今にも行動になりそうな緊迫感があった。Gさんは、描かれた対象だけを色づけしたり、解体や死というテーマを描画内容として表現してよしとする象徴的表現ですむレベルにはなかった。Gさんにとって、このときの黒は表現された場自体を塗り潰すものであり、解体は画用紙をバラバラに破るという行為であり、そういうことでしか解消できないほど強い衝動を抱えていた。過去のネガティヴな記憶に襲われる度に、行動化や症状の変動を起こしていたGさんの現実でのあり方と同様に、本人が望んで描かれたものでも描いた途端から、それを否定する実際の行為によってしか収まりがつかない状況であった。

どの描画も真っ黒に塗りつぶしたいと言われるなかで、「想像の木」に描かれた川では、黒のクレパスを使ったにもかかわらず（使ったことで）描かれた川だけを塗りつぶすことでおさめることができている。この樹木画と同時期に行なったはじめての風景構成法[39]は、彩色の際、真っ黒に全面を塗りつぶしたいと言われ、実際に全面真っ黒に塗られていた。それではおさまらず、画用紙をバラバラに破りたい気持ちでいっぱいであるという様子が見られ、言葉にもされて落ち着かない様子であった。ここでは、通常ならば衝動を言葉にするだけで支えていくことを目指すべきだろう。Gさんは発症後、時間や約束を守ること、マナーを守ることには自分に対して過剰に厳しくなり、その過敏なアンテナによって人の立ち居振る舞いのいい加減さが気になって具合が悪くなるほどであった。そのため、長年の溢れるような行動化にもかかわらず、面接場面では勝手に紙を破ったりできるわけはなかった。筆者はこのとき微かにであるがGさんに行動化を促している。そして、セラピストに許容された紙破りをGさんはゆっくりとはじめた。それにより、表出したものをバラバラにするということを、この場でよく体験してもらうことになった。それ自体が、Gさんがいつも感じている強い自己否定感の表現でもあり、自殺企図やその他の症状となって襲ってくる自分殺しの面接室内での表現でもあったろう。細心の注意とクライエントへの気持ちを注いで、デリケートに実施している描画を目の前でバラバラにされることは、セラピストにとっても圧倒的な儀式的体験である。バラバラに砕け散った風景構成法をGさん自身が丁寧に集める作業をもって、この回は終了した。通常の描画療法的接触が可能かどうかの狭間にあるこのようなセラピーでは、描画内容以前に、面接のなかでの描画行動を通じて何かが象徴的に生きられるかどうか（プレイされるかどうか）がギリギリのとところで選択されることもある。多くはクライエント主導で自然に生じるこうした展開も、背景ではセラピストの能動的な判断や体験が加わっていないと面接場面でそれが真には生きられたものにならない。そうでなければ、面接室の場も症状表出の単なる一表現場面として症状に呑み込まれているに過ぎないことになるだけだろう。

さて、それ以降Gさんのこうした衝動は語りのなかにおさまるようになっていき、現実場面でも激しい行動化はなくなり、さまざまな行動でも少しずつ自ら統制をはかれるようになった。のちにGさんは、次のような趣旨の内容を語っている。「カウンセリングを受ける前は、ちょっとしたことでも衝動のままに行動化していた。受けるようになって行動化したあとのことまで考えられてしまって、葛藤を感じるようになって。認知症になりたいくらいの苦しみだった。でも、自分をコントロールできて行動に移さなくてすんでいるのを実感するようになってきた」と。もちろん、黒さ・殺害・解体などを伴う（錬金術で言う）ニグレド的な過程はGさんとの面接に色濃く前面に現れていたものであり、それを生きるこうした作業は、これ一度限りでおさまるものではなく、この時期の面接の課題でもあり、面接のプロセス全体の課題でもありつづけると思われた。そもそも、「想像の木」という形で想像過程を描出してもらうのは、その時期限りではない、その人にとってのある程度普遍的で本質的なテーマを共に探るためである（二二二〜二二三ページ参照）。

さて、この「想像の木①」でGさんと話し合えたことのひとつは「過敏なアンテナ」についてだった。そのとき、筆者にはこの木がアンテナのようにもみえた。そのことを伝えている。描画から湧き起こる想像は意外なものであっても、面接内容と自然と連動しているものである。そのため、筆者はその想起をめぐる連想を面接内容を振り返りながら話題にすることが多い。このときは、この時期の主要な問題であった内容に連想が至った。それは、人との接触によって過去のネガティヴな記憶の想起が普段以上に起こること、人への気遣いがすぐ限界を超えてそれ以上になると刺激が入ってくること自体が恐怖になることなど、Gさん自身がこの描画のような過敏なアンテナそのものになる状況にあるとの連想だった。それを筆者が伝えることでGさんの連想や想いも語られた。それは、溜まってきてGさんを支配してくるものを記憶の外に吐き出すことだけに全エネルギーが注がれていた面接に、ひとつの方向づけを与えた。また、一線木が対になった様子からは、Gさんにとって今必要な関係性とは、こうしたGさんと同じ一線木の状態のままの水準や波長で生きられるような二者関係（セラピスト・クライエント関係）であって、それによってはじめてGさんは癒されるのだろうと実感した。

　さらに筆者には、この木が二人の人物がなにやら立っていたり、バレエかなにかを踊っているようにも見えた。この二人のポーズをとる姿は、動くことによって心的な苦痛を和らげようとしてなおさら負担を増やしていたGさんが、セラピストと二人で（あるいはあらゆる二者関係のなかで）よりよい振り付けを編み出そうとしている様子（行動化の質を吟味して自ら統制していく）にも見えなくはなかったし、この時期のセラピーはそういう側面も強かった。

　さて、続く図G－3「想像の木②」はさらに半年後に描かれたものである。この時に一緒に描かれたバウムテストは中央にこぢんまりとまとまって、はじめて実（リボン）がつけられた。やっと、現実でも装いに気を配ることが可能になりだした時期である。「想像の木②」を見ると、木と家と雲のような形のものが描かれている。絵は浮かんだまま描いたので、樹冠だけのような雲のようなものも何なのかわからないとのことだった。樹冠のない一線木と本来ならば木を包み守るかもしれない樹冠とが別々に関連性も感じないまま描かれてしまうのがGさんのありようだろうか。二つが重なればどうだろうかという連想も浮かぶ。この樹冠のような表現を考える上で次の（4）と（5）の木が参考になる。

　ところで、ここで「想像の木」での彩色の特徴について述べておきたい。樹木画に色をつけてみることの効用は中井久夫[40]や角野善宏[41]などが報告している。筆者は今のところ、状況や考えがあって、通常のバウムテストに対して色づけをする機会は多くはない。しかし、色彩を加味することの意義は大きい。「想像の木」ではイマジネーションによる特異な色彩表現もあり得るため、自然に

図G－3　Gさん「想像の木②」

ある木の色や一般的な自然の色が使われるとはかぎらない。そのため、中井や角野が言う視点とはまたちがった様相を呈する。たとえば、天まで届きそうな巨木の幹が「緑色」に塗られたことにハッとすることもあれば、AさんやIさんが描いたような鉱物的な色、透明色、光の色をもつ木ということもある。「想像の木」では、色彩を加味することで「木ならざる木」が持つ高い象徴性がはっきりと表現されうる。

（4） 樹冠だけの木・卵の木

「想像の木」においては、ときどき根や幹の存在しない「樹冠だけの木」が単独で描かれることがある。Gさんの「想像の木②」を考える上で参考になるのではないだろうか。それは幹のある木を真上から見たという場合もあるが、「想像の木」の場合はしばしば樹冠だけが単独で存在する木であり、どの方向から見てもその形であるようなものである。幹がないという点では、こころの奥から湧き起こったものが情緒的な処理過程を通さず、いきなり想念として現れるような意識状態と言えるかも知れない。二〇歳代後半の摂食障害の女性Hさんは、心理検査の場面で大きな「樹冠だけの木」を描き、そのなかに彩りのある星やハートをちりばめて、空想的な幸福感を味わう様子が語られた。治療では幹や根のような部位の必要性を自覚してもらう現実的な治療が先行し、それに応じないクライエントに治療者からは陰性の気持ちが語られていた。こうした場合、Hさんの「想像の木」の世界ではまったく存在していない、根や幹をいきなり指摘し作り上げようとするセラピーよりも、樹冠に集まったこうしたファンタジーがどのようなものなかのを共有する関わりを通じて、極端に低い自尊心や悲観的な将来像を再構築する作業がまずは必要であるようにも感じられた。ただ、もう少し筆者の想像過程を書くならば、幸福感をもって描かれ、ハートと共にちりばめられたさまざまな表情の星々からは、錬金術の「哲学の木」の樹冠にしばしば描かれている星々が連想された。ここでは、特別な気持ちの高まりのなかで、星々（神々であり、諸金属であり、元型的な諸要素）が心を通じて個人に接触を求め、樹冠のなかに布置しているとの想像も加わって、樹冠の内容物（クライエントのファンタジーのなかに布置しているもの）の性質に関心と注意を向けていくことにエネルギーを注ぐべきとの発想に筆者は至っている。

さて、想像の木では「卵の木」から殻を割って手足を出す木を描く人もいる。たとえば、統合失調症圏の人の治療過程で描かれた例がある。これは「樹冠だけの木」と同様に、線で閉じられて幹（地面とを繫ぐ柱）を持たない表現である。樹冠や雲から連想される緩衝材のような柔らかさとは違って、殻の表面はある程度の硬さがあり、内と外がはっきりしている。殻破りの動きは早すぎると、外からでも、たとえそれが内から起こっても死につながるので、何かの誕生をそう喜んでもいられない。ここではこの「内から出てくる手足」という発想に注目したい。

さて、手足を出しはじめる「卵の木」という発想を見ていると、先の「樹冠だけの木」というものが、次に紹介する（5）の木（図Ⅰ－2）が示すようなプロセスがはじまる前段階であることを感じさせる。本来、木は（哲学の木・元型的な木は）地面から生えるのではなくて、閉じられ得体の知れない樹冠的な場（「哲学者の卵」）から生え出てくるのだと筆者はここで感じている。（5）の木の詳細は次に紹介するが、その木は樹冠という円や球の中心から放射状（蜘蛛の巣状）に広がる枝、その中心から生えて降りてくる幹（柱・階梯）、その幹先からまた放射状に広がる根というふうに見えるのが特徴で、天上で放射する樹冠の中心からの働きが、地上に降りてきた柱によって同じように根として放射状に広がるように感じられる。それは錬金術で言う大宇宙と小宇宙の照応関係を思わせる。「閉じられた樹冠だけの木」は、こうした（5）の木の樹冠からのプロセスが展開しはじめる以前のありようであろう。そういう場に立ち会っているとさえ感じられるのが、この「樹冠木」が表現された場である。

こうした円冠や波状冠によって閉じられて他の部位を持たない樹木イメージ（「樹冠だけの木」・「卵の木」など）は、内に何かを宿す可能性を持った形態であり、Gさんの木の波状形態は外界に対する感受性であると同時に、それ自体の内で何かを宿し活発に動いているようにも感じられる。樹冠木はプロセスの前段階だけではなく、プロセスを内包している木の完成形態でもある。Gさんの「想像の木②」では、地面から出ている一線木と浮遊する樹冠との解離を結合させようとする統合イメージをもって見ていくよりも、樹冠の内なる活動そのものが星を布置し、何らかの手足を生み出す働きを宿して展開するものであろう。閉じられた樹冠の波形からは、錬金術師が瞑想と実際の手足を使った作業による実験を通じて手足を持つホムンクルスを容器のなかに見出していくように、心理療法の内なるイマジネーションを伴う能動的な実験に呼応して、この世に手を伸ばし足をつけようとするなんらかの動きがはじまっていることを予感させる。

(5) 宇宙に浮かぶ木

Iさんは一〇代後半の女性である。一日のうちで一定時間は抑うつ感に襲われるという症状が長年の間あるために、何かに取り組もうとしてもどうにもならない経験をずっとしてきた。学校は保健室登校を続け、学習にもまじめに取り組んでいた。過去には病院の心理士やスクールカウンセラーのサポートもあったという。

これら二枚の樹木画は、面接をはじめてまだ初期の三か月目に実施している。ていねいに描かれたので、二回の面接に分けて一枚ずつ実施した。バウムテストの教示で行なった一枚目（図I－1）は、Iさんの現実的な人格の成熟状況や課題が読み取れるように思われた。しっかりしたこの幹をどのように枝として分化させればよいかということに、Iさんは描きながら戸惑っていた。この木の現在の幹と枝のバランスを見るかぎり、幹の中核的なエネルギーは、これから枝となってさらに分化し伸びていきそうであり、彼女の人格が持つ素質もこれからまだまだ展開していくのであろう。

ところで、その幹には、最初に左側へと伸びていった枝の跡と思われる巨大なウロがうっすらと描かれている。うっすらとはいえ、かなり大きい。このウロは、この人が内的な課題との真の接触をはたしていく過程で最初に切り落とされた、彼女の意識の可能性のように思われてならない。Iさんの症状と不登校は中学くらいにはじまる。両親はいたって普通の人だが、Iさん独特の内的な傾向にはあまり親和性がなく、それを話しても理解を得られないとのことだった。また、おかしいと思われないかと懸念し、

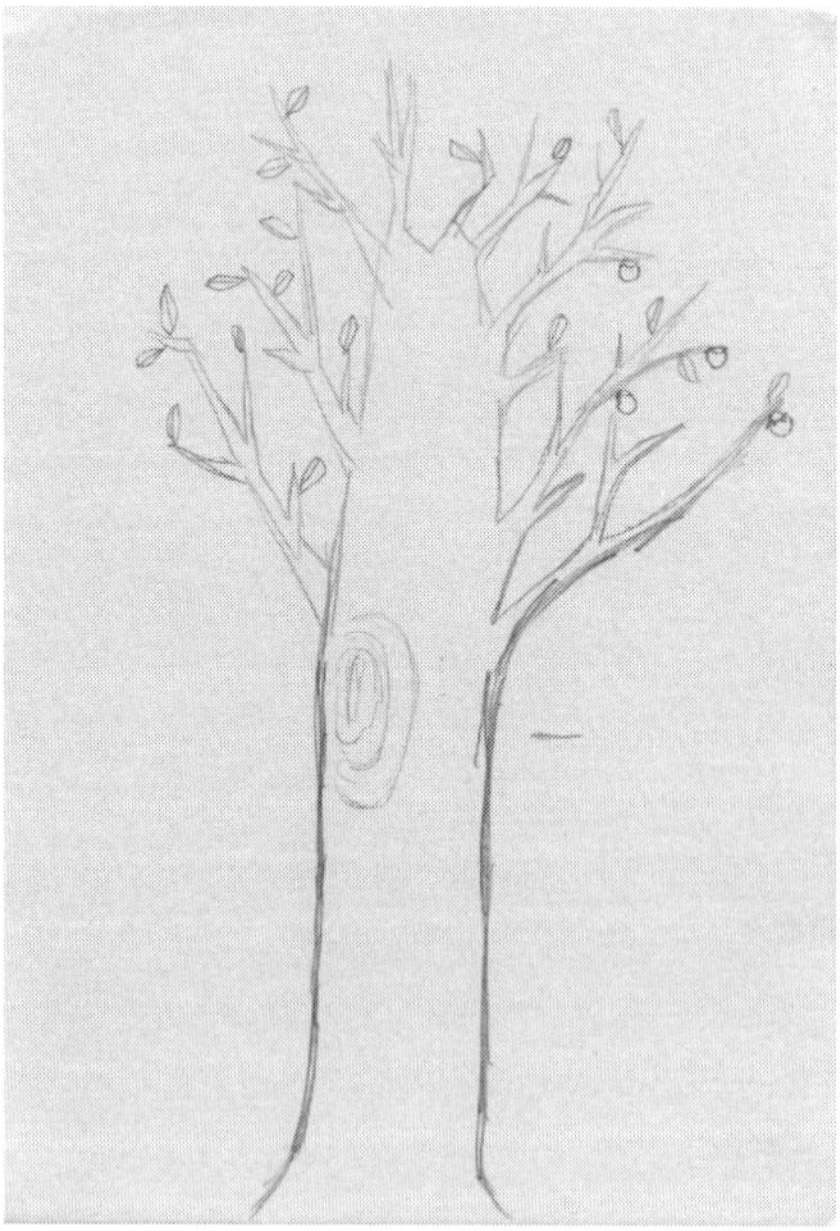

図I－1　Iさん「バウムテスト」

これまでのカウンセラーに対してもそうした内的関心を充分話題にはできなかったという。

二枚目は「想像の木」で、「宇宙に浮かぶ木」（図Ⅰ－2）。Ⅰさんの場合、初期から「想像の木」が描けたのは、現実の世界を生きていくためにもう一つの現実の世界、彼女のなかに育まれたいわば宗教的な内的現実をどうしていくのか、つまり現実と折り合いをつけていくために、それを現実にどう根づかせればよいのか、ということが彼女の課題だったからであろう。そういう意味で、Ⅰさんはもうすでに「想像の木」（想像の世界）には開かれていたが、そのことが逆に現実との折り合いを奪い抑うつを生み出していたとも言える。だが、そこは援助者の手が届きにくい領域だったようである。また、この抑うつを一種の宗教的な創造の病と見たり、この木をマンダラ的でトランスパーソナルな体験が描かれた特殊な木と見たりすることはできるが、その領域にセラピストの関心が及んでいてクライエントと共有できたとしても、セラピストがその領域に魅了されてしまうとたちまちクライエントの苦悩からは離れてしまう。スピリチュアルなものへの関心は、ともするとセラピストにとっても肉の苦悩からの遊離である。ここでは、遊離するのではない、独自の深め方が求められているのかもしれない。彼女はたびたびこんな夢を見ていたという。「家のなかで見知らぬ男性から追いかけられ、家を飛び出し空に逃げる夢を見ているが、ときどき電線に引っかかる夢」。彼女が穏やかな雰囲気のためか、面接で彼女を目の前にしてその夢を聴いていると、引っかかって落ちてくることがどこかユーモラスにも感じられた。それは別にしても、引っかかって上空に上がってしまえないことが悪いようには思えなかった。彼女は不気味な異性的存在から逃れるために、精神の高み、空の世界にすっと泳ぐように飛び出す。しかし、そうではない解決が求められているのであろう。ときどき彼女は電線によって、あるいはうつ症状によって地の世界に引き戻される。

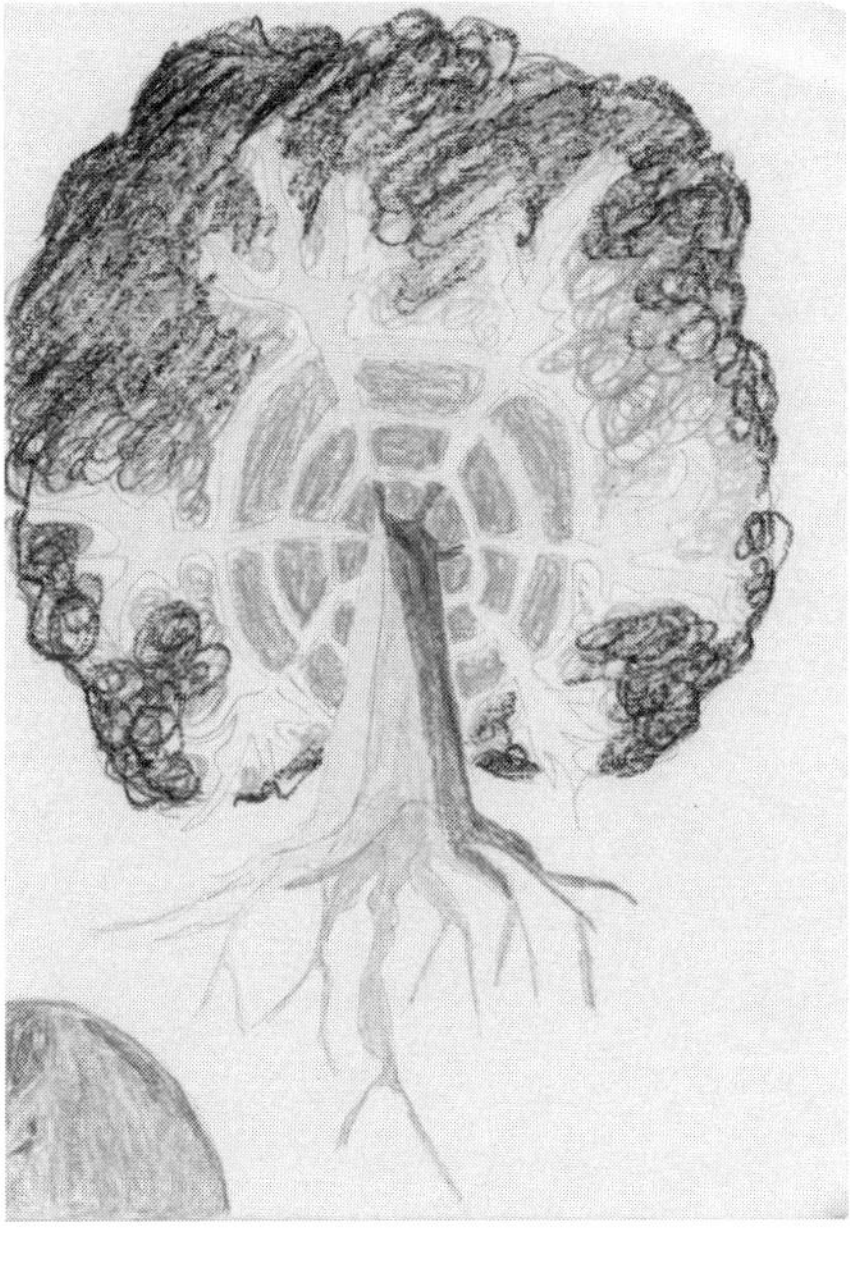

図Ⅰ－2　Ⅰさん「宇宙に浮かぶ木」

バウムテストでは幹が画用紙の底辺で立っていて、根ははっきりとは描かれない。ところが、「想像の木」では、まず根から表現豊かに描かれた。技法がちがえば、こういうちがいも見られる。さらに、後から、「イメージではほんとうはもっと下から見たような根だった。根を下から見たように描きたかった」と話す。彼女は根の下から木を見ている立場で描いている。根の下に人がいるこの状況は、ユング『哲学の木』の絵8「女性の身体から生える木」にもつながっている。描かれた根の下の女性の視点に立っていると、木は根の側から描かれうる。この木の持つ創造性にあまりに心を奪われると、木に対するIさんのコメントに感じられるたいへんさが置き去りになってしまう。

経験的に筆者は、根の下から見上げる木は抑うつとも関係しているように思う。意識の本体は地下に潜ってしまい、まるで冬虫夏草のように個人の意識を苗床にしてその養分で木のほうが生命力豊かに輝き出ている。そうしたイメージや主体のあり方には、臨床場面で意外によく出会う。このとき、「イメージの自己実現」は一見みごとに達成されていても、意識は無意識との折衝に敗れ、その実現が停滞している場合もある。それゆえ、木としては大木になるし輝きを放つが、苗床になった自我の働きは失われている。バウムテストになると、それは画用紙の底辺を地面に見立てて、画面の枠に支えられることで立つ木の表現にもなる。Iさんの場合もそういうことは関係しているだろうが、それにおさまるものではない。

Iさんの想像の木の枝は、蜘蛛の巣状で黄色に光っているため、ただならぬ存在感である。鉛筆で描かれている最中は、まるでタイル張り（橙色）の円周模様の中心から木の幹が「下へ（手前へ）」と「伸び上がってくる」かのように見えていて、その先に根が付いていた。マンダラ様の特殊な枝ぶりの円の中心から幹を伸ばし根を広げる木は、宇宙の中心や心の中心から生える木を思わせる。この木は円周の中心から幹が生え、「根」が「地面」という「天井」に向かって「枝」を広げているという感じさえ与える。木の根元ではなく、樹冠のほうに中心の根があるかのように見えてしまうところに、むしろこの木の表出次元の高さが窺われる。こうした木は単なる「逆さま」というイメージではなく、世界の本質的な中心から流出し成長してくる木という性格が強く、カバラの「セフィロート」やインドの『リグヴェーダ』、『ウパニシャッド』の「倒立した木」を連想させる。

空中や宇宙そのものに根づく木は、ちょっとまちがうと、地面に根づいていない不安定さの苦しみに留まり続ける。しかし、この木はそういうところに根づくのではなく、（世間、現実、地上から）「浮く」ことによって逆説的に枝葉のほうが宇宙や中心に根づいている木である。そうした人間の内にあるイマジネーションの本質に照らされたその人の状況は、バウムテストだけではなかなかわからない。彼女からは夢も報告されたが、それはどんどん場面転換を起こすため、当初は何が起こっているのかをしっかり捉えていくことが難しかった。そういう状況を、この「想像の木」のイメージになぞらえてみよう。描画をしているときの想像の際には、意識の位置は地球上を離れて根の真下にあるのだが、夢を見ている際の意識もじつはちょうどこの位置にあって、樹冠の円の中心から幹を通ってイメージが下に流出してくる根の先端から夢を意識が捉えているような状態なのではなかろうか。中心から幹を通って一本一本の根に別れてイメージが流出してくる無数の根の先端に、まるでほんの少しずつだけ触れているかのように、夢見手は場面がどんどん切り替わる夢にしか出会えない。今ここで必要なのは、「根の先端を一つずつ手でよく摑み取って見ていこうとする意識」ではないだろうか。そうすることで、無数の根のもとになっている幹やその流出の中心につながっていく。

こうしたことを、この「想像の木」のイメージを使った連想を用いて筆者が語ったところ、Iさんはとても納得がいった様子だった。その後、彼女の夢との関わりや夢の性質は変わっていった。こうした姿勢は、彼女自身が「意志を持った（無数の）両手を使って、木の根元と交渉を持つということ」である。それは、ただ抑うつ感を回避するためにこの木の根の位置から退いて立ち上がること（たとえば、先の見通しを持たずにただ服薬するだけといった方法で）でもなく、根からうまく距離を取って自身の身体にこの木の根づく場所を見出せないまま心や宇宙の内奥の中心（精神世界）だけを眺めている意識でもなく、「現実」や自分の意識から遊離したところで心の本質たる「哲学の木」を眺めているかのような意識でもなく、またさらには、その木の根づく場所を知りわが身を差し出して一体に繋がっていくような「イメージの側の自己実現だけに供する意識」でさえもない。夢やイメージに対する、この「哲学の木」の無数の根の一本一本につながるような、意志の眼差しを持つ姿勢というものは、たとえば仏教にみられる千手観音像[42]の無数の掌が眼を持っているように、人間の内奥にある「意識の眼差しを持つ無数の掌（たなごころ）の働き」によるものである。こうした意識が発動していくようになるかどうかは、イメージに対するわれわれの複眼的能動性（すなわち眼差しを持つ無数の掌）が捉える「イマジネーション」にかかっているかもしれない。

以上、「想像の木」の実際について、いくつかの事例をあげて補足した。

今回の『哲学の木』の翻訳やこの論述が、臨床場面に見られる樹木というきわめて元型的なイメージを本来の癒しの場に還していく一つの助けとなればさいわいである。

注

1 Carl Gustav Jung, Der philosophische Baum in: *Von den Wurzeln des Bewusstseins: Studien über Archetypus* (Psychologische Abhandlungen IX), Rascher, Zürich, 1954.

2 アメリカ合衆国カリフォルニア州バークレイのユング派分析家。

3 Robert H. Hopcke, *A Guided Tour of the Collected Works of C. G. Jung*, Shambhala Publications, 1989.（入江良平訳『ユング心理学への招待　ユング全集ツアーガイド』青土社、一九九二）

4 Gaston Bachelard, *La Terre et Les Rêveries du Repos: Essai sur les images de l'intimité*, José Corti, 1948.（饗庭孝男訳『大地と休息の夢想』思潮社、一九七〇）

5 C. Koch, *The Tree Test*, Bern: Verlag Hans Huber, 1952.（林勝造・国吉政一・一谷彊訳『バウム・テスト――樹木画による人格診断法』日本文化科学社、一九七〇）

6 もう少し空想であることを強調した教示にしたこともある。たとえば〈現実にはなさそうな想像上の木を描いてください〉。「木の形をしてなくてもかまいませんか」〈ええ、木だけど木じゃない形のものでもかまいませんよ〉というようなやりとり。

7 たとえば、描画や物語の要素が含まれるＭＳＳＭ法に見られる樹木イメージの自発的な表現例として、以下の事例２を参照。老松克博・三輪美和子・工藤昌孝「絵画療法　発展（ＭＳＳＭ－Ｃ法）とその事例」山中康裕編著『心理療法プリマーズ　表現療法』ミネルヴァ書房、二〇〇三

8　山中康裕による次の考察が参考になる。「ユング『哲学の樹』についての若干の考察」『京大心理臨床シリーズ1　バウムの心理臨床』創元社、二〇〇五、「ユングの病跡学についての若干の特異的見解」日本病跡学雑誌、66、一二～二三頁、二〇〇三

9　Denise De Castilla, *Le Test de L'Arbre: Relations Humaines et Problèmes Actuels*, Paris: Masson, 1995.（阿部惠一郎訳『バウムテスト活用マニュアル――精神症状と問題行動の評価』金剛出版、二〇〇二）

10　桑原尚佐他「少年事件における心理アセスメント――『夢の木法』を中心として」調研紀要、最高裁判所家庭裁判所調査官研修所、77、一～三一頁、二〇〇三

11　中園正身「3枚樹木画法の提唱」『樹木心理学の提唱と樹木画法への適用』北樹出版、二〇〇五

12　鶴田英也「本研究の目的と位置づけ――バウムとの関わりの諸相」『京大心理臨床シリーズ1　バウムの心理臨床』創元社、二〇〇五

13　Hans Biedermann, *Knaurs Lexikon der Symbole*, München: Knaur Verlag, 1989.（藤代幸一他訳『図説　世界シンボル事典』八坂書店、二〇〇〇）

14　Angelus Silesius, *Cherubinischer Wandersmann*, Kritische Ausgabe. Herausgegeben von Louise Gnädinger. Stuttgart. Reclam, 1984.（植田重雄他訳『シレジウス瞑想詩集』岩波文庫、一九九二）

15　本論で紹介している他の絵はすべてＡ４画用紙である。

16　織田尚生『心理療法の想像力』誠信書房、一九九八

17　大住誠「解離性障害の女子への箱庭と描画――セラピストの想像活動と治癒の機転をめぐって」『箱庭療法学研究』15－1、四三～五六頁、二〇〇二

18　J.M. Spiegelman・河合隼雄、町沢静夫・森文彦訳『能動的想像法――内なる魂との対話』創元社、一九九四

19　工藤昌孝「長期間入院を繰り返し、境界例とされる女性の心理療法――イメージ表現活動による関わりの促進とその変容」日本心理臨床学会 第二二回大会発表論文集、七五頁、二〇〇三

20　この時期、筆者は心理療法における「心に内在する薬」にまつわる発表を考えていた折であり、そのため普段よりも薬に関する想像活動が活発だったという側面もある。工藤昌孝「『薬』を生成する作業としての心理療法」日本心理臨床学会自主シンポジウム話題提供者発表原稿、二〇〇三（自主シンポジウムの趣旨は以下参照のこと。「若手心理臨床家交流会その一　心理療法過程に薬物がもたらすもの」日本心理臨床学会 第二二回大会発表論文集、三一四頁、二〇〇三）

21　J.K. Rowling, *Harry Potter and the Chamber of Secrets*, Bloomsbury, 1998.（松岡佑子訳『ハリー・ポッターと秘密の部屋』静山社、

二〇〇〇）

22 外徴説とは「人体の各部分と、それと似た外見的特徴をもつ特定の動植物との間には神秘的な照応関係があるとする考え方で、これが病気の治療にも応用された」Hans Biedermann, *Knaurs Lexikon der Symbole*, München: Knaur Verlag, 1989.（藤代幸一他訳『図説　世界シンボル事典』八坂書店、二〇〇〇）

23 立木鷹志『毒薬の博物誌』青弓社、八七頁、一九九六

24 「引き抜かれると血を流す海綿と叫び声をあげるマンドラゴラ［マンドレイク］は、質料的な生命体 vegetabilia materiae ではなく、博物学のなか、つまり私たちが知っている自然のなかには存在しないが、ドルネウスが理解しているような、もっと包括的なプラトン主義的な自然のなかになら、つまり心的な生き物たち、すなわち諸々の神話素ないし元型を含む自然のなかになら存在するだろう」。Carl Gustav Jung, Der philosophische Baum in: *Von den Wurzeln des Bewusstseins: Studien über Archetypus* (Psychologische Abhandlungen IX), Rascher, Zürich, 1954.

25 高山一彦編・訳『ジャンヌ・ダルク処刑裁判』白水社、一九八四

26 Gaston Bachelard, *La Terre et Les Rêveries du Repos : Essai sur les images de l'intimité*, Paris, Librairie José Corti, 1948.（饗庭孝男訳『大地と休息の夢想』思潮社、一九七〇）

27 こうした観点も、逆さまに描くことを先に教示して「倒立画」を描いてもらう中園の樹木画変法と、「想像の木」法の発想の大きなちがいであろう。中園正身「樹木画法の研究Ⅴ——倒立画の導入について」日本心理臨床学会 第二二回大会発表論文集、一七八頁、二〇〇三、「樹木画法の変革（Ⅲ）——倒立樹木画の導入」『樹木心理学の提唱と樹木画法への適用』北樹出版、九四～一二八頁、二〇〇五

28 Ad de Vries, *Dictionary of Symbols and Imagery*, London : North-Holland, 1974.（山下主一郎・荒このみ他訳『イメージ・シンボル事典』大修館書店、一九八四）

Jean Chevalier, Alain Gheerbrant, *Dictionnaire des Symboles*, Robert Laffont et Jupiter, 1982.（金光仁三郎他訳『世界シンボル大事典』大修館書店、一九九六）

29 松本零士原作、漫画『銀河鉄道９９９』の主人公。勇気があって正義感が強い少年。メーテルと旅を続ける。メーテルの母であり、ある星の女王であったプロメシュームは、みずからの身体の機械化によって本来の意識を失ってしまい、機械化帝国の女王となる。メーテルはその母の願いにより、機械化帝国を形作る丈夫な部品として犠牲となる、心の強い少年を集めてくることを余儀なくされている。メーテルの黒服は喪服である。鉄郎の勇気、能動的な意志が事態を少

しずつ変えていく。Cさんの人生と重なるところも多く、しばしば話題になった。

30　イマジネーションと儀式化、現実化については以下を参照のこと。Robert A. Johnson, *Inner Work: Using Dreams and Active Imagination for Personal Growth*, Harper San Francisco, 1989.　老松克博『アクティヴ・イマジネーション――ユング派最強の技法の誕生と展開』誠信書房、二〇〇〇、『無意識と出会う――アクティヴ・イマジネーションの理論と実践①』トランスビュー、二〇〇四

31　平安後期の作とされる「三貌十一面千手千眼観世音菩薩」を本尊とし、「補陀洛渡海《ふだらくとかい》」で知られる寺。「補陀洛山」とは観音菩薩が住む、もしくは降り立つとされる浄土。そこでは千手観音が「大悲心陀羅尼呪」を説く。

32　九世紀半ば過ぎから一八世紀初頭にかけて行なわれていた補陀洛渡海は、南方海上にあるとされる補陀洛世界への往生または観音浄土を目指して、小船を仕立て、生きながら船出する宗教的実践行である。観音に対する信仰表出であり、漂流、入水の形態をとって行なわれた一種の捨身行であった。

33　Gaston Bachelard, *L'Air et Les Songes, Essai sur l'imagination du mouvement*, Paris, Librairie José Corti, 1943.（宇佐見英治訳『空と夢――運動の想像力にかんする試論』法政大学出版局、一九六八）

34　D. H. Lawrence, *Fantasia of the Unconscious*, New York, Thomas Seltzer, 1992.（小川和夫訳『D・H・ロレンス紀行・評論選集5　精神分析と無意識／無意識の幻想』南雲堂、一九八七）

35　藤岡喜愛『イメージと人間――精神人類学の視野』日本放送出版協会、一九七四

36　山中康裕「バウムテスト論考」『臨床心理学』3（2）、二三九～二四五頁、二〇〇三

37　中西進『ひらがなでよめばわかる日本語のふしぎ』小学館、二〇〇三

38　H. M. E. De Jong, *Michael Maier's Atalanta Fugiens: Sources of an Alchemical Book of Emblems*, Nicolas Hays, 2002.

39　中井久夫「風景構成法（箱庭講習会の一部として）」『メンタルヘルスクリニック』一九七三（『中井久夫著作集 精神医学の経験　二巻　治療』岩崎学術出版社、一九八五）

40　中井久夫「絵画療法の実際」『芸術療法』牧野出版、一九八二（『中井久夫著作集　精神医学の経験　二巻　治療』岩崎学術出版社、一九八五）

41　角野善宏『描画療法から観たこころの世界――統合失調症の事例を中心に』日本評論社、二〇〇四

42　千手観音に関する信仰と筆者のイマジネーションについては、［2］の（4）でも触れている。「補陀洛山」や「補陀洛渡海」に関する注釈も参照のこと。

監訳者あとがき

本書は、Carl Gustav Jung, Der philosophische Baum in: *Von den Wurzeln des Bewusstseins: Studien über Archetypus* (Psychologische Abhandlungen IX), Rascher, Zürich, 1954 の全訳である。この底本の他、ユング著作集のドイツ語版、英語版も必要に応じて参照したが、これら三者については、小見出しの表記の仕方や段落の分け方などに形式上のちがいはあっても、本文の内容はほぼ一致している。底本にない著作集編者による註などは、今回、訳註というかたちでほとんど反映させた。とくに訳註と断っていなくても、［　］に入れてある部分は訳註として理解されたい。また、同じ原語に二つ以上の訳語をあてている場合も、［　］を用いて表記した。Geist を「精神［霊］」としているのなどは、その一例である。（ちなみに、（　）とその内容は本文中にもともと表記されていたものであり、そのまま反映してある。）

翻訳に関する作業は、まず工藤がドイツ語底本からの草稿を作り、それに老松が修正を加え全体をまとめるかたちで行なった。それでなくとも難解なユングの文章に、錬金術書からの多義的で曖昧模糊とした引用文などがあちこちに入っているため、作業は難渋をきわめたが、ユング心理学の臨床における錬金術象徴の重要性を伝えたいという思いに支えられてなんとか終えることができた。工藤はかつて何人かの同僚とともに、英訳版からの重訳ではあったが私家版の邦訳を作ったことがあり、その経験に助けられたところもあった。ともあれ、浅学非才な私たち訳者による仕事に大きな誤りがないことを願っている。

ところで、本書のおもな読者は心理臨床家だろう。そして多くの臨床家は、「木」といえばバウムテストや木に関する描画を思い浮かべるはずである。本書がそうした臨床に役立てば、私たちとしてもありがたい。しかし、ユングがここで論じていることを一般の心理臨床に持ち込むには、何か橋渡しとなるものが要ると思う。というのも、ユングはアクティヴ・イマジネーションの経験と錬金術の象徴学を媒介として論を進めており、通常の臨床との接点についてはあまり言挙げしていないからである。なるほど、心の真の神秘を開示する使命の重大さに比べれば実際のアプローチの様相などは些事にすぎない、というユングの気持ちもわかる。けれども私たちとしては、やはりクライエントとの具体的な関わりにもとづく臨床的実感が伴っていてこそ読者の理解は進むと思うのだ。

そこで本書では、老松がアクティヴ・イマジネーションと錬金術象徴の意義について「木、錬金術、アクティヴ・イマジネーション」という序文で概略を紹介するとともに、工藤による事例中心の解説を付してユングと読者をつなぐことを試みた。ユングの述べていることは、通常の平均的な臨床的営みの範囲内ではどういう姿をとって現れるのか。そのために臨床家のなすべきことは何なのか。少々長めの解説ではあるが、一読してもらえれば、ユングの非臨床的とも見える言葉の数々が驚くほど純粋に臨床的なものであることがわかる。けっして事例が論じられているから臨床的なのではない。具体的なアプローチの仕方が紹介してあるから臨床的なのではない。読者がおのおの自分流に解きほぐしてその後で再構成できるような、本質を高度に凝縮したものが提示されていることこそが臨床的なのだ。解きて結べ（solve et coagula）……これは錬金術の極意を表わす格言だが、工藤による解説は、ユングの「哲学の木」を錬金術的に解いて結んだ試みの一例でもある。

本書が臨床家のみなさんにとって、深い元型的インスピレーションの源泉に触れてもらえる機会となればさいわいである。本書を世に出すにあたっては、創元社編集部の渡辺明美さんにひとかたならずお世話になっている。臨床の営為をほんとうの意味で支えているものは何かということに対する彼女の理解がなかったら、この仕事は頓挫していただろう。また、最後になってしまったが、工藤による解説に面接経過や描画のマテリアルなどを使わせていただくのをご承諾くださったクライエントのみなさんに深く感謝したい。そのおかげで本書は生命を与えられ、心ある臨床家に指針を提供できるものとなる。厚くお礼を申し上げる。

平成二一年八月　監訳者識

(ノラの)パウリヌス(Paulinus Nolanus) 99
(ジャビル・イブン・)ハヤン(Djābir Ibn Hayyān) 108
パラケルスス 93
ハリュ(Haly) 168
バルデサネス(Barudesanes) 195
ハルフォレトゥス(Harforetus) 141
(ノエル・)ピエール(Noël Pierre) 82
ピタゴラス(Pythagoras) 24, 102, 41
ヒッポリュトス(Hippolytus) 106
(ベネディクトゥス・)フィグルス (Benedictus Figulus) 142
フィロン(Philo) 193
ブッダ 160, 161
(ロバート・)フラッド(Robert Fludd) 113
(ニコラス・)フラメル(Nicholas Flamel) 146
フロイト(Freud, S.) 132, 133, 203, 206, 211, 213
(ヤコブ・)ベーメ(Jacob Böhme) 158
ヘラクレイオス(Hercules) 152
ヘラクレイトス(Herklit) 147
ベルナルド(Bernhard) 121
ペレキュデス(Pheredydes) 24
(テオバルド・デ・)ホゲランデ (Theobald de Hoghelande) 138, 153, 168, 170
(フェラーラのペトルス・)ボヌス (Petrus Bonus von Ferrara) 126-130, 182, 183
ホラポロ(Horapollo) 65
ホルムベルグ(Holmberg) 89
(ミヒャエル・)マイアー(Michael Maier) 93 135, 148
(ラバヌス・)マウルス(Tabanus Maurus) 121
(シモン・)マグス(Simon Magus) 64, 147
摩耶夫人 160
ミクレリス(Micreris) 169, 181
ミューリウス(Mylius) 144
(アブルーカシム・)ムハンマド (Abu'l-Qāsim Muhammad) 139
ムンドゥス 180
(マグデブルグの)メヒティルト (Mechthild von Magdeburg) 121, 122
(グノーシス派の)ユスティノス (Justin-Gnosios) 162, 197
ラゼス(Rasis) 111
(ゲオルギウス・)リプラエウス 153, 185
(ジョージ・)リプリー卿 (Sir George Ripley) 149, 183, 185
(リュシアン・)レヴィ-ブリュール (Lucien Lévy-Bruhl) 211
ルスカ(Ruska) 141
ルリウス(Raymundus Lullius) 170
(クリスティアン・)ローゼンクロイツ (Christian Rosencreutz) 173
(クノール・フォン・)ローゼンロート (Knorr von Rosenroth) 150
(アエギディウス・デ・)ワディス (Aegidius de Vadis) 168

両性具有のサファイアの花　66
リリト　136, 198
類心的　86
ルサンチマン　208, 210
ルンペルシュティルツヒェン　177
霊　53, 59, 65, 75, 79, 96, 102, 105, 111, 115, 116, 121, 126, 127, 131, 141, 147, 155, 168, 169, 180, 182, 184, 186, 189, 193, 197, 199, 200
レヴィアタン　75, 187
レト　160
レビ記　158
錬金術　26, 56, 57, 60, 63, 64, 66, 70, 71, 76, 77, 80, 81, 88-95, 98, 102, 104-108, 110, 114, 119, 120, 122, 123, 128, 130-133, 135-139, 141, 143, 146, 152, 156, 158, 161-163, 166, 170, 172, 173, 174, 178, 183, 185, 187, 195, 197-201, 214
『錬金術の諸困難について』　170
蓮華　76, 80, 122
蝋燭　59
六　49, 76, 157
ロゴス　102, 125, 186, 193, 194
鰐（ワニ）　32, 62

人名索引

アヴィセンナ（Avicenna）　111, 182
アウグスティヌス（Augusutinus）　192
アプレイウス（Apuleius）　189
（インスリスの）アラヌス（Alanus de Insulis）　121
アリストテレス（Aristoteles）　111
（錬金術師）アリストテレス（Aristoteles Alchymista）　142, 166
アル-イラキ（AL-IRAQT）　144
（アンドレアス・）アルキアトゥス（Andreas Alciatus）　151
（ヴィラノヴァの）アルナルドゥス（Arnaldus de Villanova）　120
アルフィディウス（Alphidius）　127, 169
アルベルトゥス・マグヌス（Albertus Magnus）　111, 158, 184, 193
アレクサンダー大王　155, 167
アンブロシウス（Ambrosius）　193
（ブラシウス・）ウィゲネルス（Blasius Vigenerus）　138, 139, 149, 150, 184
（ラウレンティウス・）ウェントゥラ（Laurentius Ventura）　141, 149, 174
エイレナイオス（Irenaeus）　161, 187, 197
エウヘメロス（Euhemerus）　132
エゼキエル　54, 65, 98, 99
（マイスター・）エックハルト（Meister Eckhart）　105
エリアーデ　200
オスタネス（Ostanes）　145, 164, 166, 176, 177, 184
オリュンピオドロス（Olympiodor）　106, 169
カガロフ（Kagarow）　200
カシオドルス（Cassiodor）　139
魏伯陽（Wei Po-Yang）　170, 173
（ハインリッヒ・）クーンラート（Heinrich Khunrath）　118, 144, 164
グラティアヌス（Gratianus）　184
（ヨドクス・）グレウェルス（Iodocus Grevers）　89, 91, 93, 107
ゲーテ　124
（ヨハネス・）ケプラー（Johannes Kepler）　111
ゲベル（Geber）　184
ゴデフリドゥス（Godefrid）　121
サンテグジュペリ（Saint-Exupéry）　24
シュピッテラー（Spitteler）　199
セニオル（Senior）　164
ゾシモス　89, 95, 104-106, 118, 180
ダニエル　100, 101
ダンテ　122
（ボストラの）ティトゥス（Titus von Bostra）　187
テオセベイア（Theosebeia）　106
（ヘルメス・）トリスメギストス（Hermes Trismegistus）　64, 96, 128, 135, 162, 184
トルケマダ（Torquemada）　124
ドルネウス（Dorneus）　109-111, 113-117, 122, 130, 148, 170, 183, 186
（フリューの）ニクラウス（Niklaus von Flüe）　210
（ヨシュア・ベン・）ヌーン（Josua ben Nûn）　167
ネブカドネザル　147, 195
ネルケン（Nelken）　197
（エーリッヒ・）ノイマン（Erich Neumann）　189

マ行

ヤ行

ラ・ワ行

タ行

サ行

カ行

索　引

事項索引

ア行

著　者　カール・グスタフ・ユング（Carl Gustav Jung）
1875年、スイスに生まれる。ジークムント・フロイトと出会い、精神分析の発展に寄与するが、決別し、その後は独自の分析心理学を創始した。精神病、夢、神話などの研究を通して「集合的無意識」「元型」といった概念を提唱し、単なる一個人の枠を超えた壮大な心の見取り図を示した。1961年没。約20巻におよぶ『著作集』に重要な論文が網羅されている。邦訳のある代表的な著作としては、『人間と象徴』（全2巻、河出書房新社）、『アイオーン』『心理学と錬金術』（全2巻）『結合の神秘』（全2巻）（以上、人文書院）、『ヨブへの答え』『タイプ論』（以上、みすず書房）などがある。

監訳者　老松克博（おいまつ　かつひろ）
1959年、鳥取県に生まれる。1984年、鳥取大学医学部卒業。1992〜95年、チューリッヒ・ユング研究所に留学、ユング派精神分析家の資格取得。博士（医学）。臨床心理士・公認心理師。現在、大阪大学大学院人間科学研究科教授。著訳書『心と身体のあいだ』（大阪大学出版会、2018)、『夢の臨床的ポテンシャル』（誠信書房、2020)、『空気を読む人 読まない人』（講談社、2021)、ユング『ヴィジョン・セミナー』（共監訳、創元社、2011)、ユング『ゾシモスのヴィジョン』（竜王文庫、2018）ほか多数。

訳　者　工藤昌孝（くどう　まさたか）
1970年、奈良県に生まれる。1997年、甲南大学大学院人文科学研究科修士課程修了。兵庫教育大学大学院講師、日本福祉大学子ども発達学部准教授、同大学院社会福祉学研究科准教授を経て、現在、東海学院大学人間関係学部准教授。臨床心理士・公認心理師。著書『心理療法プリマーズ――表現療法』（共著、ミネルヴァ書房、2003)、『臨床バウム―治療的媒体としてのバウムテスト』（共著、誠信書房、2011)、『経験と理論をつなぐ心理学』（共著、八千代出版、2020)。

哲学《てつがく》の木《き》

2009年9月20日　第1版第1刷発行
2022年5月20日　第1版第3刷発行

著　者……C. G. ユング
監訳者……老松克博
訳　者……工藤昌孝
発行者……矢部敬一
発行所……株式会社 創元社
https://www.sogensha.co.jp/
本社　〒541-0047 大阪市中央区淡路町 4-3-6
Tel.06-6231-9010　Fax.06-6233-3111
東京支店　〒101-0051 東京都千代田区神田神保町 1-2 田辺ビル
Tel.03-6811-0662
印刷所……株式会社 太洋社

ISBN978-4-422-11430-9　C3011